めざせ全踏破！

日本の世界遺産をめぐる旅

朝日新聞出版

＼一生に一度は行きたい！／

日本の世界遺産ランキング

編集部が厳選!!

世界にも類がない
海に浮かぶ大鳥居

編集部オススメ！

大鳥居をくぐろう！

嚴島神社は海を向いて立っており、大鳥居をくぐり海から参拝するのが正式だ。満潮時は舟を利用してみよう。

「人類共通の宝」といわれる世界遺産。絶景、自然、名建築、信仰、産業遺産の５分野で、編集部独自のランキングを発表！

世界遺産とは？

地球の生成と人類の歴史によって生み出された不動の自然や史跡が世界遺産として登録されています。過去から引き継がれ、現在を生きる世界中の人々が未来へと伝えていかなければならない「人類共通の宝」です。

世界遺産は、１９７２年第17回ＵＮＥＳＣＯ総会で採択された世界遺産条約（正式には「世界の文化遺産及び自然遺産の保護に関する条約」）の中で定義されています。

世界遺産条約の誕生

１９６０年代、アスワンハイダムの建設によってナイル川流域にあったエジプトのヌビア遺跡が水没の危機にさらされました。ＵＮＥＳＣＯがこの遺跡群を移築して保存するキャンペーンを行いました。このときに「人類共通の遺産」という基本的な考え方が広がり、１９７２年、「世界遺産条約」の採択へとつながっていきました。

日本にはいくつある？

２０２５年３月現在、世界では１２２３件（文化遺産９５２件、自然遺産２３１件、複合遺産40件）が登録されています。日本は、26件（文化遺

絶対に見逃せない
心躍る絶景
ランキング

貴重な固有種が暮らす
ボニンブルーの海の島

編集部オススメ！

ホエールウォッチング

5～11月ごろには外洋でマッコウクジラを、2～4月頃は沿岸域でザトウクジラを見られる。

1 嚴島神社

【嚴島神社／広島県】
593（推古1）年創建。平清盛が改修した海上の大鳥居が有名な日本三景の一つ。瀬戸内海や弥山など周囲の自然を含めて登録された。 ▶P 046

2 小笠原諸島

【小笠原諸島／東京都】
東京都心から約1000㌔離れた太平洋上に位置。大陸と一度も地続きになったことがなく、カタツムリなど、独自の進化を遂げた固有種が多い。 ▶P 232

白鷺城と名高い
木造城郭建築の最高峰

編集部オススメ！

絶景スポットが豊富！

青い空によく映える「白鷺城」。西の丸のフォトスポットだけでなく、城の西側の男山から全景写真を狙おう！

3 姫路城

【姫路城／兵庫県】
1609（慶長14）年、池田輝政により5層7階の大天守が完成。高い防御力も備えている。修理を重ねながら当時の姿をとどめている点も評価された。 ▶P 076

写真　熊谷武二

産21件、自然遺産5件）で、ほとんどが文化遺産です。

おすすめは？

歴史や建築好きなら文化遺産を、自然に癒されたいなら自然遺産を訪れてみよう。

写真　PIXTA（P2～5のとくに表記のないもの全て）

編集部オススメ!

まるでジブリ映画!

大量の雨が降る屋久島には苔が一面を覆う谷が。映画「もののけ姫」のモデルとなったといわれる。

体力があるうちに行きたい

雄大な自然 ランキング

樹齢1000年超の屋久杉がそびえる

1 屋久島

【屋久島／鹿児島県】
標高1000㍍を超える山々が連なり「洋上のアルプス」ともいわれる。山頂は亜寒帯、海岸は亜熱帯で、日本列島の縮図のような気候が特徴。 ▶P 224

3 奄美大島・西表島など

【奄美大島、徳之島、沖縄島北部及び西表島／鹿児島県・沖縄県】
絶滅危惧種を含む生物多様性が評価され4島が登録。大陸で絶滅したが、この地で独自の進化を遂げた遺存固有種も。 ▶P 216

絶滅危惧種も暮らす、動植物の楽園

編集部オススメ!

西表島ナイトツアー

イリオモテヤマネコに会えるかも?!

流氷におおわれる最果ての地

編集部オススメ!

知床の冬を満喫!

専用スーツで流氷上を歩いたり、野鳥を見たりするツアーが!

2 知床

【知床／北海道】
春に解けた流氷がプランクトンを供給し、サケなどの魚から鳥、海獣、ヒグマまで食物連鎖を生み出す。生物多様性が評価され登録された。 ▶P 248

写真　入江泰吉／入江泰吉記念奈良市写真美術館

世界最古の木造建築

1 法隆寺

【法隆寺地域の仏教建造物／奈良県】

607（推古15）年に厩戸王（聖徳太子）と推古天皇が建立。エンタシスが特徴的な五重塔など、中国や朝鮮の影響を受けた仏教建築。 ▶P 084

これぞ日本が誇る 名建築 ランキング

5000体もの彫刻で飾られた
徳川将軍の霊地

2 日光東照宮

【日光の社寺／栃木県】
東照宮、二荒山神社、輪王寺の2社1寺と周囲の自然が調和している。徳川家康を祀るために天海が日光山を再興。三猿や陽明門がつくられた。 ▶P 184

雪国ならではの
技術が光る

3 白川郷

【白川郷・五箇山の合掌造り集落／岐阜県・富山県】

積雪を防ぐため急斜面の屋根が特徴的な合掌造りの家が並ぶ。養蚕や紙漉など独自の産業が発展した。 ▶P 154

技術革新の跡をめぐる 産業遺産 ランキング

8つの県にまたがる日本近代化の跡

1 明治日本の産業革命遺産

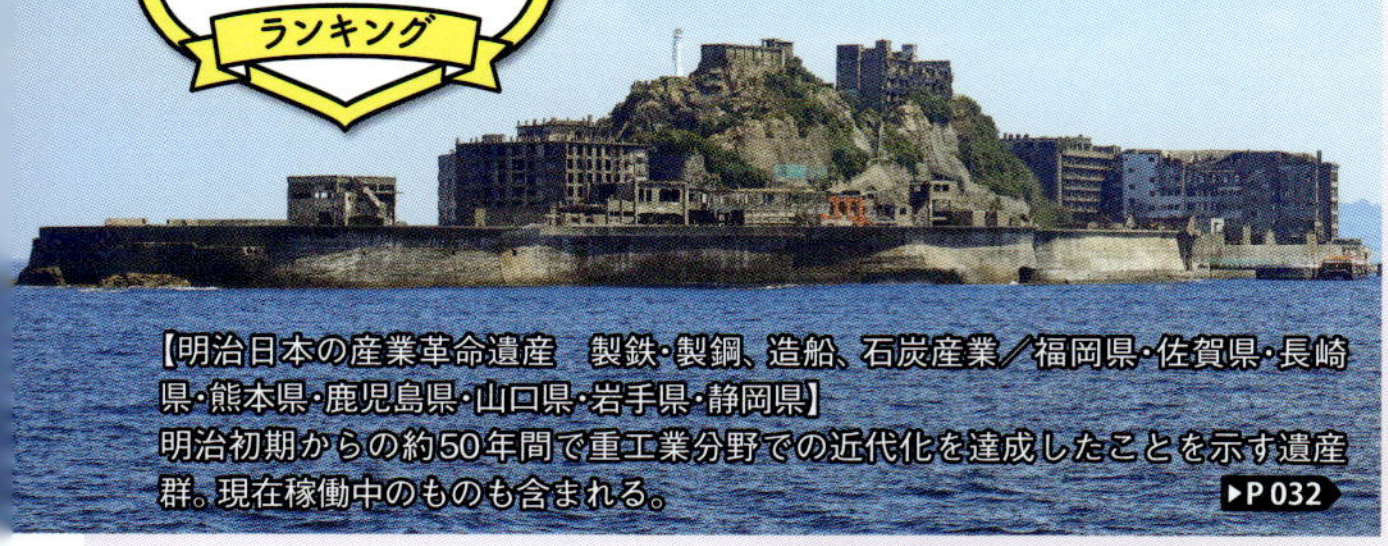

【明治日本の産業革命遺産　製鉄・製鋼、造船、石炭産業／福岡県・佐賀県・長崎県・熊本県・鹿児島県・山口県・岩手県・静岡県】
明治初期からの約50年間で重工業分野での近代化を達成したことを示す遺産群。現在稼働中のものも含まれる。 ▶P 032

2024年新登録！

世界に知られた
黄金を生む島

2 佐渡島の金山

【佐渡島の金山／新潟県】

江戸時代に手作業で金の採掘から小判製造まで行われ、5万人の鉱山街が形成。手掘りの坑道「宗太夫坑」は400kmにおよぶ。 ▶P 008

明治日本の経済を支えた
絹産業発展の地

3 富岡製糸場

【富岡製糸場と絹産業遺産群／群馬県】

明治初期に西欧技術を取り入れつくられた、官営の製糸場。20世紀初頭には世界一の生糸輸出国に。製糸場以外に、養蚕関連の3施設が登録。 ▶P 192

神様が宿る 信仰の地 ランキング

神宿る島と国家的祭祀の跡

1 宗像・沖ノ島

【「神宿る島」宗像・沖ノ島と関連遺産群／福岡県】

沖ノ島、宗像大社、古墳群の3要素で構成。4世紀ごろから航海の安全を祈る祭祀が行われた。島全体が崇拝された沖ノ島は現在も立ち入り禁止。 ▶P 040

写真　宗像大社

1000年続く神仏習合の聖地

2 紀伊山地の霊場と参詣道

【紀伊山地の霊場と参詣道／和歌山県・奈良県・三重県】

3つの霊場とそれを結ぶ参詣道に加え、自然環境が一体となった景観が評価された。 ▶P 112

奈良時代から
信仰される霊山

3 富士山

【富士山―信仰の対象と芸術の源泉／山梨県・静岡県】
平安時代から修験道の霊場だった。ゴッホなど印象派の画家にも影響を与えた美しさ。 ▶P 166

行きたい遺産が早わかり!

日本の世界遺産MAP

まずは文化遺産21件、自然遺産5件の場所をチェック。
数字は登録順を指します。全制覇を目指してみよう!

※1　フランスなど7カ国にあるル・コルビュジエのほかの建築作品とともに登録されている
※2　「文化的景観」とは人間が自然とともにつくり上げた景観のこと

もっと知りたい! 世界遺産Q&A

Q 世界遺産の種類は？

A 3種類に分かれ、さらに「危機遺産」が設定されている。

【文化遺産】	建造物や町並み、遺跡など人類の歴史を示す。
【自然遺産】	美しい自然景観や貴重な動植物の生息地など。
【複合遺産】	文化遺産と自然遺産の両方の価値をもつ。日本からは登録例がない。
【危機遺産】	戦争や都市開発、観光開発などで、その普遍的価値を損なうような重大な危機にさらされている遺産。

Q 登録条件は？

A 世界遺産条約の締約国が、保有する遺産を暫定リストから推薦し、世界遺産委員会が選定。不動産である必要があり絵画などは対象外。遺産が保有国の法律などで保護されていることも条件となる。

Q 登録基準は？

A 10の登録基準があり、1つ以上に当てはまればよい。

登録基準の要約

【文化遺産】
- I 人類の創造的資質を示す
- II 価値観交流を証明
- III 伝統や文明の証拠
- IV 建築や科学の技術の発展を証明
- V 独自の伝統的集落や、人類と環境の交流を示す
- VI 伝統、宗教、芸術や文学作品などと深く関係

【自然遺産】
- VII 自然美や景観美、独特な自然現象を示す
- VIII 地球の歴史の主要段階を証明
- IX 動植物の進化や発展の過程、独自の生態系を示す
- X 絶滅危惧種の生息域で、生物多様性のために重要な生息域

Q 暫定リストとは？

A 世界遺産登録を目指す遺産をまとめたもの。ユネスコに提出される。

【日本の暫定リスト】
- ●古都鎌倉の寺院・神社ほか(神奈川県)
- ●彦根城(滋賀県)
- ●飛鳥・藤原の宮都とその関連資産群(奈良県)
- ●平泉—仏国土(浄土)を表す建築・庭園及び考古学的遺跡群—(拡張)(岩手県)

めざせ! 全踏破 旅の記録をつけよう

遺産名	年 / 月 / 日
1 法隆寺	/ /
2 姫路城	/ /
3 屋久島	/ /
4 白神山地	/ /
5 古都京都	/ /
6 白川郷・五箇山	/ /
7 原爆ドーム	/ /
8 嚴島神社	/ /
9 古都奈良	/ /
10 日光の社寺	/ /
11 琉球王国のグスク	/ /
12 紀伊山地の霊場と参詣道	/ /
13 知床	/ /
14 石見銀山	/ /
15 平泉	/ /
16 小笠原諸島	/ /
17 富士山	/ /
18 富岡製糸場	/ /
19 明治日本の産業革命遺産	/ /
20 国立西洋美術館	/ /
21 宗像・沖ノ島	/ /
22 潜伏キリシタン関連遺産	/ /
23 百舌鳥・古市古墳群	/ /
24 奄美大島など	/ /
25 縄文遺跡群	/ /
26 佐渡島の金山	/ /

佐《さ》渡《ど》島の金山

日本における26番目の世界遺産として、2024年7月に文化遺産に新規登録されたのが、新潟県の佐渡島に残る「相川鶴子金銀山」「西三川砂金山」の2つの鉱山にまつわる産業遺産である。

道遊《どうゆう》の割戸《わりと》。1601（慶長6)年の大鉱脈の発見以降、人の手で掘り進められた露頭掘りの跡。山をV字に割ったような奇景は相川金銀山のシンボルだ

写真　佐渡市

世界遺産登録年 2024年

構成資産 西三川《にしみかわ》砂金山、相川鶴子《あいかわつるし》金銀山(相川金銀山、鶴子銀山)

解　説 佐渡島では平安時代から金が採掘されていた。鎖国下の江戸時代には伝統的な手工業による金生産システムが発展し、17世紀には世界の金生産量の10%を占めた。量・質ともにレベルが高く、海外で描かれた地図に「金鉱山」と記された。相川鶴子金銀山と西三川砂金山が鉱山の特性に応じて進化させた金生産システムを示す遺構として登録された。

めざせ！全踏破

LET'S WALK

佐渡島の金銀山をまわる

1989年まで金銀の採掘が続けられていた佐渡島には、今も島のそこかしこに、その痕跡が残る。とりわけ相川金銀山には見どころが多い。

相川金銀山

宗太夫坑

❶ 宗太夫間歩《そうだゆうまぶ》

間歩とは採掘するために掘られた坑道のこと。江戸時代初期に掘られた大型の坑道で、当時の様子を再現した人形がならぶ。

住新潟県佐渡市下相川1305　交両津港から車で60分／両津港佐渡汽船から路線バス（本線）で1時間13分、佐渡金山前下車すぐ

写真　ゴールデン佐渡

写真　佐渡博物館

❷ 佐渡奉行所跡

佐渡は江戸幕府の直轄地だった。奉行所では金銀の選鉱・製錬が行われた。建物は復元。

住新潟県佐渡市相川広間町 1-1　電0259-74-2201　時8:30～17:00　料500円　交両津港から車で50分／両津港佐渡汽船から路線バス（本線）で55分、相川下車、徒歩7分　駐あり

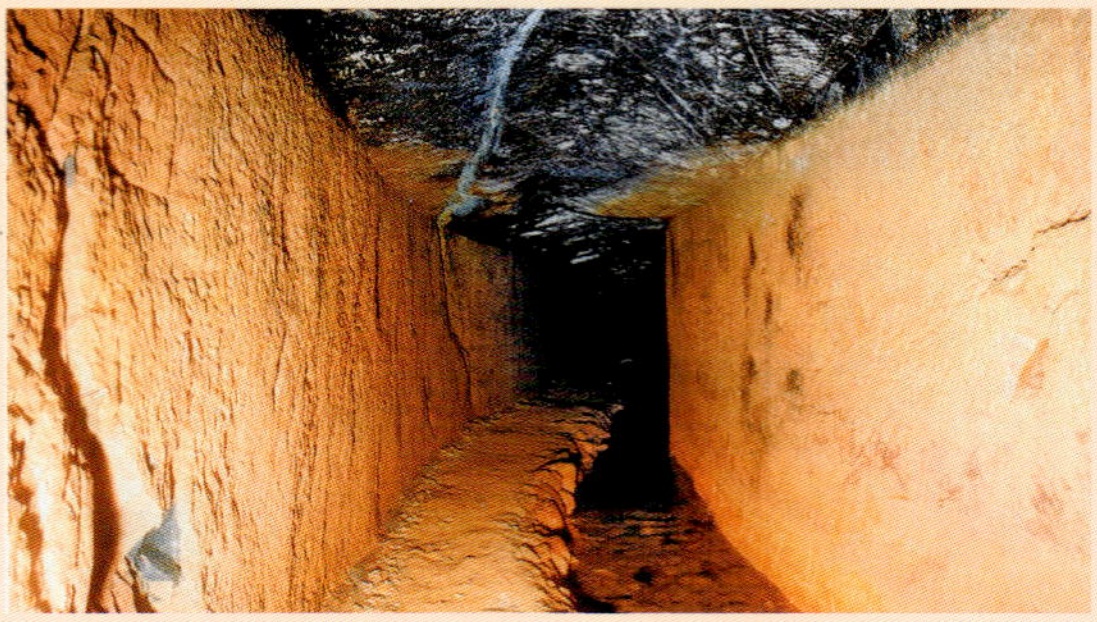

写真　佐渡市

❸ 南沢疎水道《みなみさわそすいどう》

坑内の湧き水を排出するために掘られた全長約1㌔の排水坑道。現在も排水している。

住新潟県佐渡市相川相川南沢町　見内部は非公開（塩釜神社近くの川で水の湧き出す様子を見られる）

❹ 大切山間歩《おおぎりやままぶ》

1634（寛永11）年から14年間掘削されたと伝わる。通気坑道も掘られた。ガイド付きツアーあり（要予約）。

住新潟県佐渡市下相川
交両津港から車で1時間

写真　ゴールデン佐渡

❹大切山間歩
❶宗太夫間歩
佐渡金山前
463
史跡佐渡金山
道遊の割戸
史跡佐渡金山
第3駐車場
上相川地区
上寺町地区
金銀運搬路の
西五十里道・鶴子道
Ⓐ相川金銀山エリア

子銀山エリア
鶴子銀山大滝間歩
鶴子銀山屏風沢
鶴子荒町遺跡
鶴子代官屋敷跡
N
0
400m

西三川砂金山

写真　佐渡市

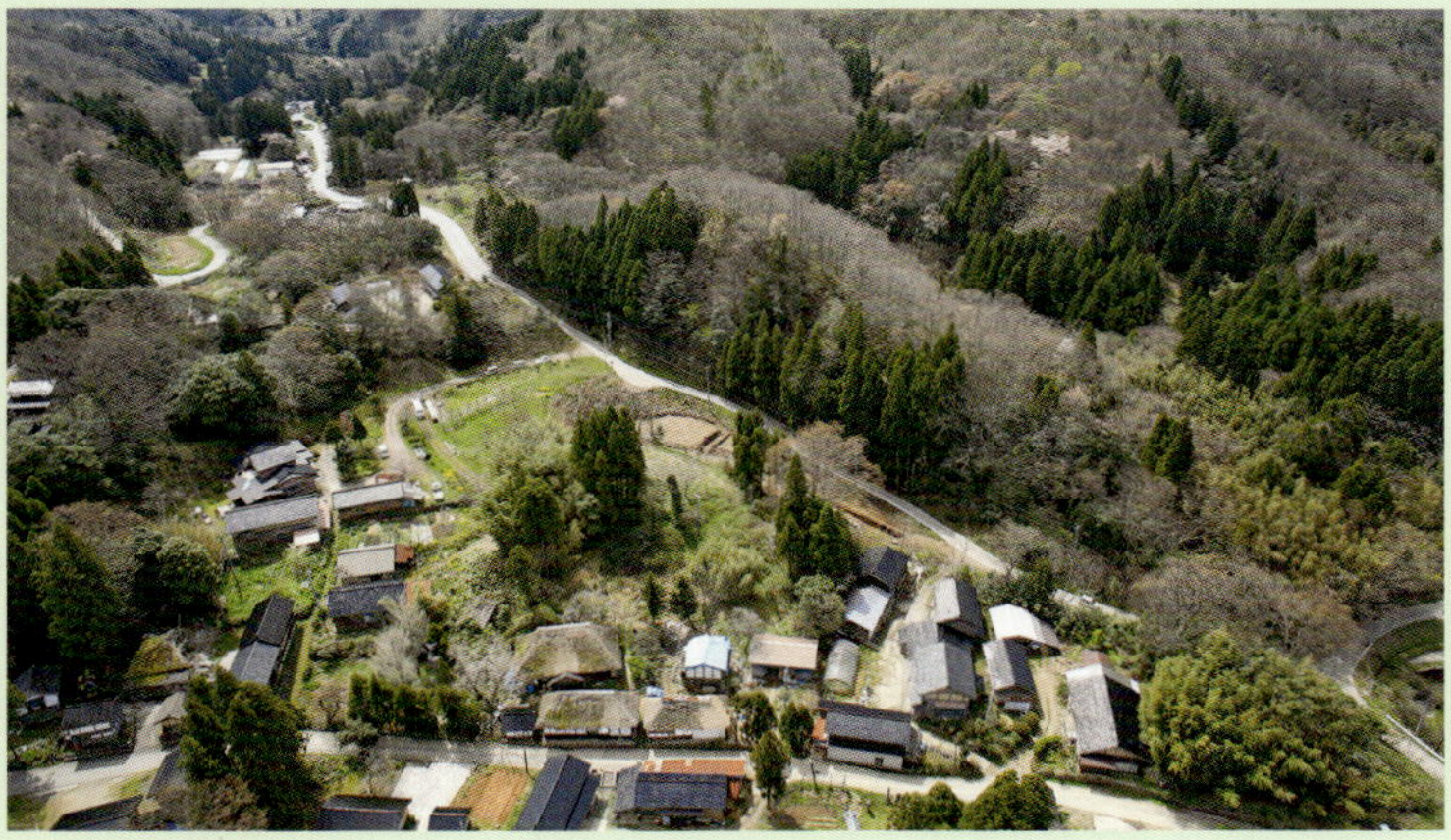

❺ 笹川集落

砂金採掘に関わった人々が暮らした集落。当時の面影を残しつつ現在も人々が住む。

住 新潟県佐渡市西三川
交 両津港から車で1時間

写真　佐渡市

❻ 虎丸山《とらまるやま》

西三川砂金山最大の採掘場。水の勢いを使って砂金を取り出す「大流し」が行われた。

住 新潟県佐渡市西三川　交 両津港から車で1時間

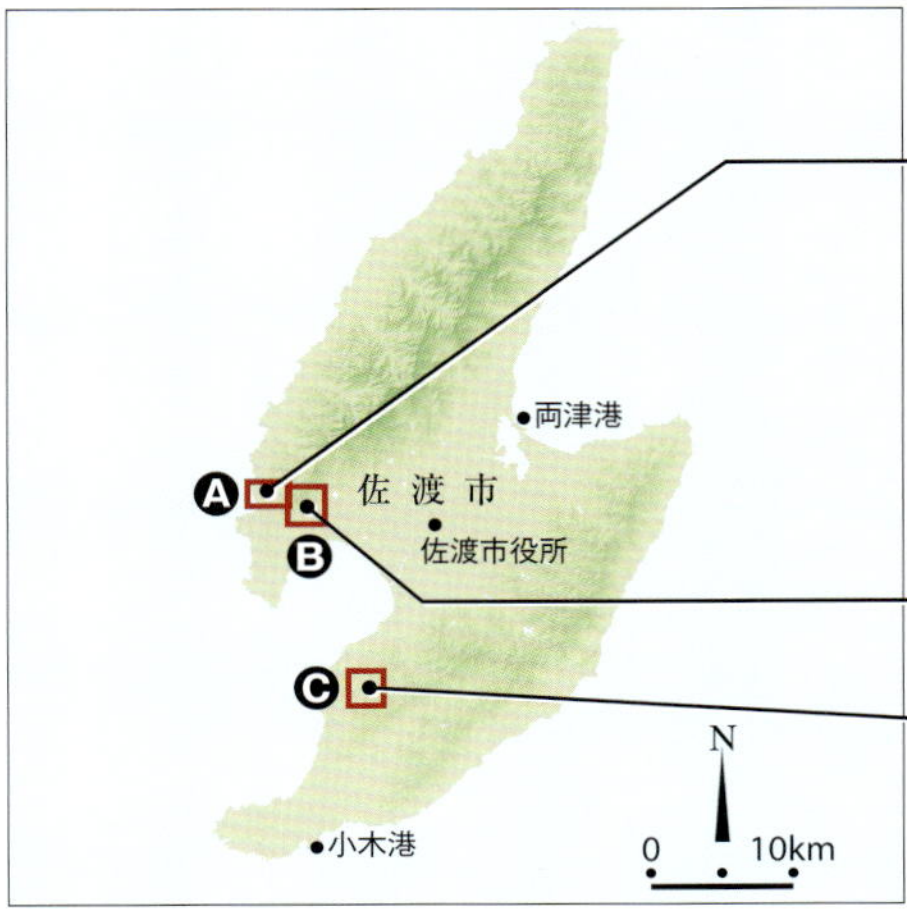

相川鶴子金銀山

Ⓐ 相川金銀山

16世紀末から20世紀末まで国内最大の金産出量を誇った。日本独自の手工業による採鉱や製錬の技術が発展し量・質ともにハイレベルだった。

Ⓑ 鶴子銀山

1542（天文11）年から1946年まで採掘された。相川金銀山が発見されるまでは開発の中心だった。600カ所以上の採掘の跡が残る。

Ⓒ 西三川砂金山

12世紀の成立とされる『今昔物語集』にも登場する佐渡最古の金山。1872年まで砂金採取が行われた。

佐渡島へのアクセス

交 新潟港から佐渡・両津港までカーフェリーで2時間30分／ジェットフォイルで1時間7分

もっと知りたい！

鉱山運営マニュアル 佐渡金銀山絵巻

佐渡金銀山では、複雑な作業工程を説明するための絵巻が多数描かれた。新しく佐渡に赴任した奉行のつもりで、絵巻から作業工程を眺めてみよう。

監修◉鈴木一義／文◉編集部

❶湧き水との戦い　坑道を掘って鉱石を掘り出す際に最も厄介なのが岩盤から染み出す大量の水である。排水のため、佐渡では多くの技術が導入され、試行錯誤が重ねられた。ここに描かれているのは、長細い筒の中にらせん状の羽根を取り付け、筒全体をハンドルで回転させて水を汲《く》み上げる「水上輪《すいしょうりん》」。いくつも連ねて、地下に溜《た》まる水を汲み出した

❷鉱石の品位を鑑定　掘り出した鉱石は10日に一度、山内で荷売りされた。幕府の金銀改役《きんぎんあらためやく》らの立ち会いのもと、山師《やまし》（鉱山経営者）の持ってきた鉱石を一荷ずつざるに入れ、水洗いして細かく砕き、目利きに鑑定させて、入札した

❸鍛冶《かじ》小屋での道具製作　鉱石掘りに使われる鎚《つち》や鏨《たがね》はすぐに磨耗するため、山内に鍛冶小屋を設けて、打ち直したり新しく作ったりしていた。鍛冶職人が何十人も雇われ、最盛期には昼夜交替で働いたという

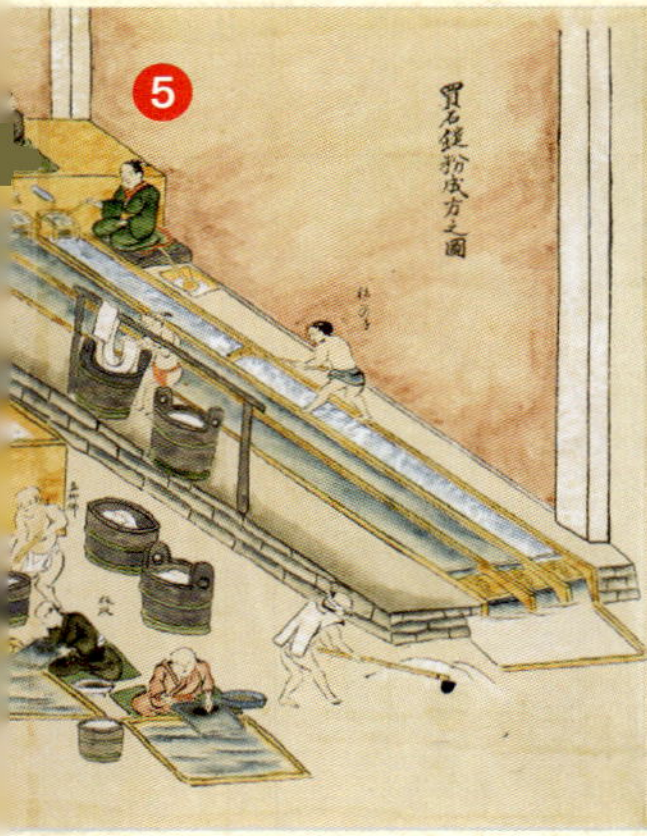

❺ねこ流しによる選鉱　石磨でひかれ、粒状に細かくなった鉱石から金銀をより分ける。ねこ板と呼ばれる斜めの台に敷いた木綿布の上に、水と一緒に鉱石の粒を流す（ねこ流し）と、重い金銀分だけが木綿に付着して残る。ねこ流しは主に女性の仕事であった

❹試掘状況の確認　鉱脈を探すための探鉱は、鉱山の経営者である山師が奉行所から請け負って行った。1カ月ごとに、奉行所の目付役や測量を行う振矩師《ふりがねし》、山師、現場監督者である金児《かなこ》らの立ち会いのもとに、進行状況の確認を行う

佐渡金銀山絵巻の歴史は古い。同じく世界遺産に登録されている石見銀山にも絵巻が伝わるが、佐渡の絵巻がその見本となったといわれている。

佐渡金銀山絵巻は、新しく赴任した佐渡奉行や補佐役、また江戸の幕府に鉱山の複雑な工程を説明するため、奉行所が絵師に製作させたものである。佐渡奉行萩原美雅《はぎわらよしまさ》の在任中（1732〜36年）に描かれ始めたとされている。

絵巻には、主に相川金銀山における採鉱（坑内で鉱石を掘り出す）、選鉱（鉱石を細かく砕いて石磨《いしうす》ですりつぶし、金銀をより分ける）、製錬（高温で鉱物を溶かして不純物を除き、金や銀を得る）、小判製造などの作業工程が描かれている。また、幕府の役人や請負人といった管理者たちの仕事風景も盛り込まれている。

新しい絵巻を作るたびにその時の状況に即した修正が加わり、新技術の導入や管理体制の変化などが反映される。年代の異なる複数の絵巻を比較すれば、江戸中期から末期までの百数十年にわたる佐渡金銀山の技術や管理体制の変遷を知ることができるため、近世史・科学技術史研究者の注目を集めている。

また、金銀山で働く女性の着物・髪形、子どもの遊びや芸能といった日常生活・風俗も鮮やかに描かれ、眺めるだけでも興味深い。

佐渡金銀山絵巻は、確認されているだけで国内外に100点以上もある。ほかの鉱山に残された絵巻をはるかに圧倒する数である。鉱山としての重要度を反映しているといってよいだろう。

これらの絵巻のうちいくつかは、きらりうむ佐渡や佐渡奉行所跡（寄勝場《よせせりば》）でレプリカを展示している。ここでは、18世紀半ばごろに描かれたと考えられる『佐渡金山金堀之図』（国立公文書館蔵）の一部を紹介しよう。

❽小判の鋳造　小判所では、得られた金に所定の割合で銀を混ぜて溶かし小判1枚の重さに切り分けて小判のかたちに成形する。品位の鑑定は各工程ごとに行われ、合格品には印を打つ

❼純金を取り出す精錬（焼金《やききん》）　金銀の粒をすりつぶして粉状にし、塩と混ぜて焼くと金と銀が分離され、ほぼ純金に近い金が得られる。佐渡で独自に発展した製錬法で、長竈《ながかま》と呼ばれる細長い竈を用いる

❻金銀を取り出す製錬　細かく砕かれた金銀と鉛の合金を炉で熱し、鉱石の中の不純物を取り除く。石見銀山から伝わった灰吹法《はいふきほう》が使われた

❾海岸からも採取　海岸に流れ出た、金銀銅を含む鉱石も漏らさず採取する。緩やかな勾配をもたせた水路に筵《むしろ》を敷き、砂浜で掘り取った砂を水とともに流して、ねこ流しと同様に比重の差を利用して選鉱する

日本の世界遺産をめぐる旅

目次

世界文化遺産

中国・四国エリア

世界文化遺産

関西エリア

世界文化遺産 中部エリア

【自然遺産】

※本書は、朝日新聞出版から2012年に刊行したパートワーク『朝日ビジュアルシリーズ　週刊 日本の世界遺産』全25号をもとに、一冊のトラベル本にまとめたものです。

【ご注意】

「インフォメーション」欄ほかに掲載したデータは2024年11～12月に再確認した情報です。しかしながら、各施設ならびに社寺によっては、発行後に変更されている場合がありますので、お出かけの場合は、事前に最新情報をご確認ください。

【インフォメーションの見方】

- 住 ＝住所
- 電 ＝電話番号
- 時 ＝営業・開館・開門時間
- 料 ＝料金（大人料金のみ掲載）
- 休 ＝休み（年末年始・臨時休業などは除いた定休日のみ掲載）
- 交 ＝交通
- 駐 ＝駐車場の有無・台数など
- 問 ＝問い合わせ先

沖縄・九州エリア

Okinawa & Kyushu area

- 琉球王国のグスク及び関連遺産群
- 明治日本の産業革命遺産　製鉄・製鋼、造船、石炭産業
- 長崎と天草地方の潜伏キリシタン関連遺産
- 「神宿る島」宗像・沖ノ島と関連遺産群

守礼門　写真　PIXTA

琉球王国のグスク及び関連遺産群

勝連城跡。勝連按司によって13世紀初めに築城されたと考えられている

写真　PIXTA(P20～27)

世界遺産登録年 2000年
構成資産 今帰仁城跡《なきじんじょうあと》、座喜味城跡《ざきみじょうあと》、勝連城跡《かつれんじょうあと》、中城城跡《なかぐすくじょうあと》、首里城跡《しゅりじょうあと》、園《その》比屋武御嶽石門《ひゃんうたきいしもん》、玉陵《たまうどぅん》、識名園《しきなえん》、斎《せい》場御嶽《ふぁうたき》

解　説 14世紀中ごろ、琉球列島には3つの王国が分立していた。その後15世紀前半に三国は統一され、琉球王国が成立。今帰仁城、座喜味城、勝連城、中城城はこうした混とんとした時代に築かれた城だ。首里城は、当時の統治機関として琉球王国の王によって築かれたもので、海外との交流などによる独自の文化が評価された。これら城の壁は、主に琉球石灰岩でつくられており、曲面《くるわ》が多用されているのが特徴的である。園比屋武御嶽石門、玉陵、識名園などは、当時の国際色豊かな琉球王国の文化をうかがい知ることのできる施設である。

今帰仁城跡《なきじんじょうあと》

三山《さんざん》時代は北山王《ほくざんおう》の、統一後は北山監守《ほくざんかんしゅ》の居《きょ》城《じょう》となった。14〜15世紀の築城。国の史跡。

勝連城跡《かつれんじょうあと》

13世紀ころの築城。阿麻和利《あまわり》の居城。国の史跡。

Pick Up!

遺産まるわかりMAP

琉球王国のグスク及び関連遺産群

オレンジ太字：構成資産

首里城跡《しゅりじょうあと》

統一琉球王国の城。14世紀末ごろ築城され、第二尚氏《しょうし》王統・尚真王《しょうしんおう》と尚清王の時代に拡大された。沖縄戦でほぼ壊滅し復元。2019年の火災で正殿などが焼失し、2026年の完成を目指して復元中。国の史跡。

座喜味城跡《ざきみじょうあと》

15世紀前期に護佐丸《ごさまる》が築城。国史跡。

玉陵《たまうどぅん》

第二尚氏王統・尚真王が建立した王家歴代の墓。琉球最大の陵墓。戦後復元された。国の史跡。墓室、石牆《せきしょう》(石垣)は国宝。

園比屋武御嶽石門《そのひゃんうたきいしもん》

守礼門《しゅれいもん》を入ったところにある琉球王国の拝所《はいしょ》。琉球を代表する石造建造物。戦後復元された。重文。

識名園《しきなえん》

琉球王家最大の別邸。大名庭園をベースに琉球と中国の庭園の要素を取り入れた池泉《ちせん》回遊式庭園。国の特別名勝。

中城城跡《なかぐすくじょうあと》

15世紀中期に護佐丸た
張して、座喜味城から移
1458年に勝連按司《あじ》・阿麻
利に滅ぼされた。国の史

斎場御嶽《せいふぁうたき》

琉球王国最高の聖地。琉球王
時代、最高位の神女・聞得大《きこえおお》
の就任式が行われた。国の史跡

めざせ！
全踏破

LET'S WALK

那覇の世界遺産と斎場御嶽を回る

琉球王国の都だった那覇市首里周辺には、構成資産9つのうち4つが集中する。また王国の聖地だった斎場御嶽も、那覇市中心部から車で1時間以内にある。

園比屋武御嶽《そのひゃんうたき》石門《いしもん》・玉陵《たまうどぅん》・首里城跡《しゅりじょうあと》

首里城周辺には見どころがいっぱい

守礼門。16世紀前半に建てられた

玉陵。沖縄県初の建造物の国宝

首里城公園周辺は、食堂・売店などを完備するレストセンター首里杜館を拠点にして、ときどき休憩をとりながら、ゆったり時間を取って回りたい。

まずは首里杜館で情報を仕入れる。首里の丘陵を含む那覇市街全体の大きな立体模型があり、肉眼では高いところから見てもわかりにくい那覇の地形が一目でわかる。

ここでは、第二尚氏王統の陵墓であった、西の玉陵から歩き始める。玉陵の墓室は１９７０年代に修復されたものだが、すでに数百年を経たような風格を醸し出している。石の城のような重厚な建物は他にないものだ。

玉陵を出て首里城に向かう。守礼門をくぐると、いきなり左手に園比屋武御嶽石門がある。門といっても、その背後に建物があるわけではない。ときどき拝みに来ている人がいた。

いくつもの門をくぐりながら、龍の口から湧水が流れる「龍樋」、万国津梁の鐘(レプリカ)、日影台(日時計)、下之御庭の首里森御嶽などを見て歩くと、有料ゾーンである、首里城の入り口・奉神門に着く。

しかしながら、首里城は、２０１９年10月31日に発生した火災で、正殿や南殿、北殿などが焼失。現在復元工事中で、首里城正殿復元完成予定の２０２６年までは、「見せる復興」をテーマに、見学デッキを設けて工事作業の様子を公開している。併せて火災被害に遭った残存物を展示。また、有料ガイドツアー「首里城60分ぐるっとツアー」への参加も可能だ。

有料ゾーンを出て、西の端にある「西のアザナ」も必見だ。アザナとは遠くを見るための物見台のことで、設けられた展望台からは、那覇港までを一望できる。

徒歩とモノレールで那覇市街に戻るなら、城郭の北側の石垣に沿って東へ下りていく。10分ほどで広い道に出る。

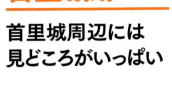

園比屋武御嶽石門・玉陵・首里城跡

金城町石畳道。琉球王国時代の城下町の風情が味わえる

玉陵

インフォメーション

住沖縄県那覇市首里金城町1-3 電098-885-2861（玉陵管理事務所） 時9:00～18:00（最終入場30分前） 料300円 休なし 交首里城公園から徒歩2分 駐首里城公園駐車場へ

首里城跡

インフォメーション

住沖縄県那覇市首里金城町1-2 電098-886-2020（首里城公園管理センター） 時8:00～19:30（7～9月8:00～20:30、12～3月8:00～18:30）※有料区域の閉場は各30分前（最終入場さらに30分前） 料有料ゾーン400円 交守礼門までは那覇空港からゆいレールで27分、首里駅下車、徒歩15分／首里駅から路線バス（1・14・346番）で1分、首里城公園入口下車、徒歩5分 駐あり

首里森御嶽。神がつくった聖地であるといわれ、国家的な祭祀儀礼が行われた

ゆいレール首里駅まではもうすぐだ。

世界遺産の周囲にも、円覚寺跡、弁財天堂、龍潭などの史跡や美しい景観が広がっている。なかでも首里から南部への主要道として使われた真珠道の一部である金城町石畳道は「日本の道100選」にも選ばれた情緒溢れる小道。ぜひ歩きたい。

中国風の石橋。池の周囲は琉球石灰岩の石積みで固められている

識《しき》名《な》園《えん》

琉球王家最大の別邸

18世紀末、冊封使《さっぽうし》の接待や王族の保養のためにつくられた別邸。首里城の南方、約3㌔の識名台地の上にある。

台地上にありながら、敷地の中心を大きな池が占める池泉回遊式庭園。眺望を邪魔する高い建物はほとんどない。かつてこの別邸に冊封使を招いた王は、遠くまで陸地が広がる景観を見せて、琉球の国土が広いことを誇ってみせたという。

庭のデザインは、日本の大名庭園をベースに、琉球と中国の要素を取り入れたもので、雨の日にも情緒がある。

園内の水源の一つは育徳泉《いくとくせん》という泉で、井戸口の上には冊封使の書による碑が二つある。水の出口は東南に流れ出る滝一つで、現在は立ち入ることはできないが、かつて、夏に涼を取るには絶好の地だったろう。

赤瓦屋根の御殿は総面積525平方㍍(約159坪)、15の部屋があった。現在は一般の結婚式にも開放されているので、運が良ければ、琉球の正装に身を包んだ新郎新婦の姿が見られるかもしれない。

インフォメーション

住 沖縄県那覇市真地421-7 電 098-855-5936(識名園管理事務所) 時 9:00～18:00(10～3月～17:30)※最終入場30分前 料 400円 休 水曜(祝日・慰霊の日の場合は翌日) 交 ゆいレール牧志駅から路線バスで15分、識名園前下車、徒歩1分 駐 あり

六角堂。橋は一つの石を加工しつくられている

斎《せい》場《ふぁ》御《う》嶽《たき》

琉球王国最高の聖地

「御嶽」とは聖地のこと。かつては男子禁制だった。近年人気を集める南城市知念の森。

南 城市の東部、海に近い一見なんでもない小高い森だ。入り口に近づくまで、聖地らしい雰囲気を醸し出す景観は、どこにもない。

まずは資料館「緑の館・セーファ」で概要をつかむ。できれば有料ガイド(要予約)を頼みたい。

御嶽内への入り口であるウジョーグチ(御門口)には、拝所《はいしょ》の数に合わせた6つの香炉が置かれているが、鳥居のようなものはない。境内にもいっさい建物はなく、6つのイビ(神域)は、鍾乳石の壁を背景にわずかに石組みがあるだけだ。斎場御嶽のイビには、首里城との密接な関係を示すように、城内にある部屋と同じ名前が付けられている。ユインチ(寄満)は台所、ウフグーイ(大庫理)やサングーイ(三庫理)は広間の名前を取っている。

サングーイの手前のイビには細く垂れ下がった鍾乳石があり、乳房にたとえられる。三角形の入り口をくぐって最奥部のサングーイに行き、もう一つの聖地・久高島《くだかじま》を眺める。久高島まで足をのばすには最低でも半日が必要だ(サングーイ立ち入り制限中)。

ユインチ。ウフグーイとは巨岩をぐるっと回った反対側の位置になる

インフォメーション

住沖縄県南城市知念久手堅サヤハ原
電098-949-1899(緑の館・セーファ)
時9:00～18:00(11～2月～17:30)※最終入館30分前 料300円 休旧暦5月1～3日・10月1～3日 交那覇バスターミナルから路線バス(338番)で1時間、斎場御嶽入口下車、徒歩7分／那覇空港から車で50分 駐あり

サングーイのすぐ手前、2つの垂れ下がった鍾乳石はアマダユルアシカヌビーとシキヨダユルアマガヌビー。そこから流れ落ちる水は霊水とされる

首里城の朝拝御規式《ちょうはいおきしき》

見てわかる!

第二尚氏王統時代、毎年、元日の早朝に首里城正殿と御庭で盛大に執り行われた儀式を再現する。

文・イラスト◉藤井尚夫

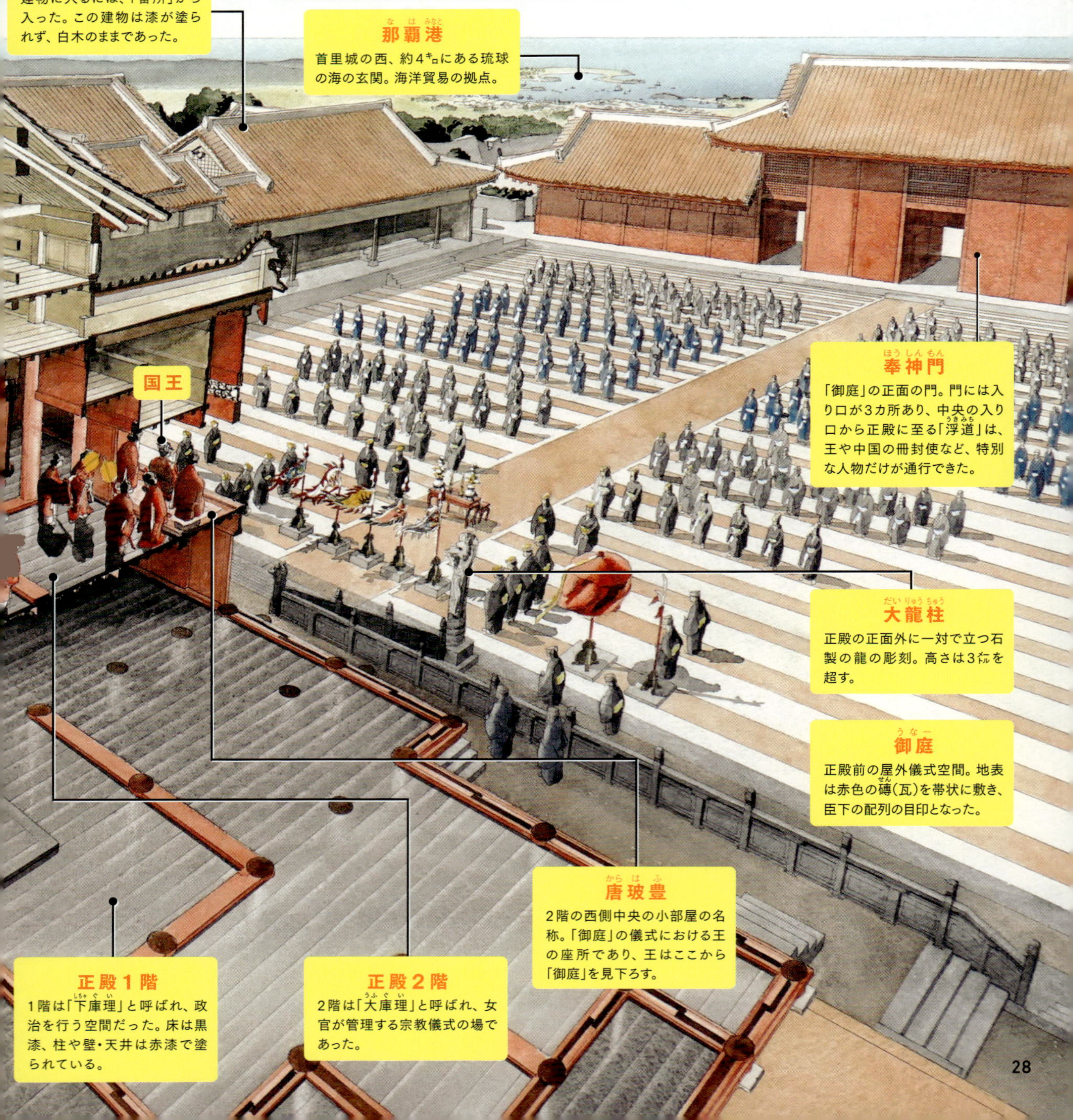

番所《ばんどころ》
臣下、役人などの出入りを取り次ぐ役所。外から正殿などの建物に入るには、「番所」から入った。この建物は漆が塗られず、白木のままであった。

那覇港《なはみなと》
首里城の西、約4㌔にある琉球の海の玄関。海洋貿易の拠点。

国王

奉神門《ほうしんもん》
「御庭」の正面の門。門には入り口が3カ所あり、中央の入り口から正殿に至る「浮道《うきみち》」は、王や中国の冊封使など、特別な人物だけが通行できた。

大龍柱《だいりゅうちゅう》
正殿の正面外に一対で立つ石製の龍の彫刻。高さは3㍍を超す。

御庭《うなー》
正殿前の屋外儀式空間。地表は赤色の磚《せん》(瓦)を帯状に敷き、臣下の配列の目印となった。

唐玻豊《からはふ》
2階の西側中央の小部屋の名称。「御庭」の儀式における王の座所であり、王はここから「御庭」を見下ろす。

正殿1階
1階は「下庫理《しちゃぐい》」と呼ばれ、政治を行う空間だった。床は黒漆、柱や壁・天井は赤漆で塗られている。

正殿2階
2階は「大庫理《うふぐい》」と呼ばれ、女官が管理する宗教儀式の場であった。

琉球王国のグスク

琉球では、15世紀前半に統一王国が成立して以降、約450年間にわたり、代々の王は首里城を居城として国を治めた。首里城は沖縄島南部の丘陵地帯にあり、丘陵の頂部に石垣の城壁を巡らせてつくられている。イラストは、18世紀ごろの首里城の中心にある「正殿」と「ウナー(御庭)」で行われる年頭の重要儀式「朝拝御規式」の模様である。

御庭に並ぶ臣下に対し、正殿2階正面に王が出座する。正殿の1階は政治とその儀式の場であり、2階は宗教儀式を行う神聖な場とされた。王が1階の儀式に臨むには、王専用の階段を用い1階の「ウサスカ(御差床＝玉座)」の後方から座につく。

首里城の正殿や門などの建物は第2次大戦時の戦火で全てが焼失。のちにその多くが復元されたが、2019年に正殿内部から発生した火災により、再び焼失。現在は再建工事中で2026年中に正殿が完成する予定だ。

正殿3階
3階は屋根裏部屋であり、通風窓が設けられ、熱気がこもらない工夫がされている。

2階の「御差床」
豪華な設えであり、天井も高い。2階が最重要空間であることがわかる。

王の階段
「おちょくい」と呼ばれた王専用の階段。この階段で2階から降りると、1階の「御差床」の後方に出た。

1階の「御差床《うさすか》」
「御差床」とは玉座《ぎょくざ》のこと。二階の「御差床」に比べ、簡素にできている。

※イラストはイメージです。

めざせ！
全踏破

LET'S WALK

北山・中山のグスク跡をめぐる

沖縄には多数のグスクが残っているが、なかでも世界遺産になっている5つのグスクは雄大で、歴史ロマンの世界に浸ることができる。

勝《かつ》連《れん》城《じょう》跡《あと》

阿麻和利の居城

13世紀ごろの造営。15世紀には最大規模を誇ったが、1458年、首里の王に滅ぼされた。

最後まで統一琉球王国に抵抗した阿麻和利は、王朝から見れば反乱者だが、地元勝連地方では、いち早く海外貿易に乗り出した時代の風雲児として英雄視されている。郭《くるわ》(曲輪)内からは、大規模な建物の礎石が発見され、大量の陶磁器類も出土するなど、その繁栄ぶりがうかがわれる。

勝連城跡の北側エリアに、歴史文化施設や観光ターミナルが置かれる「あまわりパーク」が2021年にオープンした。

二の郭には礎石が残り、正殿に相当する建築物があったと考えられている

インフォメーション

住沖縄県うるま市勝連南風原3807-2 電098-978-2033(あまわりパーク管理事務所) 時9:00～18:00(最終入館30分前) 料600円 休なし 交那覇バスターミナルから路線バス(52番)で110分、勝連城跡前下車、徒歩1分 駐あり

座《ざ》喜《き》味《み》城《じょう》跡《あと》

統一前に護佐丸が築城

北山の旧勢力を牽制するために、15世紀前期に有力按司の護佐丸が築城した。

入り口にはユンタンザミュージアムがあり、松林を抜けると二の郭が現れる。

琉球王府の防衛のための砦という性格から、石郭は二つで、世界遺産のグスクの中では一番小さい。屏風状に湾曲した石積みは堅牢で分厚く、石垣の一部は歩くことができる。

石垣の上からは全方位に眺望が開ける。天気が良い日には、はるか南方に、首里城を望むことができる。

インフォメーション

住沖縄県中頭郡読谷村座喜味708-6 電098-958-3141(世界遺産座喜味城跡 ユンタンザミュージアム) 時9:00～18:00(最終入館30分前) 料500円 休水曜日(祝日の場合は翌日) 交那覇バスターミナルから路線バス(29番)で90分、座喜味下車、徒歩10分 駐あり

蛇行している座喜味城の石垣

中《なか》城《ぐすく》城《じょう》跡《あと》

護佐丸が築城、優美な石垣

14世紀後半に整備された城を、15世紀中期に護佐丸が拡張した。

石垣の頂点の尖り方が中城城の特徴

インフォメーション
住 沖縄県中頭郡中城村泊1258 電 098-935-5719（中城城跡共同管理協議会） 時 8:30～17:00（5～9月～18:00） 料 500円 休 なし 交 那覇バスターミナルから路線バス（27番）で60分、比嘉西原下車、グスクめぐりんに乗り換えてイオンモール沖縄ライカムから28分、中城城跡下車すぐ 駐 あり

北の郭に入るアーチ門。2枚の石造でアーチをつくっている。ペリーがその美しさに感嘆したという

国王の命令で、座喜味城にいた護佐丸は勝連城の阿麻和利を牽制するために移ってきたが、阿麻和利に滅ぼされる。しかしグスク自体は近代まで様々な用途で使われてきた。

グスクは中城村《なかぐすくそん》と北中城村《きたなかぐすくそん》の村境の標高160㍍の丘陵上にあり、東側は険しい崖になっている。南方海上には遠く久高島も見える。琉球のグスクの中でも最もよく遺構を残しているといわれる。

近くには琉球の民家建築を代表する中村家住宅（重要文化財）があるので、ぜひ寄り道したい。

ウフカー（大井戸）。この地点より標高が高いところはわずかしかないのに水が絶えることがない

今《な》帰《き》仁《じん》城《じょう》跡《あと》

北山王の居城

沖縄本島北部を統一した北山王の拠点であり、統一後は琉球王府の北山監守が管理した。

三方が深い崖や谷という独立した丘陵の突端にあり、360度に一大パノラマが広がる。大隅《うーしみ》のうねるような石垣など、城郭も雄大だ。

隣接して今帰仁村グスク交流センターと今帰仁村歴史文化センターがあり、観光客を迎える態勢は充実している。人気の沖縄美《ちゅ》ら海《うみ》水族館までは車でわずか十数分。

インフォメーション
住 沖縄県国頭郡今帰仁村今泊5101 電 0980-56-4400（今帰仁村グスク交流センター） 時 8:00～18:00（5～8月～19:00）※最終入場30分前 料 600円 休 なし 交 那覇空港国内線ターミナルからやんばる急行バスで150分、今帰仁城跡入口下車、徒歩15分 駐 あり

写真　PIXTA（P30～31）

明治日本の産業革命遺産
製鉄・製鋼、造船、石炭産業

軍艦島（端島炭坑）。1890年から1974年まで、三菱が操業した海底炭坑。密集するアパート群の姿が軍艦に似ていたことから、こう呼ばれた

写真　PIXTA

世界遺産登録年 2015年

構成資産 萩反射炉、恵美須ヶ鼻造船所跡、大板山たたら製鉄遺跡、萩城下町、松下村塾、旧集成館、寺山炭窯跡、関吉の疎水溝、韮山反射炉、橋野鉄鉱山、三重津海軍所跡、小菅修船場跡、三菱長崎造船所 第三船渠、三菱長崎造船所 ジャイアント・カンチレバークレーン、三菱長崎造船所 旧木型場、三菱長崎造船所 占勝閣、高島炭坑、端島炭坑、旧グラバー住宅、三池炭鉱・三池港、三角西港、官営八幡製鐵所、遠賀川《おんががわ》水源地ポンプ室

解　説 19世紀半ばから20世紀初頭にかけての日本は、工業立国への道をひたすら歩むことで、製鉄・製鋼、造船、石炭産業といった重工業分野において急速な産業化を達成した。8地域にわたる23の遺産が近代工業化の過程を示す資産として評価された。

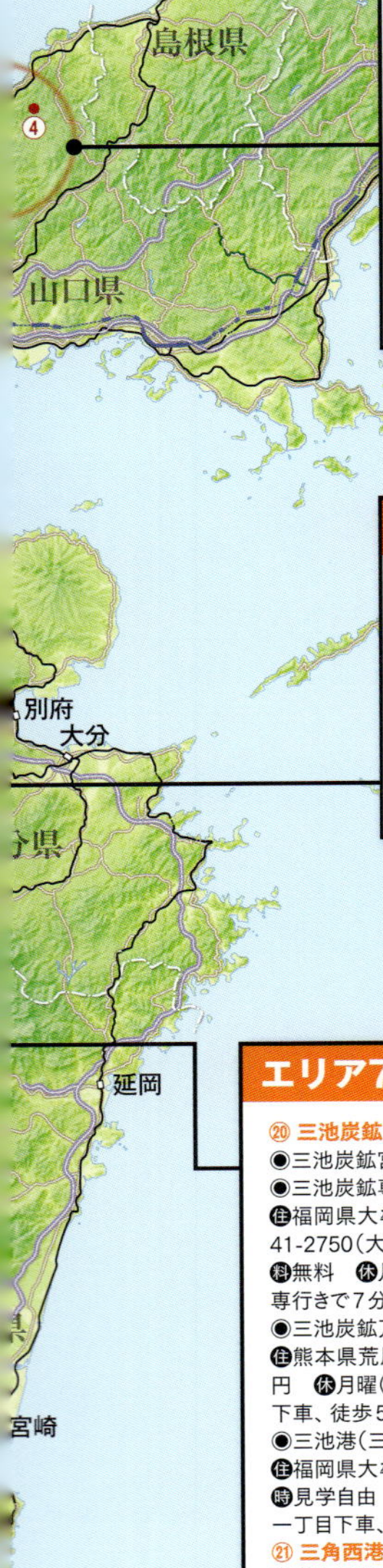

めざせ！全踏破

LET'S WALK

産業革命遺産を歩く

「明治日本の産業革命遺産」の構成資産は、福岡、佐賀、長崎、熊本、鹿児島、山口の6県の他に、岩手県と静岡県をも含む広大な範囲にある。その8エリア23資産の全所在がこちら。

エリア1 萩

① 萩城下町
◉萩城跡 住山口県萩市堀内1-1 電0838-25-1826 時8:00～18:30（11～2月8:30～16:30、3月8:30～18:00） 料220円（旧厚狭毛利家萩屋敷長屋と共通券） 休なし 交JR東萩駅から萩循環まぁーるバス西回りコース（萩市役所前行）で11分、萩城跡・指月公園入口・北門屋敷入口下車、徒歩5分／萩・石見空港から車で60分

② 萩反射炉
住山口県萩市椿東4897-7 交JR東萩駅から萩循環まぁーるバス東回りコースで4分、萩反射炉下車、徒歩2分／萩・石見空港から車で60分

③ 恵美須ヶ鼻造船所跡
住山口県萩市椿東5159-14 交JR東萩駅から萩循環まぁーるバス東回りコースで4分、萩反射炉下車、徒歩10分／萩・石見空港から車で60分

④ 大板山たたら製鉄遺跡
住山口県萩市紫福10257-11 交JR東萩駅から車で40分／萩・石見空港から車で70分

⑤ 松下村塾
住山口県萩市椿東1537 電0838-22-4643 交JR東萩駅から車で3分／萩・石見空港から車で60分／JR東萩駅から萩循環まぁーるバス東回りコースで28分、松陰神社前下車すぐ

②

④

③

エリア5 佐賀

⑪ 三重津海軍所跡
住佐賀県佐賀市諸富町・川副町 電0952-34-9455（佐野常民と三重津海軍所跡の歴史館） 交JR佐賀駅から市営バス諸富・早津江線で30分、佐野・三重津歴史館入口下車、徒歩5分／西鉄柳川駅から西鉄バス久留米沖新線で30分、早津江下車、徒歩10分

エリア7 三池

⑳ 三池炭鉱・三池港
◉三池炭鉱宮原坑
◉三池炭鉱専用鉄道敷跡
住福岡県大牟田市宮原町1-86-3（鉄道敷跡は熊本県荒尾市まで） 電0944-41-2750（大牟田市観光おもてなし課） 時9:30～17:00（最終入場30分前） 料無料 休月曜（祝日の場合は翌平日） 交大牟田駅から西鉄バス笹林・有明高専行きで7分、早鐘眼鏡橋下車、徒歩10分
◉三池炭鉱万田坑
住熊本県荒尾市原万田200-2 電0968-57-9155 時9:30～17:00 料410円 休月曜（祝日の場合は翌日） 交JR荒尾駅から産交バスで8分、万田坑前下車、徒歩5分
◉三池港（三池港展望所）
住福岡県大牟田市新港町1 電0944-41-2750（大牟田市観光おもてなし課） 時見学自由 交大牟田駅西口から西鉄バス荒尾駅前方面行きで10分、三川町一丁目下車、徒歩5分

㉑ 三角西港
住熊本県宇城市三角町三角浦 電0964-32-1954（宇城市文化スポーツ課） 交JR三角駅から九州産交バスで10分、三角西港前下車すぐ

三池炭鉱万田坑 ⑳

㉑

エリア4 釜石

⑩ 橋野鉄鉱山
住岩手県釜石市橋野町第2地割15 電0193-27-7577（釜石市世界遺産室） 時見学自由（冬季は降雪のため見学に適さない） 料無料 交JR釜石駅から車で50分／JR遠野駅から車で35分

エリア3 韮山

⑨ 韮山反射炉
住静岡県伊豆の国市中268 電055-949-3450（韮山反射炉ガイダンスセンター） 時9:00～17:00（10～2月～16:30） 料500円 休第3水曜（祝日の場合は翌平日） 交伊豆箱根鉄道駿豆線伊豆長岡駅から徒歩25分

エリア6　長崎

⑫ 小菅修船場跡
㊟長崎県長崎市小菅町　㊇JR長崎駅から長崎バス戸町経由野母半島方面行きで15分、小菅町下車、徒歩2分

⑬ 三菱長崎造船所 第三船渠　※非公開
㊟長崎県長崎市飽の浦町1-1（三菱重工業長崎造船所敷地内）

⑭ 三菱長崎造船所 旧木型場　（現・長崎造船所史料館）
㊟長崎県長崎市飽の浦町1-1　㊂095-828-4134　㊡工事中のため長期休館中

⑮ 三菱長崎造船所 ジャイアント・カンチレバークレーン　※非公開
㊟長崎県長崎市飽の浦町1-1（三菱重工業長崎造船所敷地内、長崎港に面する水の浦岸壁上に位置する）

⑯ 三菱長崎造船所 占勝閣　※非公開
㊟長崎県長崎市岩瀬道町139（三菱重工業長崎造船所敷地内、第三船渠を望む高台に位置する）

⑰ 旧グラバー住宅　（現・グラバー園）
㊟長崎県長崎市南山手町8-1　㊂095-822-8223　㊋8:00～18:00（最終入園20分前）※夜間開園日あり（要確認）　㊕620円　㊡なし　㊇JR長崎駅から長崎バス（30番・40番）で9分、グラバー園下車、徒歩6分

⑱ 高島炭坑
㊟長崎県長崎市高島町99-1　㊇高島港から徒歩25分／高島港から循環バスで12分、本町下車、徒歩1分

⑲ 端島炭坑
㊟長崎県長崎市高島町端島

［ツアー］
■やまさ海運　㊂095-822-5002
■軍艦島クルーズ　㊂095-827-2470
■シーマン商会　㊂095-818-1105
■軍艦島コンシェルジュ　㊂095-895-9300
■第七ゑびす丸　㊂090-8225-8107

⑮

⑰

⑲

エリア8　八幡

㉒ 官営八幡製鐵所
◉旧本事務所（眺望スペース）
㊟福岡県北九州市八幡東区東田5　㊂093-582-2922（北九州市政策局総務国際部総務課　世界遺産担当）
㊋9:30～17:00（最終入場30分前）　㊕無料　㊡月曜（祝日の場合は翌日）　㊇JR鹿児島本線スペースワールド駅から徒歩10分
◉旧鍛冶工場
◉修繕工場
※日本製鉄（株）構内は見学不可

旧本事務所
㉒

㉓ 遠賀川水源地ポンプ室
㊟福岡県中間市土手ノ内1-3-1
㊂093-245-4665（中間市地域交流センター）　㋪終日
㊕無料　㊡なし　㊇筑豊電鉄希望が丘高校前駅から徒歩10分　※ポンプ室は稼働中のため敷地内の見学不可。眺望スペースあり

㉓

下関
小倉
㉒
㉓
直方
博多
福岡県
唐津
佐賀県
久留米
佐賀
⑪
佐世保
武雄温泉
大牟田
⑳
長崎県
⑬ ⑭ ⑮ ⑯
長崎
⑱
⑫ ⑰
⑲
熊本
㉑
熊本県
八代
人吉
出水
川内
⑧
⑦
⑥
鹿児島中央
志布志
鹿児島県
枕崎

エリア2　鹿児島

⑥ 旧集成館　（現・尚古集成館）
㊟鹿児島県鹿児島市吉野町9700-1　㊂099-247-1511（仙巌園）　㊋9:00～17:00　㊕1600円　㊡なし　㊇JR鹿児島中央駅からカゴシマシティビューバスで50分、仙巌園前（磯庭園前）下車、徒歩3分

⑦ 寺山炭窯跡
㊟鹿児島県鹿児島市吉野町10710-68　㊂099-227-1940（鹿児島市教育委員会文化財課）
㊇JR鹿児島中央駅から宮之浦団地線で35分、三州原学園前下車、徒歩20分　㊜あり

⑧ 関吉の疎水溝
㊟鹿児島県鹿児島市下田町1263先　㊂099-227-1940（鹿児島市教育委員会文化財課）
㊇JR鹿児島中央駅から南国交通バス（本城線・緑ヶ丘団地線・伊敷団地線）で30分、関吉の疎水溝入口下車、徒歩8分　㊜あり

⑥

⑧

写真　「明治日本の産業革命遺産」世界遺産協議会（④⑪）／長崎市（⑫⑮⑲）／日本製鉄（株）九州製鉄所※非公開（㉒）／中間市（㉓）／朝日新聞社（左記以外全て）

長崎と天草地方の潜伏キリシタン関連遺産

大浦天主堂。豊臣秀吉時代に殉教した、日本二十六聖人に捧げられた教会。ゴシック様式。国宝
写真　PIXTA

世界遺産登録年 2018年

構成資産 原城跡、平戸《ひらど》の聖地と集落(春日集落と安《やす》満岳《まんだけ》、中江ノ島)、天草の﨑津《さきつ》集落、外海《そとめ》の出津《しつ》集落、外海の大野集落、黒島の集落、野崎島の集落跡、頭ヶ《かしらが》島《しま》の集落、久賀島《ひさかじま》の集落、奈留島《なるしま》の江上《えがみ》集落(江上天主堂とその周辺)、大浦天主堂

解　説 戦国から江戸までの約250年におよぶ禁教時代、長崎と天草地方には、ひそかに信仰を続けた人々「潜伏キリシタン」がいた。そんな日本独自のキリスト教信仰の姿と伝統が評価された遺産で、島原・天草一揆の主戦場跡の原城跡や、信仰を続けるための集落、信仰を守るために移住した離島の集落、「潜伏」の終わりの象徴的な大浦天主堂など、集落、城跡、聖堂から構成されている。

めざせ！全踏破

LET'S WALK

長崎の教会と関連遺産を歩く

「長崎と天草地方の潜伏キリシタン関連遺産」には、12件の構成資産がある。南島原、長崎、平戸、佐世保、五島列島、天草に散在する遺産を紹介する。

黒島天主堂。約40万個のレンガを使ってつくられた。ロマネスク様式

原城は1637（寛永14）年の島原・天草一揆で天草四郎率いる一揆軍が籠城した城。このとき3万7000人が亡くなったという。ここから鎖国体制がしかれ、潜伏キリシタンの歴史が始まった。南島原市有馬キリシタン遺産記念館に、発掘された十字架やロザリオなどキリシタン関連の出土品が展示されている。

長崎市内の大浦天主堂は、西坂の丘で殉教した日本二十六聖人に捧げるために建てられた、現存する日本最古の教会堂。1865（元治2）年、来日した宣教師に潜伏キリシタンが信仰を告白し、世界中を驚かせた。東シナ海に面した外海地区には、出津教会堂と大野教会堂、ド・ロ神父が村人の生活支援のために私財を投じて創設した旧出

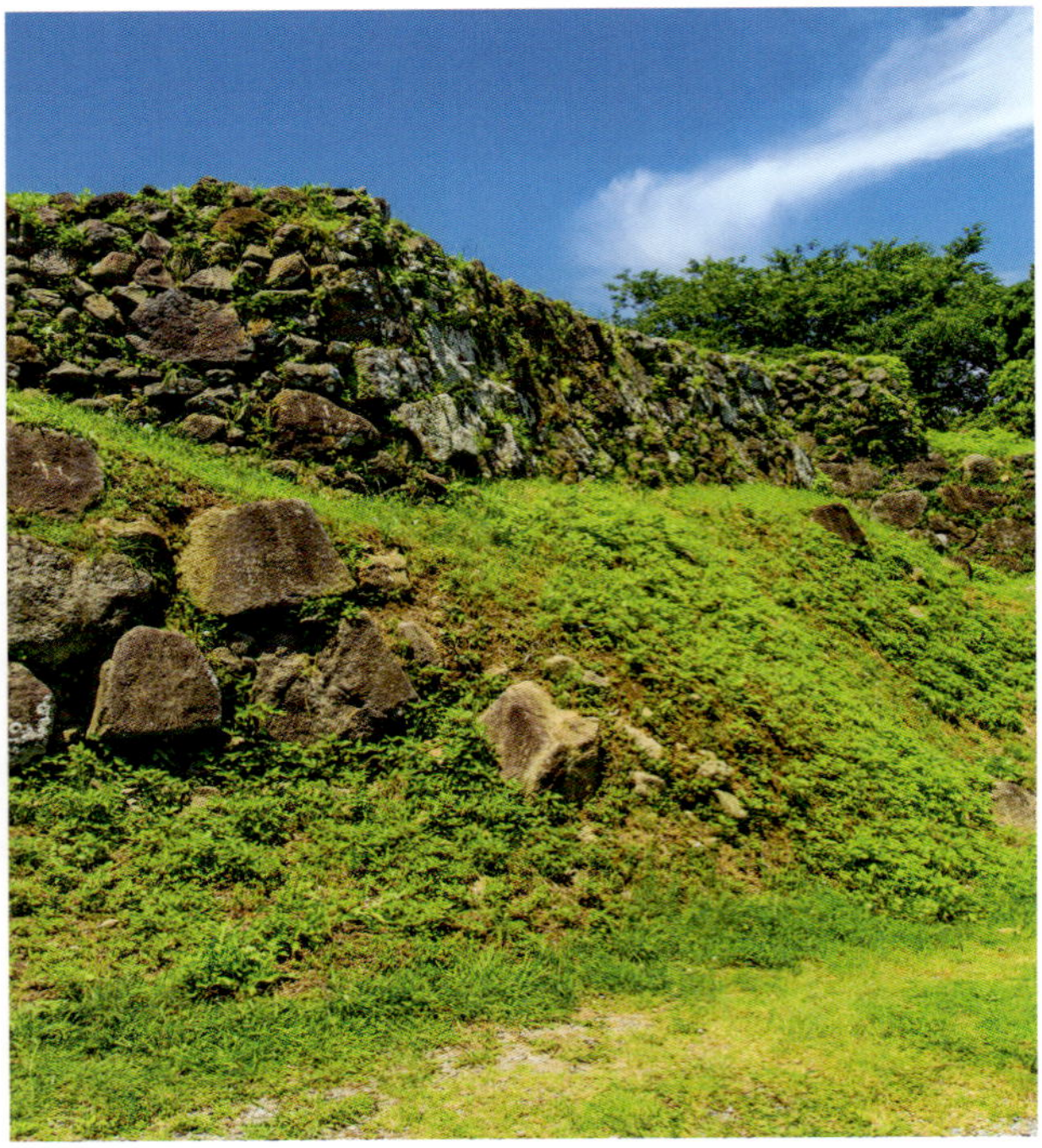

原城跡。三方を有明海に囲まれた難攻不落の城郭だった

写真　PIXTA（P38～39）

長崎と天草地方の潜伏キリシタン関連遺産
平戸の聖地と集落(中江ノ島)
中江ノ島
平戸市
生月島
平戸の聖地と集落
(春日集落と安満岳)
安満岳
春日
平戸島
松浦市
佐賀県
野崎島の集落跡
小値賀町
野崎島
前津吉
相浦
佐世保市
佐世保
黒島の集落
黒島
頭ヶ島
青方
有川
頭ヶ島の集落
奈留島の江上集落
(江上天主堂とその周辺)
中通島
鯛ノ浦
新上五島町
若松島
西海市
長崎空港
大村市
久賀島の集落
奈留島
奈良尾
外海の大野集落
外海の出津集落
久賀島
諫早市
雲仙市
奥浦
五島市
福江島
福江
福江空港
長崎
長崎市
大浦天主堂
島原市
南島原市
原城跡
中の島
端島
熊本県
天草市
天草の﨑津集落
N
0
40km
広島
山口
福岡
愛媛
長崎
佐賀
大分
熊本
宮崎
鹿児島
教会を訪れるときのマナー
・教会は祈りの場なので節度をもって拝観する。
・ミサが行われているときは原則入堂しない。
・祭壇は神聖な場所なので立ち入らない。
・教会堂内部の写真撮影は禁止。
・堂内での飲食や喫煙は禁止。

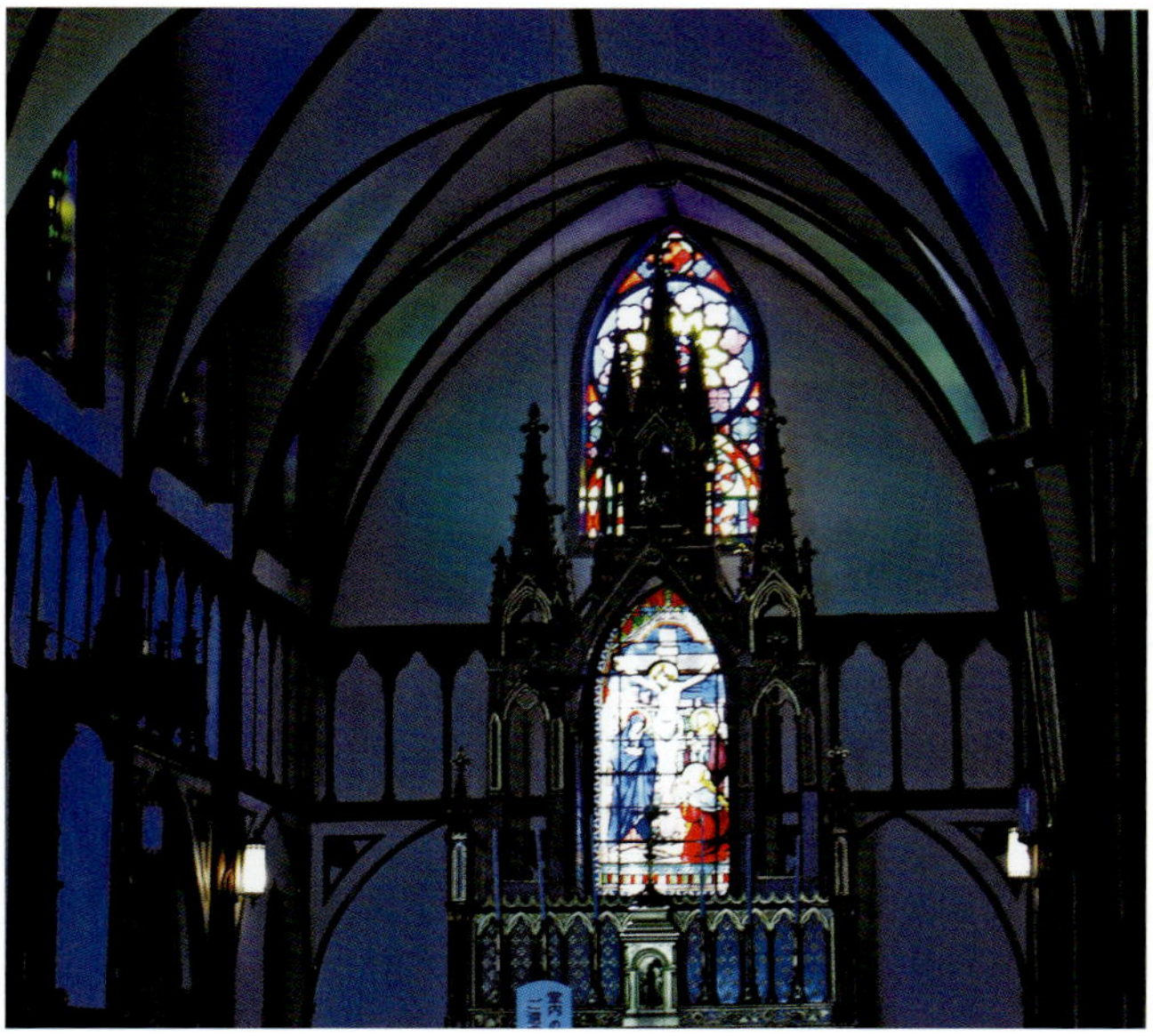

大浦天主堂の主祭壇。ゴシック風のリブ・ヴォールト天井(コウモリ天井)と高窓のステンドグラスが厳粛で壮麗な印象を与える

津救助院などの遺構が残る。

佐世保沖の黒島は、禁教時代に多数の信者が移住した島。島の中央北部にある黒島天主堂はマルマン神父により建てられた。潜伏キリシタンたちはより隠れやすいよう、五島列島にも移住した。久賀島に旧五輪教会堂、奈留島に江上天主堂、頭ヶ島に頭ヶ島天主堂がある。

﨑津教会堂のある﨑津集落は長崎と一体の歴史をもつ潜伏キリシタンの里。貝殻など身近なものを代用して信仰した。弾圧下の信仰を証明する史料が残る。

「神宿る島」宗像・沖ノ島と関連遺産群

みあれ祭。10月１～３日に斎行される宗像大社秋季大祭のうち最初に開催される。沖津宮の田心姫神《たごりひめのかみ》と中津宮の湍津《たぎつ》姫神の御分霊を乗せた御座船《ござぶね》が、九州本土にある辺津宮の市杵島《いちきしま》姫神のもとへ向かう神事。宗像七浦の百数十隻の漁船が航行する様相は壮観

写真　宗像大社

世界遺産登録年 2017年
構成資産 宗像大社沖津宮《おきつみや》(沖ノ島、小屋《こや》島、御門柱《みかどばしら》、天狗岩)、沖津宮遙拝所《ようはいしょ》、中津宮《なかつ》、辺津宮《へつ》、新原《しんばる》・奴山《ぬやま》古墳群

解　説 対外交流が盛んだった古代、玄界灘のほぼ真ん中に位置する沖ノ島の巨岩群の祭場では、航海の安全を祈る祭祀が行われた。のちに沖ノ島(沖津宮)、大島(中津宮)、田島(辺津宮)に社殿がつくられ、それぞれに女神が祀られる。古代祭祀が変遷し、現在まで重要な信仰の場であることが評価され世界遺産に登録された。

めざせ！
全踏破

LET'S WALK

沖ノ島に思いを馳せながら歩く

「神宿る島」宗像・沖ノ島と関連遺産群のうち、ここでは宗像大社の辺津宮と中津宮、沖ノ島での祭祀を司ったとされる宗像（胸形）氏の関連の古墳や遺跡を訪ねる。

3社で構成される宗像大社のうち、沖津宮のある沖ノ島には、一般人は上陸することができない。島全体が宗像大社の境内地であり、国の天然記念物かつ国の史跡にもなっている貴重な島だ。観光客が訪れることができるのは、本土の田島《たしま》にある総社・辺津宮と大島《おおしま》にある中津宮だ。

辺津宮の本殿と拝殿の参拝を済ませたら、沖津宮と中津宮の姫神を分祀《ぶんし》する第二宮《ていにぐう》・第三宮《ていさんぐう》を経て、丘の上の森の中にある高宮祭場《たかみやさいじょう》も訪れたい。宗像大神の降臨地と伝えられる古代祭祀《さいし》空間である。沖ノ島から出土した国宝を展示する神宝館も見逃せない。

中津宮では、本殿と拝殿のある境内参拝後、島の北側にある沖津宮遙拝所を訪ねてみよう。社殿を通して沖津宮を遙拝するように建てられており、年に3回の神事で社殿前後の扉が開け放たれる。

総社・辺津宮。神門から見た拝殿。その奥に本殿が続く

中津宮社殿。天照大神が誓約《うけい》と呼ばれる占いで生み出した宗像三女神のうち「湍津姫神《たぎつひめのかみ》」が祀られている　写真　「神宿る島」宗像・沖ノ島と関連遺産群保存活用協議会

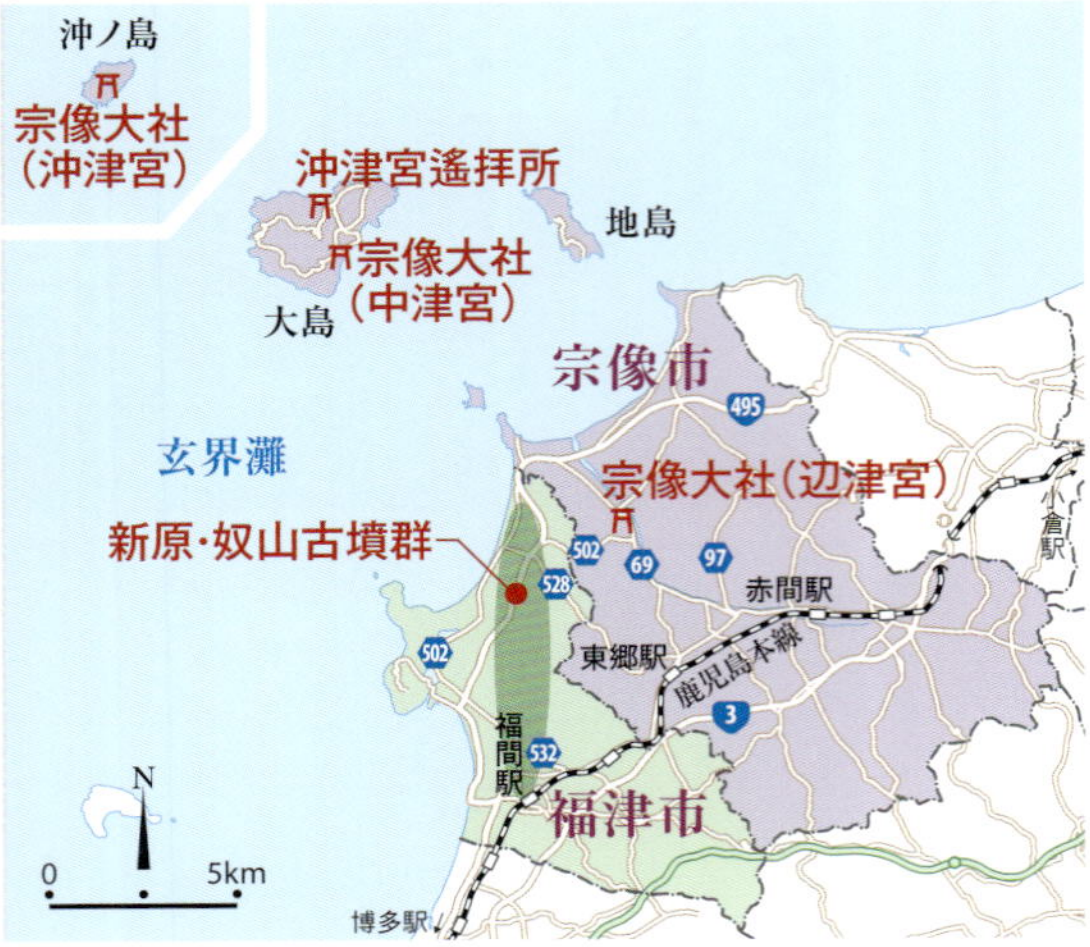

沖ノ島。福岡の沿岸から60キロの沖に浮かび、「神宿る島」ともいわれる

宗像大社（総社・辺津宮）

インフォメーション

住福岡県宗像市田島2331　電0940-62-1311　時辺津宮6:00〜17:00、神宝館9:00〜16:30（最終入館30分前）　料参拝自由（神宝館800円）　休なし　交JR東郷駅から西鉄バス神湊波止場行きで15分、宗像大社前下車すぐ　駐あり　※中津宮への参拝については辺津宮社務所に問い合わせを

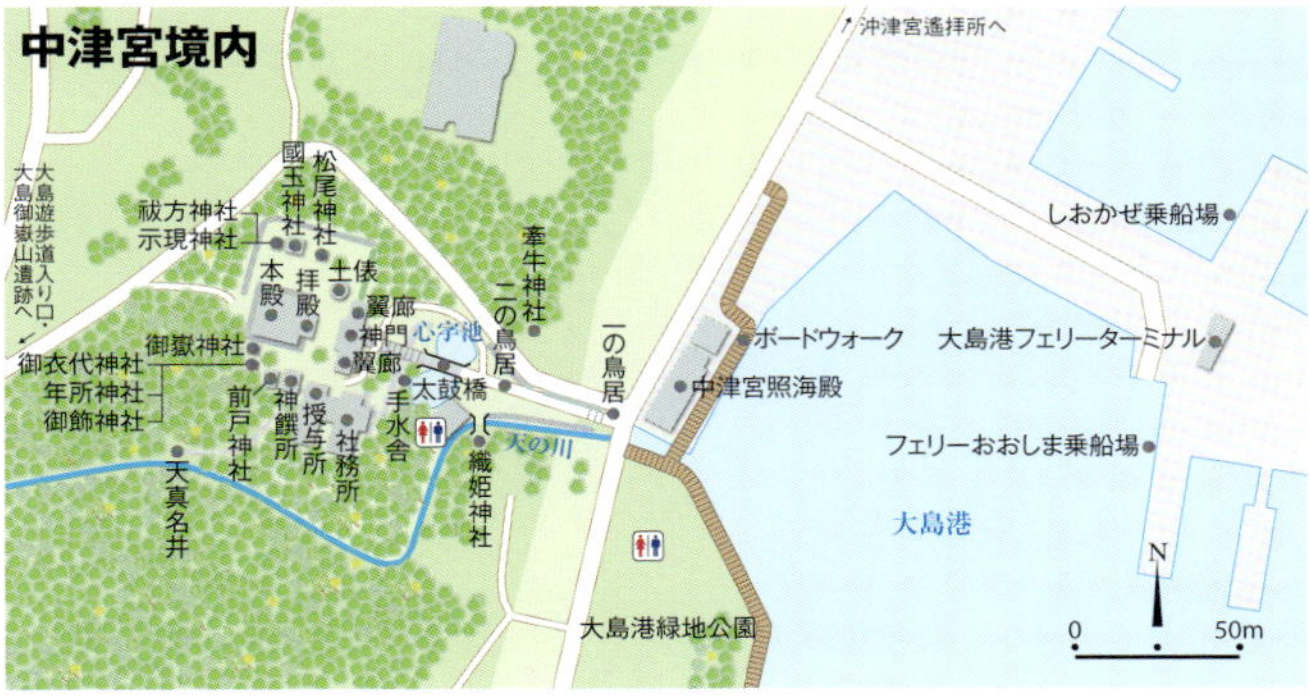

写真　宗像大社（P42〜43のとくに表記のないもの全て）

新原・奴山古墳群。津屋崎古墳群の中で最も古墳が密集する地域。沖ノ島へと続く海を見渡すことができる台地に密集してつくられた

新原・奴山古墳群

宗像氏の権威の象徴

福津市北部の玄界灘に面した台地に、宗像《むなかた》地域を治めていた地方豪族の宗像氏一族が築いたとされる大型古墳群がある。これらは津屋崎古墳《つやざきこふん》群《ぐん》と総称され、南北8キロ、東西2キロの範囲に総数60基が現存する。

「新原・奴山古墳群」は、津屋崎古墳群の中ほどに、最も密集して位置する古墳群だ。東西約800メートルの台地に5基の前方後円墳《ぜんぽうこうえんふん》、1基の方墳《ほうふん》、35基の円墳《えんぷん》が発見され、41基が現存する。特別な整備は行っていないため、田んぼの中に点在する古墳群をめぐりながら、築造当時の姿を見ることができる。古墳群を築いた宗像氏一族は地方豪族ではあるが、沖ノ島における国家的な祭祀《さいし》に関わり、中央政権と密接な関係があったとされる。大型で多数の古墳群をめぐりながら、宗像氏の権勢がいかほどであったか、古代豪族宗像一族に想像をめぐらせてみたい。

新原・奴山古墳群

インフォメーション

住 福岡県福津市奴山1382 電 0940-62-5093（福津市文化財課） 時 見学自由 料 無料 休 なし 交 JR福間駅から西鉄バス神湊波止場行きで25分、奴山口下車、徒歩15分 駐 あり

写真 「神宿る島」宗像・沖ノ島と関連遺跡群保存活用協議会

中国・四国エリア

Chugoku & Shikoku area

- 嚴島神社
- 原爆ドーム（広島平和記念碑）
- 石見銀山遺跡とその文化的景観

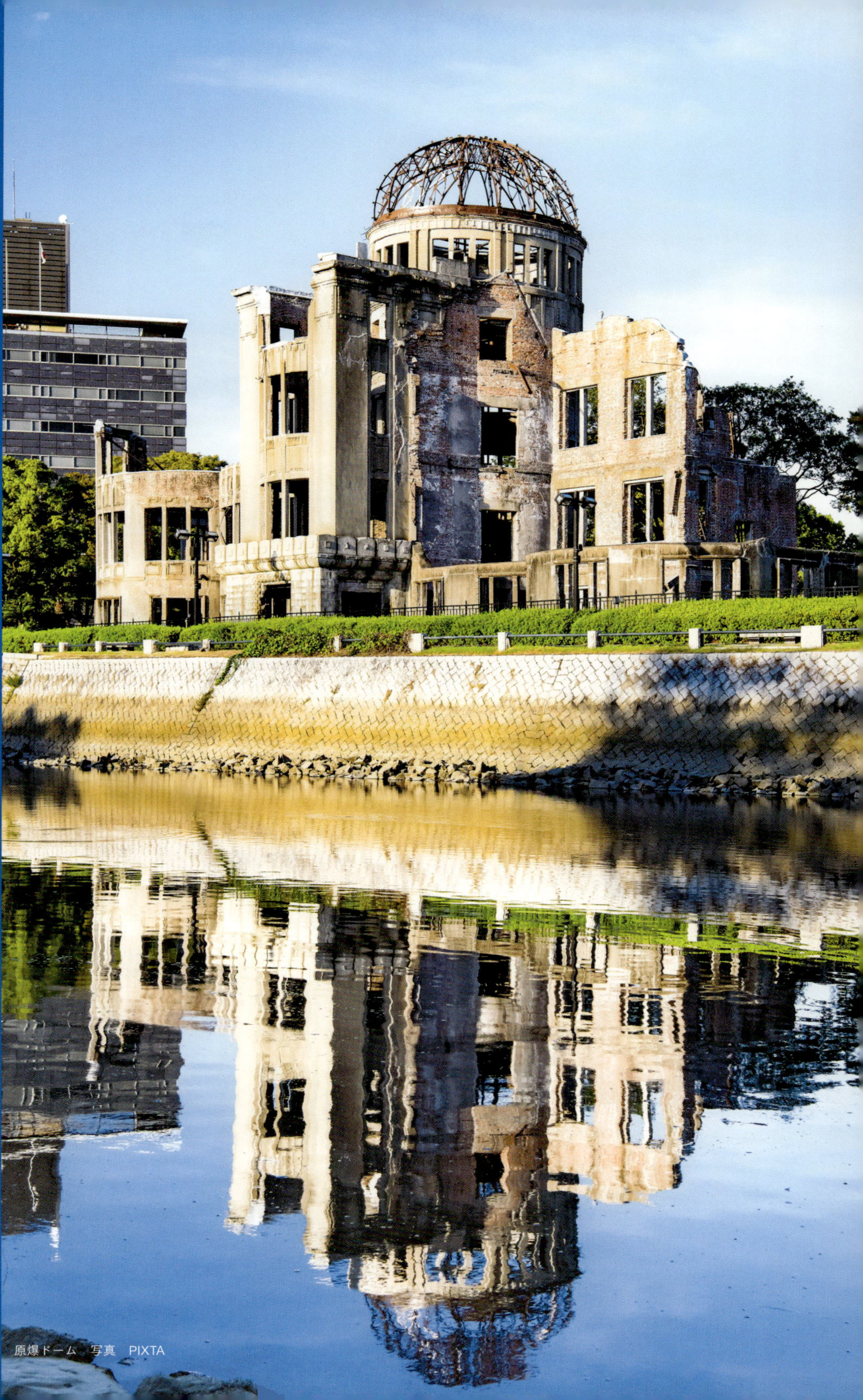

原爆ドーム　写真　PIXTA

嚴島神社

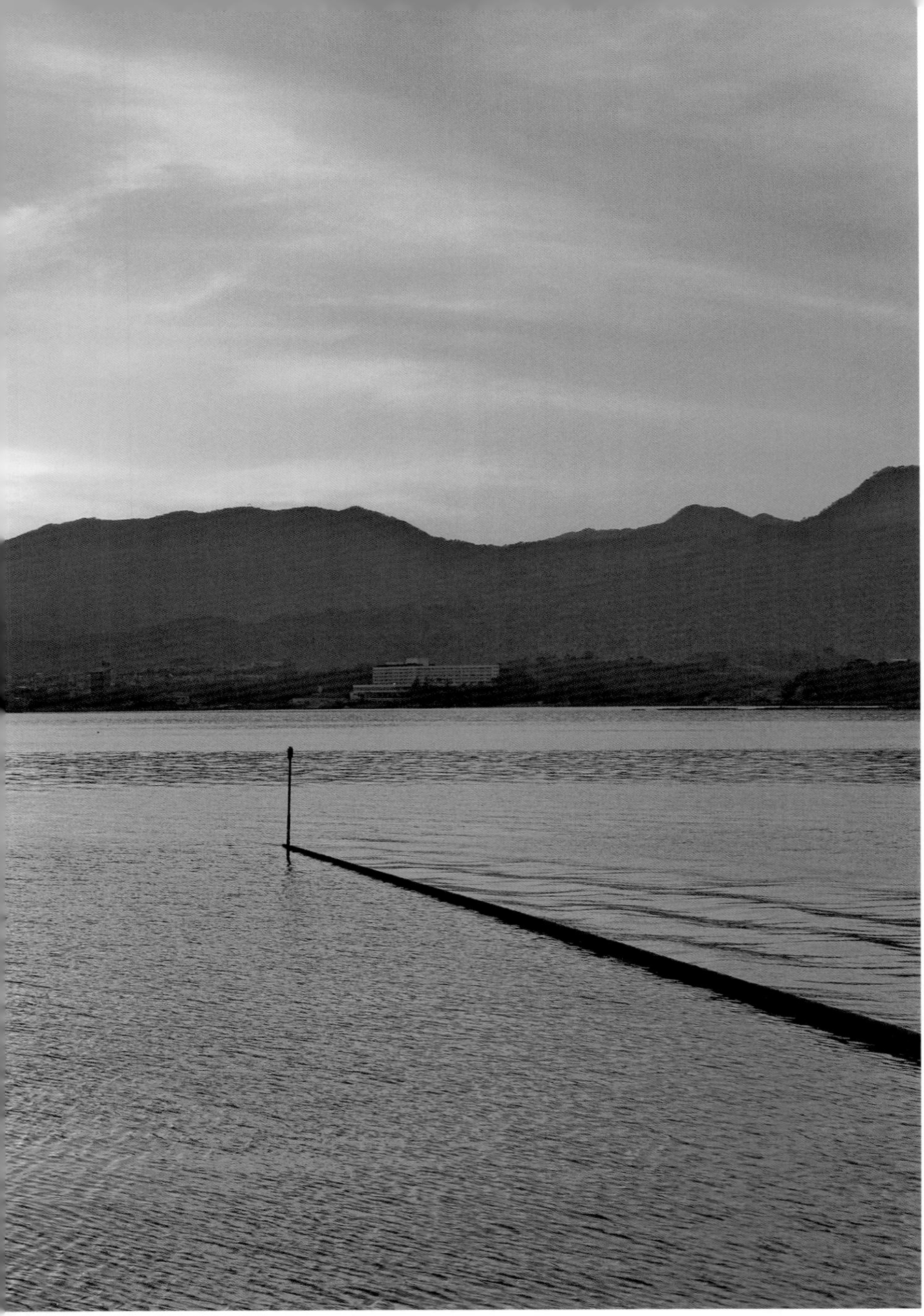

夕日に映える嚴島神社の大鳥居
写真　PIXTA

世界遺産登録年 1996年
構成資産 嚴島神社

解　説 瀬戸内海の入り江に木造の建造物が立ち並ぶ、日本でもきわめて珍しい神社。推古天皇の御代に社殿が建てられたと伝えられている。1168(仁安3)年に平清盛が寝殿造の様式を取り入れた社殿として修造。2度の火災で全燃したが、歴代政権の庇護のもと再建され古い様式を今日に伝えている。古くから島全体が神聖視され、日本独自の文化を伝える優れた建築と島全体が文化的景観を成していることが評価された。美しい景観は「日本三景」の一つとされる。

弥山《みせん》535m
山頂の花崗岩が風化してできた奇観が見もの。瀬戸内海や四国の山並みの眺めがよい。山頂近くに弘法大師空海が開基と伝わる求聞持堂《ぐもんじどう》などが立つ。
獅子岩駅《ししいわ》
谷駅
厳島(宮島)
広島湾にある安芸群島の一つで面積約30平方キロ。瀬戸内海国立公園に属し、島全域が国の特別史跡、特別名勝に指定されている。「安芸の宮島」として、松島、天橋立《あまのはしだて》と並ぶ日本三景の一つ。
弥山原始林
島自体が御神体とみなされていたため、自然に人の手が入らず、常緑広葉樹を主とする原始林が残された。現在は弥山北側の一帯が国の天然記念物となっている。
紅葉谷
白糸川
大聖院《だいしょういん》
厳島神社の別当寺で、座主は僧をたばねて神社の法会を主催していた。また真言宗御室派《おむろは》の大本山として、弥山にある求聞持堂などの堂塔を管轄している。
三次
島根県
広島県
廿日市
広島
厳島神社
厳島
呉
岩国
山口県
今治
愛媛県
松山
瀬戸内海
御屋敷
多宝塔
1523(大永3)年、禅僧・周歓《しゅうかん》が建立したと伝わる。高さ約15メートル。本尊薬師如来は今は大願寺に安置されている。
大願寺《だいがんじ》
宮島歴史民俗資料館
経塚
みやじマリン 宮島水族館
西松原
清盛神社
摂社大元《おおもと》神社
国常立尊《くにとこたちのみこと》、大山祇神《おおやまづみのかみ》、保食神《うけもちのかみ》を祀る。本殿の屋根は類例のない特殊な柿葺《こけらぶき》。1523(大永3)年再建。本殿
治維新まで、多くの職をかかえ厳島神社の理・造営を司っていた。
大野瀬戸

Pick Up!

遺産まるわかりMAP

嚴島神社

青太字：構成資産

赤字：国宝、青字：重要文化財

五重塔

本尊《ほんぞん》釈迦如来《しゃかにょらい》、脇侍《きょうじ》普賢《ふげん》・文殊菩薩《もんじゅぼさつ》は今は大願寺に安置。内部は唐様《からよう》で、天井や壁などの彩色が鮮やか。来迎壁《らいごうかべ》背面には白衣《びゃくえ》観音の白描画がある。高さ約29メートル。1407（応永14）年の建立。

末社荒胡子《あらえびす》神社

金剛院（明治維新後に廃止）の鎮守だったが嚴島神社の末社となった。本殿は一間社流造。本殿

宝蔵《ほうぞう》

寄棟造・檜皮葺《ひわだぶき》の
倉造《くらづくり》、室町時代の
築。元は嚴島神社
宝物を納めてあった

嚴島神社

本社本殿は1571（元亀2）年に毛利元就が改築。そのほかの社殿は1241（仁治2）年に再建されたもの。

本社本殿・幣殿・拝殿・祓殿、摂社客神社本殿・幣殿・拝殿・祓殿、東廻廊、西廻廊、朝座屋、摂社天神社本殿、摂社大国神社本殿、能舞台、長橋、反橋、揚水橋

宮尾城跡

1555（天文24）年、毛利元就が陶晴賢《すえはるかた》の侵攻に対抗するために築いた城。安芸に進撃しようとした周防の陶軍を毛利軍がこの地で迎え撃って撃破した厳島の合戦の舞台。

末社豊国《ほうこく》神社（千畳閣《せんじょうかく》）

豊臣秀吉が千部経を読誦《どくじゅ》させるために建てた大経堂。1587（天正15）年に発願して着工したが秀吉の死（1598年）により未完のまま。本尊釈迦如来は大願寺に移され、そのあとに秀吉を祀って豊国神社とした。本殿

大鳥居

平安時代の鳥居
数えて9代目といわ
る。1875年の建立

めざせ！
全踏破

LET'S WALK

干潮と満潮、両方の社殿の姿を楽しむ

嚴島神社の社殿の大きさは日本随一で、大勢の人が訪れるため、人声が途絶えることがない。しかし、早朝や夕方になると、神社は本来の静けさを取り戻して、荘厳さがいっそう増す。

嚴島神社

海と陸の狭間の寝殿造社殿

インフォメーション

住 広島県廿日市市宮島町1-1　電 0829-44-2020　時 6:30～18:00（1月1日0:00～18:30、1月2・3日～18:30、1月4日～2月末日・10月15日～11月30日～17:30、12月～17:00）　料 300円（宝物館と共通割引券500円）　休 なし　交 JR宮島口駅下車、宮島口桟橋からフェリーで10分、宮島桟橋下船、徒歩15分　駐 なし

海際に立つ嚴島神社を訪れる前に、ぜひインターネットで宮島の「潮見表」をチェックしておこう。せっかく行くのだから満潮のときと干潮のとき、両方の神社の姿を見ておきたい。潮見表を見れば、干潮・満潮の日時がすぐわかる。たとえば朝6時に満潮なら、その約6時間後は干潮、そのまた約6時間後は満潮となる。

干潮になると、境内にまるい水たまりが3つ現れる。手鏡に似ているため鏡の池と呼ばれている。周囲の海水を集めて水路から海へ流す役目

東廻廊と西廻廊は幅約4㍍、計108間(約259㍍)。床の板と板の間に「目透し」という隙間があり、高潮の際に海水がスムーズに出入りするようになっている

神に奉納する能を演じる能舞台。毛利元就が造営寄進した当時は、仮設の舞台が設けられていた。現在の能舞台は1680(延宝8)年に浅野綱長が寄進したもの

潮が引くと社殿の周囲は硬い砂地となり、大鳥居まで歩いて行ける

本社正面。大鳥居から見ると、平舞台、高舞台、祓殿、拝殿、幣殿、本殿が一直線上に並ぶ

をしている。

　干潮時のもう一つの楽しみは、大鳥居まで歩いて行けること。ただし、社殿の廻廊や平舞台から直接地面に下りる階段はないので、いったん神社を出て、周辺の階段から歩いて行くことになる。そばに行くと大鳥居の大きさに改めて驚かされる。見上げた鳥居の扁額が2㍍以上もある大きさなのに、そうは見えないところがすごい。この鳥居は自分の重さ(約60㌧)だけで、波や地震にも負けずしっかり立っているというのが、実物に触れてみると実感できるはず。

　とくに暗くなって社殿がライトアップされた姿を見るには、船上からのほうが見栄えがする。

写真　芳地博之(P50～51)

めざせ！
全踏破

LET'S WALK

日本三景、安芸の宮島めぐり

嚴島神社を取り囲むように、ゆかりの深い社寺や社家、町家が集まっている。本社を参拝したあとは、ゆるりと歴史散歩をしよう。

1523（大永３）年建立の多宝塔。多宝院という寺があった高台に建っており、社殿の見晴らしがいい（2025年９月まで工事中）

嚴島神社宝物館。コンクリート造に漆塗りという珍しい建物

花崗岩の山である弥山の頂上付近では、風化した岩が奇観をつくる。この風景が山岳信仰のもとになったと伝わる
写真 『日本の世界遺産』編集部

神社周辺

神社を支えた古の人々に思いを馳せる

現在の嚴島神社本社本殿を造替したのは戦国大名の毛利元就だが、そのころの厳島には、大きく分けて神職である社家方、大聖院に奉仕する供僧《ぐそう》方、巫女でもある内侍方、神社の建築物を工事するために大願寺に属した多くの職人、そして海上交易を営む町衆がいた。現在の宮島の町の区画はこうした集団の居住地に基づいている。

廻廊出口からすぐのところには大願寺がある。塀がないので、山門と本堂がいきなり広場に立っているという、あけっぴろげな境内。主尊は神仏分離まで嚴島神社本殿に併せて安置されていた弁財天で、江の島、琵琶湖の竹生島とともに日本三大弁財天の一つ。

大願寺の向かいに立っている宝物館には、神社に奉納・寄進された刀剣・鎧兜・装束・絵馬や書などが展示されている。宝物館の裏山には多宝塔が立っており、ここから本社全景を俯瞰することができる。

本社の背後から白糸川の谷筋沿いに坂道を上り、神職たちの住んでいる町並みを過ぎると、大聖院が見えてくる。弘法大師空海ゆかりの寺だ。仁王門をくぐると、観音堂、大師堂、摩尼殿など大小の堂塔が林立しているちょっと不思議な光景が広がる。観音堂に祀られている十一面観音菩薩立像は元は嚴島神社の本地仏。寺の横の白糸谷沿いに参道をたどれば2時間余りで弥山へと至る。弘法大師が古代インドの聖山・須弥山に似ていることから「弥山」と名付けた説がある山だ。もっとも弥山に登るには紅葉谷駅からロープウエーを利用するのが一番。終点の獅子岩駅から尾根道を30分ほど歩くと弥山頂上(535メートル)に着く。展望台からは四国連山を望める日もある。

宮島の帰り、余裕があれば広電地御前駅から徒歩10分ほどの嚴島神社の摂社、地御前神社に寄っていきたい。拝殿は嚴島神社と同じ逆W字形の天井をもつ三棟造となっているのがよくわかる。

写真 芳地博之(P52～53のとくに表記のないもの全て)

原爆ドーム（広島平和記念碑）

頂上天蓋の残骸が傘状になって残った姿から、いつしか市民の間で「原爆ドーム」と呼ばれるようになったという

写真　PIXTA

世界遺産登録年 1996年
構成資産
原爆ドーム（広島平和記念碑）

解　説 原爆ドームは、広島県の物産の改良増進と、産業の発展に貢献する目的で、1915年にチェコの建築家ヤン・レツルにより建てられた広島県物産陳列館だった。レンガと鉄筋コンクリートで建てられた3階建てで、正面中央階段室はドームがのった5階建てだった。原爆の爆心地から北西約160㍍にあり、熱線と爆風を浴びて大破・全焼した。ただ爆風が上方からほとんど垂直に直撃したため、奇跡的に倒壊を免れた。惨禍を後世に伝える「負の遺産」として登録された。

世界遺産登録区域
緩衝地帯
国の史跡
相生橋
原爆ドーム
爆心地
旧太田川（本川）
元安川
平和記念公園
●広島平和記念資料館
西平和大橋
平和大通り
平和大橋
東区
1620（元和《げんな》6）年ごろ、広島藩主浅野長晟《あさのながあきら》が、茶人としても知られる家老の上田宗箇《うえだそうこ》につくらせた回遊式庭園。国の名勝。原爆投下の直後に、園内の池にたくさんの被災者が水を求めて集まり、多くがそのまま亡くなった。
田大橋
神田橋
白島
常葉橋
裁判所前
縮景園《しゅっけいえん》
縮景園前
広島電鉄白島線
女学院前
広島駅
JR山陽新幹線
JR山陽本線
栄橋
駅西高架橋
広島駅
上柳橋
駅前大橋
猿猴橋町
猿猴橋
京橋川
的場町
猿猴川
大正橋
広島電鉄本線
稲荷大橋
稲荷町
立町
八丁堀
胡町
銀山町
MAZDA Zoom-Zoom
スタジアム広島
段原一丁目
標高約70メートルの比治山一帯を占める公園に、陸軍墓地や原爆放射線の健康影響を調査する日米共同研究機関、放射線影響研究所がある。現在は園内の現代美術館やまんが図書館が広島市の芸術・文化活動の拠点ともなっている。
東広島橋
広島市
現代美術館
比治山下
比治山公園《ひじやまこうえん》
和大通り
鶴見橋
中区
南区
比治山橋
比治山橋
島市役所
2
平野橋
南区役所前
京橋川
広島電鉄皆実線
広島大学旧理学部1号館
日赤病院前
皆実町二丁目
旧広島陸軍
被服支廠《ひふくししょう》
広島電鉄宇品線
広電本社前
御幸橋
御幸橋
皆実町六丁目
大日本帝国陸軍が設置した、兵士の軍靴や軍服などを製造・修理する工場及び倉庫。1914年竣工。鉄筋コンクリート・レンガ張りの強固な建物であったが、原爆の爆風によって窓の鉄扉がゆがみ、現在もそのまま残されている。

Pick Up!

遺産まるわかりMAP

原爆ドーム

めざせ！
全踏破

LET'S WALK

被爆の跡をたどる

原爆の爪痕を目のあたりにできるのは原爆ドームだけではない。原爆投下から80年経っても市内各地に残る、被爆の痕跡を追ってみよう。

広島平和都市記念碑（原爆死没者慰霊碑）。犠牲者の霊を雨露から守る屋根の下に、原爆死没者の名簿を納める石室がある

平和記念公園をめぐる

世界の恒久平和を願って爆心地付近につくられた公園。国の名勝に指定されている

広島駅から路面電車に乗り、20分ほどで原爆ドームの脇に着く。崩れたレンガ、壊れかけた壁がそのままに残るドームは、原爆の惨禍を雄弁に語っている。原爆投下目標となったT字形の相生橋《あいおいばし》から対岸へ渡ると、緑地に囲まれた公園エリアだ。平和記念公園は原爆投下の翌年に中島公園（後の平和記念公園）として整備することが計画され、その設計者には丹下健三《たんげけんぞう》のグループが選ばれた。公園中央の慰霊碑は原爆ドームを正面に望むように配置されているが、公園造成時にはドームを保存するとも解体するとも決まっていなかった。丹下健三は結論が出る前から、原爆ドームが平和祈念のシンボルになると見極めていたのだ。

端から端までまっすぐ歩けば15分とかからない公園内には、50を超える石碑や銅像、遺構がある。それぞれに記された由来を読みつつ、ひとめぐりしてみよう。

広島平和記念資料館などで開催されている、ボランティアによる公園内ガイドツアーに参加するのもいい。

国立広島原爆死没者追悼平和祈念館は死没者を追悼し、平和について深く考える時間を提供する施設。円形の追悼空間の壁に、被爆後の町並みがうっすらと浮かび上がる

写真　国立広島原爆死没者追悼平和祈念館

原爆の子の像。原爆症により12歳で亡くなった佐々木禎子さんの同級生らが「原爆で亡くなったすべての子どもたちのために」と全国に呼びかけつくられた慰霊の像

峠三吉詩碑。「ちちをかえせ　ははをかえせ……わたしにつながるにんげんをかえせ」の詩で知られる原爆詩人・峠三吉の碑

インフォメーション

◉原爆ドーム 交JR広島駅から広島電鉄（路面電車）2号線広電宮島口行き、または6号線江波行きで15分、原爆ドーム前下車すぐ

◉広島平和記念資料館 住広島県広島市中区中島町1-2 電082-241-4004 時7:30～19:00（8月～20:00、12～2月～18:00）※オンライン予約必須の時間帯あり 料200円 交JR広島駅から広島電鉄1号線で20分、袋町下車、または2号線で原爆ドーム前下車、徒歩10分／JR広島駅から広島バス24号線で20分、平和記念公園下車すぐ 駐身体障害者専用駐車場のみあり

◉国立広島原爆死没者追悼平和祈念館 住広島県広島市中区中島町1-6 電082-543-6271 時8:30～18:00（8月～19:00、12～2月～17:00） 料無料 交JR広島駅から広島電鉄1号線で20分、本通下車、または2号線・6号線で20分、原爆ドーム前下車、徒歩5分／JR広島駅から広島バス24号線で20分、本通り下車、徒歩5分 駐身体障害者専用駐車場のみあり

　写真　桑原英文（P58～61のとくに表記のないもの全て）

街にたたずむ被爆建造物

原爆の被害を受けながらも持ちこたえた建造物が今も多数残る

原爆投下後、爆心地から2キロ以内の木造の建物は、ほぼ全焼・全壊。堅固なコンクリート造の建物の一部だけがなんとか踏みとどまった。建物が残っても、中にいた多くの人が被爆によって命を失っている。

残った建物は臨時の救護所や病院となって傷ついた人々を受け入れ、のちには広島の復興を支えた。建物は全てを見つめ続け、その記憶をとどめているのだ。

かつては市内に数多くの被爆建造物があったが、町の復興とともに減少した。今残っている建物が、原爆ドームのように手厚く保存され、永久に保存できるとは限らない。被爆で大きなダメージを受けた建物はもろい。改修され、新たな命を吹き込まれる建物もあるが、いずれは姿を消すものも出てくるかもしれない。

今、見られるうちに、広島の町に残存する〝被爆の証人〟を訪ねよう。

インフォメーション

爆心地から半径5キロ以内に原爆ドームをはじめ、86軒の被爆建造物が残っている　問広島市役所市民局国際平和推進部平和推進課 082-242-7831

中国軍管区司令部跡 広島城郭一帯に集中していた陸軍施設の一つ。半地下にあり、勤務していた女学生が、被爆の第一報「新型爆弾により市内が壊滅」との報を発した（内部は見学不可）

猿猴橋《えんこうばし》 1926年竣工のコンクリート橋。爆心地から2キロ弱だが、よく持ちこたえ、人々の避難路となった。被爆70年の節目に復元された　写真　広島市

旧日本銀行広島支店 爆心地から380㍍という至近距離にあったが、堅牢な鉄筋コンクリート造だったため、外観はほぼそのまま残っている

福屋 八丁堀本店 被爆直後の火災によって内部は完全に焼失、外郭だけが残った。往時の意匠を残しつつ増改築・改装を行い、今でも営業している

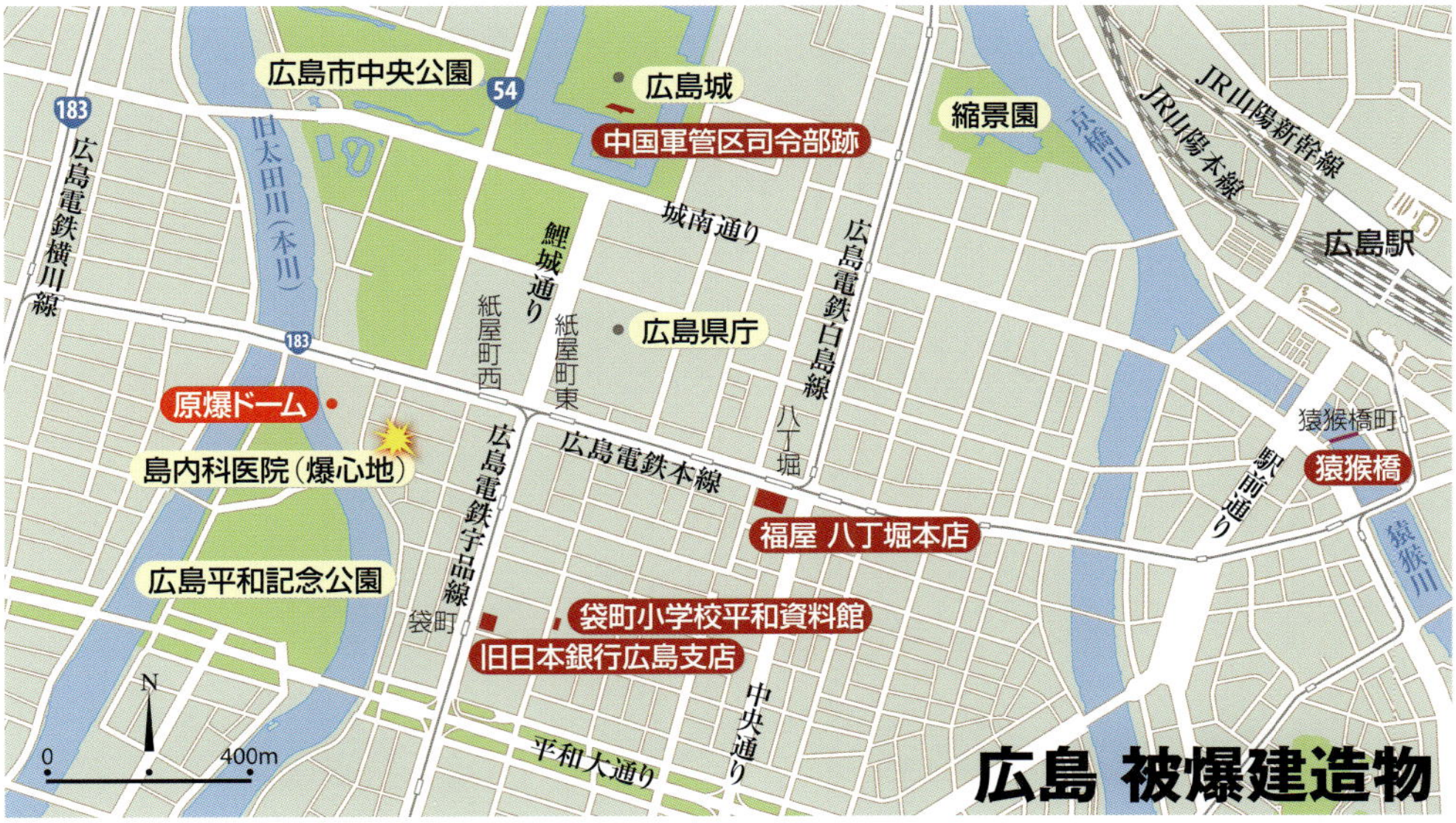

袋町小学校平和資料館 全壊を免れたため、避難場所や救護所となった。行方不明の家族を捜す人がすすで黒くなった壁に伝言を書いた。伝言を写した写真が当時のままの場所に原寸で貼られている

石見銀山遺跡とその文化的景観

清水谷製錬所跡。銀生産の諸作業が一貫して行われた「銀山柵内」に位置。大久保間歩《まぶ》の再開発を狙い1895年に藤田組が建設・操業したが、わずか1年半ほどで休止。階段状の石垣の高さは約30㍍。各段につくられた製錬所の建物は残っていない

写真　戸澤裕司

世界遺産登録年 2007年(2010年範囲変更)
構成資産 銀山柵内《さくのうち》、代官所跡、矢滝城跡、矢筈《やはず》城跡、石見城跡、大森・銀山、宮ノ前、熊谷家《くまがいけ》住宅、羅漢寺五百羅漢、石見銀山街道鞆ケ浦道《ともがうらどう》、石見銀山街道温泉津《ゆのつ》・沖泊《おきどまり》道、鞆ケ浦、沖泊、温泉津

解　説 16～17世紀にかけての東西世界の文物交流ならびに文明交流の証しであるとともに、伝統的な銀生産技術をとどめる考古学的遺跡、さらに銀山と鉱山集落から港に至る輸送路など、鉱山活動の総体をとどめている点が評価された。

遺産まるわかりMAP

石見銀山遺跡とその文化的景観

Pick Up!

構成資産と核心地域	面積
銀鉱山跡と鉱山町 ❶〜❾ 石見銀山街道 ❿⓫ 港と港町 ⓬⓭⓮ 重要伝統的建造物群保存地区	約529ヘクタール
緩衝地帯（景観保全地域）	約3134ヘクタール

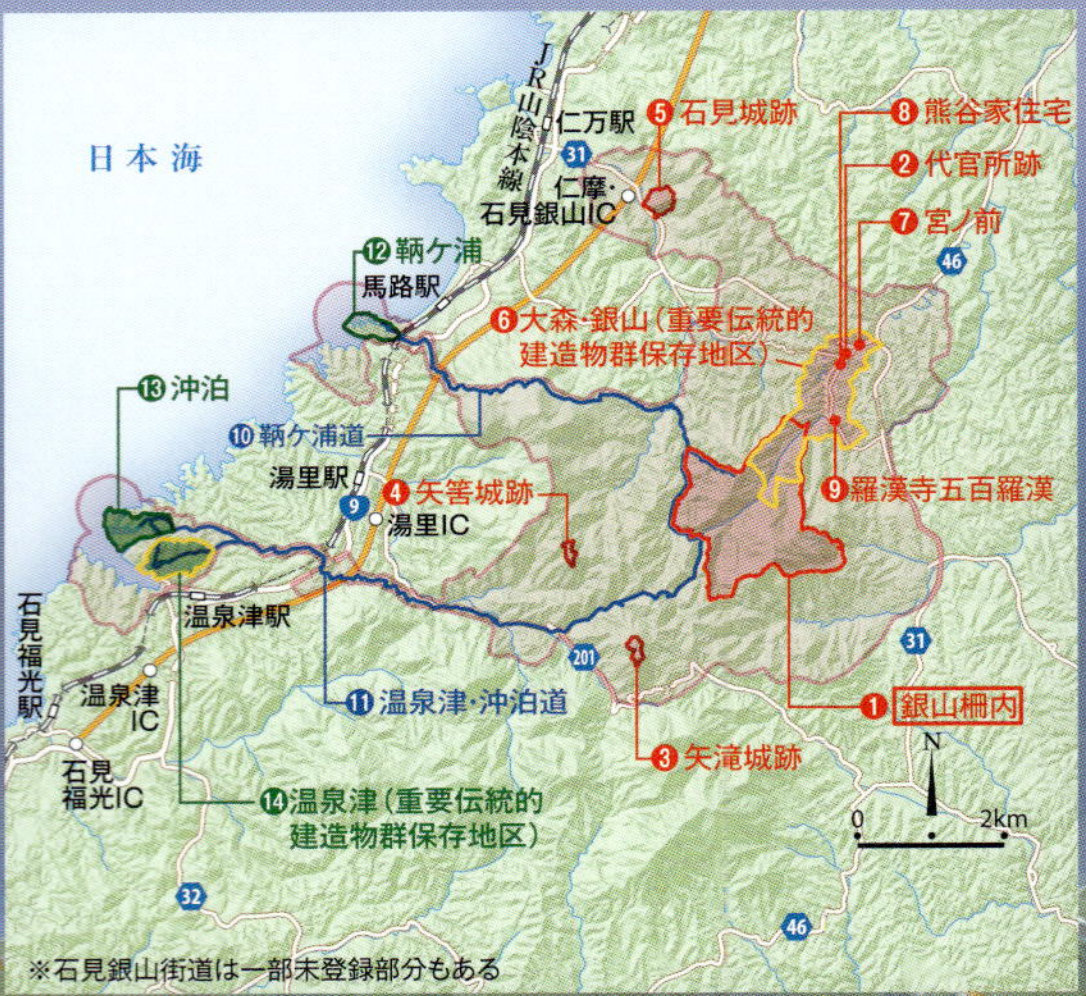

鞆ケ浦《ともがうら》

16世紀前半から中ごろにかけて、銀・銀鉱石を博多に積み出した港。船を係留するために自然の岩盤をくりぬいた鼻ぐり岩などが残る。

石見銀山街道鞆ケ浦道《ともがうらどう》

鞆ケ浦が、銀・銀鉱石の積み出し港として機能していたときに利用された街道。全長約7.5キロ。

石見城跡《いわみじょう》

石見銀山を防御するための山城遺構の一つで、中世山城の立地、形態をよくとどめる。標高153メートル。仁摩方面に向かう街道沿いを守護した。

大森《おおもり》・銀山

鉱山に隣接して発展した江戸時代の幕府直轄地（石見銀山附御料）150余村の中心町。武家や商家の旧宅、社寺などが混在してよく残る。1987年に国の重要伝統的建造物群保存地区に選定。

熊谷家《くまがいけ》住宅

大森地区における最大規模の商家建築。有力商人の格式や生活の変遷を最もよく示す。国の重要文化財。

羅漢寺五百羅漢《らかんじごひゃくらかん》

岩盤をくりぬいて造った3つの石窟に、石造の釈迦三尊像と羅漢坐像500体を安置する。18世紀中ごろの制作で、石見銀山の石造物文化の代表作。

代官所跡

17世紀に、銀山柵内から大森地区に移転した石見銀山支配の中枢施設跡。1815（文化12）年に再建された表門・門長屋の建築遺構が現存する。

宮ノ前《みやのまえ》

大森地区の代官所跡近くで発見された、16〜17世紀初頭の銀精錬工房跡。

温泉津《ゆのつ》
石見銀山の外港として発展した温泉のある港町。江戸時代以来の町割りに、商家や町家、社寺、温泉旅館などがよく残る。2004年に温泉町としては日本で唯一の国の重要伝統的建造物群保存地区に選定。
沖泊《おきどまり》
16世紀後半の約40年間、銀・銀鉱石の積み出し港として、また石見銀山への物資補給・軍事基地として、温泉津とともに歴史を重ねた港。2つの城跡や鼻ぐり岩が残る。
石見銀山街道温泉津《ゆのつ》・沖泊道《おきどまりどう》
鞆ケ浦の後、温泉津・沖泊が銀・銀鉱石の積み出し港となったときに柵内とを結んだ街道。全長約12キロ。
矢筈城跡《やはずじょうあと》
石見銀山を防御するための山城遺構の一つで、中世山城の立地、形態をよくとどめる。標高約480メートル。温泉津・沖泊道を挟んで矢滝城と対峙する。
矢滝城跡《やたきじょうあと》
石見銀山を防御するための山城遺構の一つで、中世山城の立地、形態をよくとどめる。標高634メートル。温泉津・沖泊道が近くを通る。
銀山柵内《さくのうち》
16世紀前半から20世紀前半まで操業された銀鉱山の本体。銀の生産活動をはじめ、生活・流通・信仰・支配に関わる遺構・遺物が良好に残る。江戸時代初めに柵で囲まれていたことからこう呼ばれる。
沖泊
温泉津港
温泉津
温泉津駅
小浜
温泉津
上村
温泉津町
飯原
湯里駅
湯里IC
湯里
仁摩・温泉津道路
西田
西田集落
降路坂
大国
414m
龍源寺間歩《りゅうげんじまぶ》
山吹城
(要害
佐毘売山神社《さひめやま》
石銀集落跡《いしがね》
釜屋間歩
仙ノ山
大久保間歩
金生坑《きんせいこう》
水上町
三久須
福原
北
日本海
出雲
松江
米子
鳥取県
島根県
大田
石見銀山
江津
岡山県
三次
益田
広島県
山口県
広島

LET'S WALK

めざせ！全踏破

ガイドとめぐる石見銀山遺跡

石見銀山には、間歩と呼ばれる、鉱石を採掘するために掘られた坑道が約600あるといわれている。見学できる遺跡空間は少なく、足元が悪いところも多いので、ガイドツアーを活用しよう。

銀山柵内

山吹城跡・龍源寺間歩・石銀集落跡

標高414㍍の要害山頂上にある山吹城跡

「掘子たちはこんな風に螺灯《らとう》を持って歩いたようです」とガイドの安立さん

石見銀山・大森町への行き方

インフォメーション

交 JR山陰本線大田市駅から石見交通バスで30分、大森・大森代官所跡・世界遺産センター下車

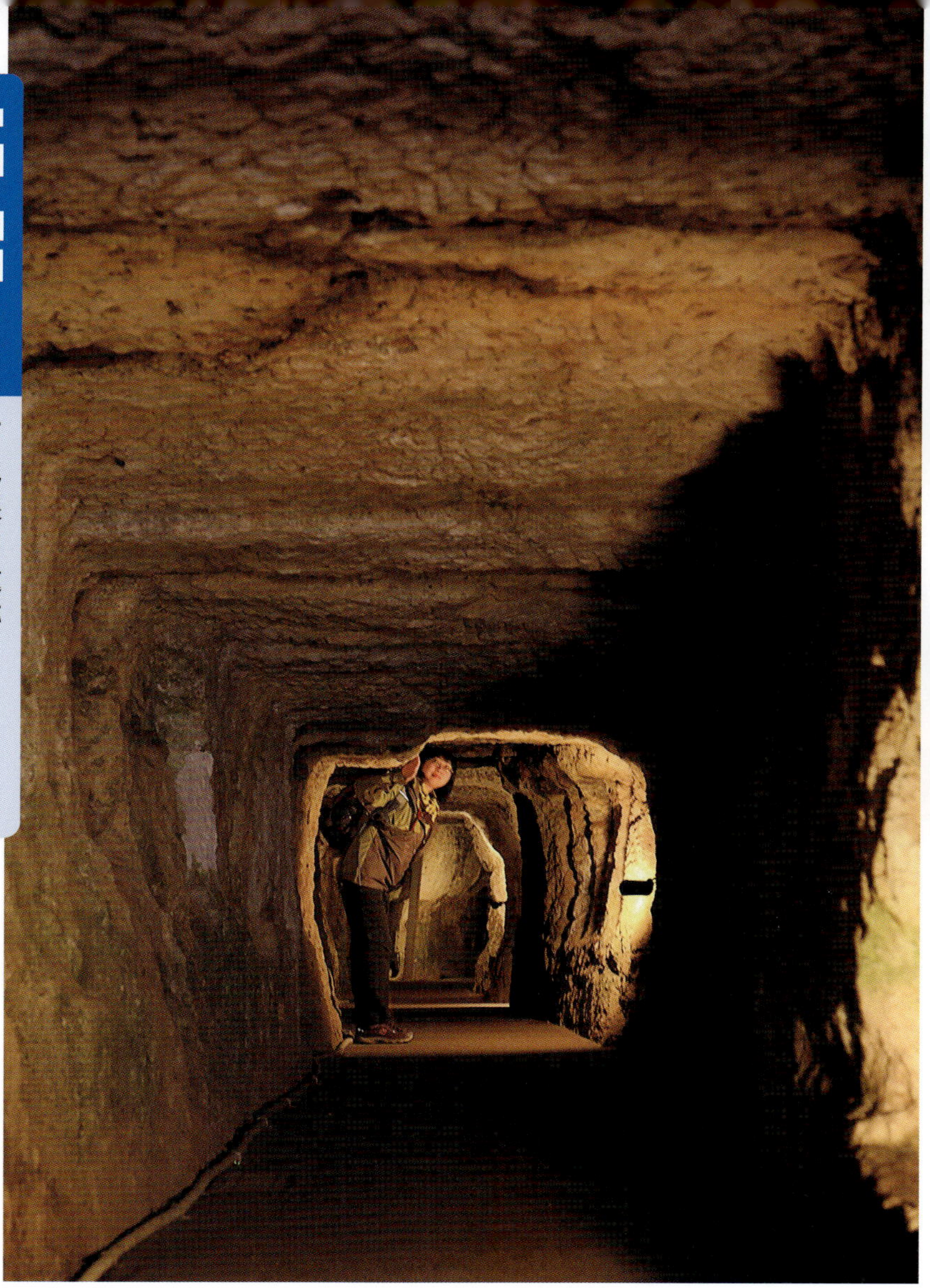

龍源寺間歩。銀の鉱脈はわずか数センチほど。全長600メートルのうち157メートルが一般に公開されている

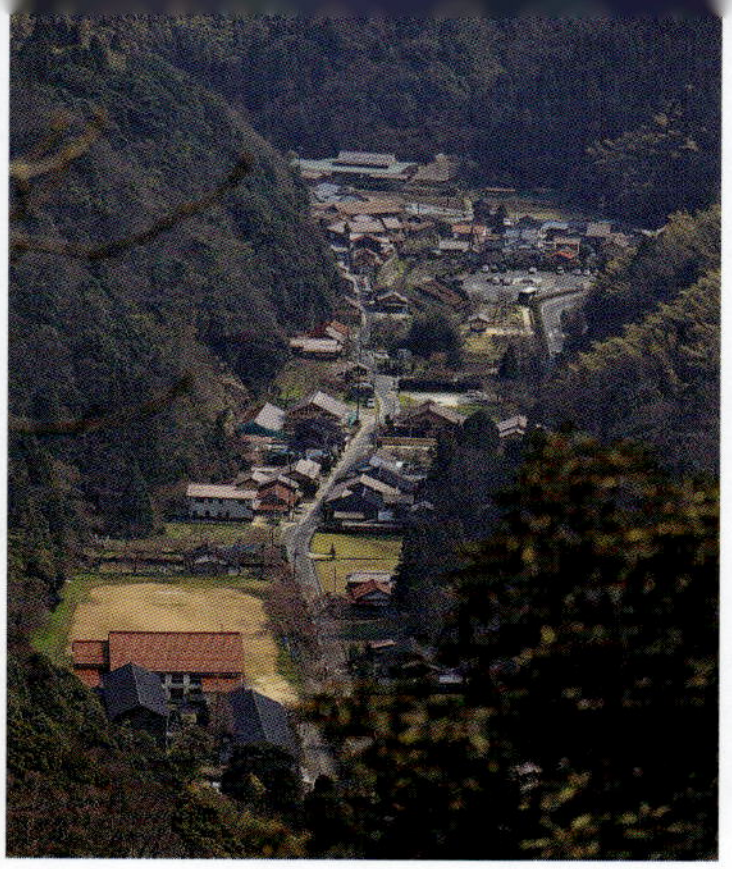

山吹城跡へ登る途中から見た銀山地区の町並み。銀山地区は、江戸時代に入って大森に代官所が置かれるまでは銀生産の中心地だった

銀山の守り神を祀る佐毘売山神社

石見銀山公園からスタートして銀山柵内へ向かう。大森小学校の前を過ぎると、左手に銀の選鉱から製錬まで行われていたとされる、下河原吹屋跡がある。通りの先に目指す山吹城跡が見えてくる。

約30分で山吹城登山口に到着。山吹城跡への登山道を登り始めるとすぐに休《やすみ》役所跡があり、約25分で「牛の首」と呼ばれる吉迫口番所跡に至る。登山道はここで石見銀山街道鞆ケ浦道と分岐する。ここから山吹城跡までは500メートルほど、急な階段が続く。登山口から約50分で山頂の山吹城跡に到着。大内氏、尼子氏の勢力争いの後、毛利氏が支配するまでこの城主は9回も替わったという。目指す主郭《しゅかく》跡はその頂上付近だ。

龍源寺間歩へと山を下る。途中、堀切や畝状《うねじょう》空堀群の跡が見られた。下山後、紺屋間歩、坂根口番所跡を見て龍源寺間歩に到着。入り口にはかつて24時間態勢の詰め所が置かれていた。間歩に入る人たちにガイドが「3つ目の横穴の左上を見てください」と声をかける。間歩の壁面には昔の人たちが苦労して銀を掘り進んだことがわかる当時のノミの跡がそのまま残っている箇所もある。

佐毘売山神社の境内で昼食をとり、仙ノ山を登る。約30分登って「米かみ岩」で休憩し、さらに約15分で西の木戸口番所跡に到着。さらに進むと千畳敷、於紅《おべに》孫右衛門が鉱脈を見つけた於紅ヶ谷がある。いよいよ石銀藤田地区に到着だ。再び山中に入り、仙ノ山展望台を経て清水口番所跡、清水寺跡、明治期の選鉱場跡、鉱石を落としたシュート場跡などを経て、清水谷製錬所跡に出た。往路で見た下河原吹屋跡の奥に、徳川家康のもとで鉱山の開発を担った大久保長安の墓と紀功碑がある。

取材協力　石見銀山ガイドの会　電0854-89-0120　写真　戸澤裕司（P66～67）

大久保間歩の坑口付近。大久保間歩の坑内の高さは最大5㍍。大久保長安が槍を持ち馬に乗ったまま入坑したとの伝説がある

大久保間歩《おおくぼまぶ》

銀山の心臓部を体感する

石見銀山世界遺産センターで出発20分前から始まるレクチャーを受け、バスで出発。「これから行くのは石見銀山の心臓部です」と石見銀山ガイドの会の担当者。標高約310㍍の本谷《ほんだに》地区にある大久保間歩は極めて純度の高い銀が出たため、江戸時代は御直山《おじきやま》として管理された。まさに第2次シルバーラッシュを築き上げた場所だ。明治期には藤田組によって再開発された。世界遺産センターより専用のバスにて5～6分で現地に到着。バスを降りて山道を登る。まず、下金生坑《しもきんせいこう》、金生坑がある。明治期に大久保間歩の排水溝として使用され、金生坑から清水谷製錬所上部の蔵之丞坑《くらのじょう》まで、約800㍍のトロッコ道が敷かれていた。

山師はどうやって鉱脈を探し当てたか。レクチャーは続く。

石見銀山は火山性の熱水鉱床といわれる。そのため地表の形状や岩石の色相を見ながら鉱脈、鉱床を探した。次に植生も見た。重金属を含む鉱脈近くには各環境に適した植物が育つ。一方、坑夫はノミの当たる岩盤の感触などを頼りにした。

急な山道を30分ほど歩くと大久保間歩に到着。管理事務所に荷物を置き、長靴とヘルメットを借りる。安全のためのいくつかの注意を受けて、いよいよ坑道内へ。間歩の中は真っ暗で、ヘルメットに付いたヘッドライトで照らさないと歩けない。江戸時代と明治時代の採掘方法の違いを見学してみよう。取材したのは春先だったが、寒くて手がかじかむほどだ。足元は水たまりになっている。天井にも気を配らなくてはならない。排水が最大の課題だったことを実感した。

石見銀山には大小様々な間歩が1000カ所あるが、発掘されたのはまだ数％程度という。

大久保間歩の入り口。地下で釜屋間歩とつながっている

大久保間歩内の採掘場「福石場」。高さ20㍍、奥行き30㍍、幅15㍍の巨大空間だ。人の手で掘られたというから驚きだ

金生坑

金生坑の入り口。坑道が開かれた時期は不明。坑内は非公開

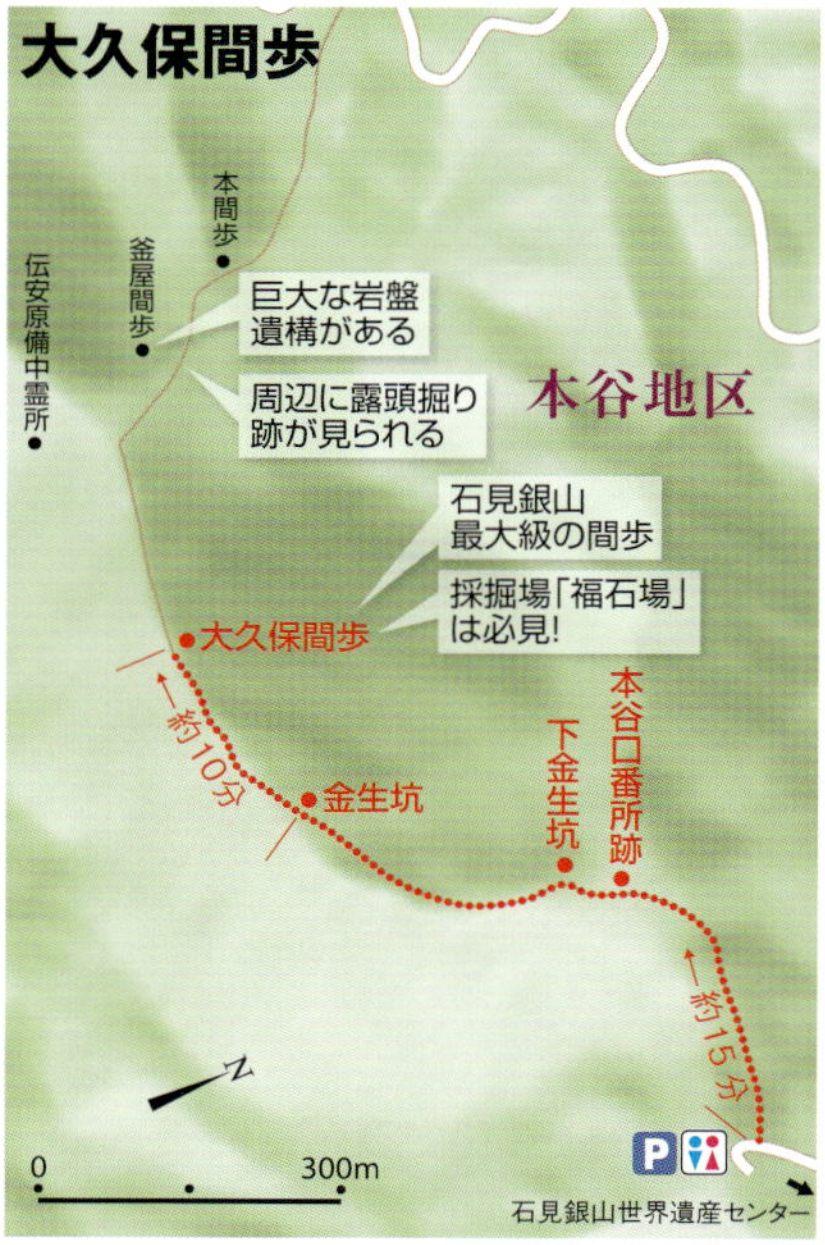
大久保間歩
本間歩
釜屋間歩
伝安原備中霊所
巨大な岩盤遺構がある
周辺に露頭掘り跡が見られる
本谷地区
石見銀山最大級の間歩
採掘場「福石場」は必見!
大久保間歩
←約10分
金生坑
下金生坑
本谷口番所跡
←約15分
0
300m
石見銀山世界遺産センター

インフォメーション

◉大久保間歩一般公開限定ツアー（2025年）

電0854-89-9091（石見観光　大久保間歩予約センター）　時3～11月の金～日曜、祝日、GW、お盆（雨天決行、荒天のみ中止。ツアーは1日4回。申し込みは5日前まで）　料4500円　休12～2月　交石見銀山世界遺産センター集合　駐あり

　写真　石見銀山世界遺産センター（P68～69）

見てわかる！

銀山の2つの顔

──地下の「暗闇」と地上の「明り」

深く暗い坑道内での厳しい採掘作業と、そこからもたらされた銀によって繁栄する町と、銀山は2つの顔をもつ。そのことを意識しながら、銀山景気に沸いた人々の生活を読み解く。

文・監修◉仲野義文／イラスト◉香川元太郎

石見銀山は、地下と地上の2つの空間によって構成され、それぞれが有機的につながりをもって、鉱山業とそれに依存する人々の暮らしが営まれた。

鉱山業の多くは地下の空間で展開された。仙《せん》ノ《の》山《やま》一帯の地中には、福石《ふくいし》鉱床《こうしょう》と永久《えいきゅう》鉱床の2つの鉱床が広がり、これらを目指して地上から間歩と呼ばれる矩形《くけい》の坑道が無数に掘られた。17世紀末には間歩数は300カ所を超え、植物の地下茎のごとく地底の奥深くまで坑道が延びていた。坑内の採掘現場では、鉱石を掘る銀掘《かねほり》、廃石を運搬する柄山負《がらやまおい》、使い走りの手子《てご》などが詰め、微《かす》かな螺灯《らとう》の明か

永久鉱床
仙ノ山の頂上から500メートル西の地下に分布する鉱床で、福石鉱床よりも下部に存在する。岩石はデイサイト貫入岩で、緻密な塊状で変質が少なく、緑色がかっているのが特徴。断層や割れ目に鉱液が浸入してできた鉱脈型鉱床で、銅のほか、銀、鉛、ビスマスなどの鉱石鉱物を産出する。銀に比べ銅の生産量が多かった
山吹城（要害山）
仙ノ山の北西に対峙する要害山（標高約414メートル）は、戦国時代に大内、尼子、毛利などの戦国大名による激しい銀山争奪の舞台となった山城。山頂には大規模な郭が配置され、斜面には敵の侵入を防ぐ空濠が多数掘られている。山吹城の東麓が大手（入り口、正面）にあたり、毛利氏時代には休《やすみ》役所が置かれ、また銀を保管するための御文庫《ごぶんこ》などもあった
銀山地区
銀山町は「銀山六谷」と呼ばれ、谷ごとに集落が形成された。開発初期には、福石鉱床に近い石銀・本谷地区に集落が開かれ、やがて生産の拡大とともに栃畑、大谷、昆布山、休谷、下河原などの麓の谷へと集落域が広がっていった。銀山町の住人は山師、下財、明り人に大別されたが、このうち山師と下財は鉱山従事者、また明り人は精錬業者や商人、職人などであり、多様な職業の人々が暮らしていた
大谷地区
仙ノ山と要害山に挟まれた谷筋の奥部で、一帯には龍源寺や福神山、恵珍山、甘南備《かんなんび》山などの間歩群が集中する。このうち龍源寺間歩は代官所直営の「御直山《おじきやま》五ケ山」の一つとして、江戸時代後期の銀山の経営を支えた
大森地区
銀山町に隣接する大森町は、江戸時代に幕府の代官所が所在する「陣屋元町」として発展した。町の特徴は「住み分けの曖昧さ」にあるといい、南北1キロほど続く町並みには地役人（武士）、商人、職人などが混住。代官所跡、地役人遺宅、郷宿や掛屋の施設が現存し、江戸時代の陣屋町の姿を色濃く残している
銀山柵内
面積は320ヘクタール。戦国期から近代にかけて銀生産の拠点となった鉱山跡で、石見銀山遺跡の中核をなす。「柵内」は、江戸時代銀山の外周に設けられた惣囲《そうがこい》に由来する。また、銀山への出入り口には江戸初期には10カ所の口番所が設けられ、通行人の改めや、商人に対する十分一運上（税）の徴収が行われた
N

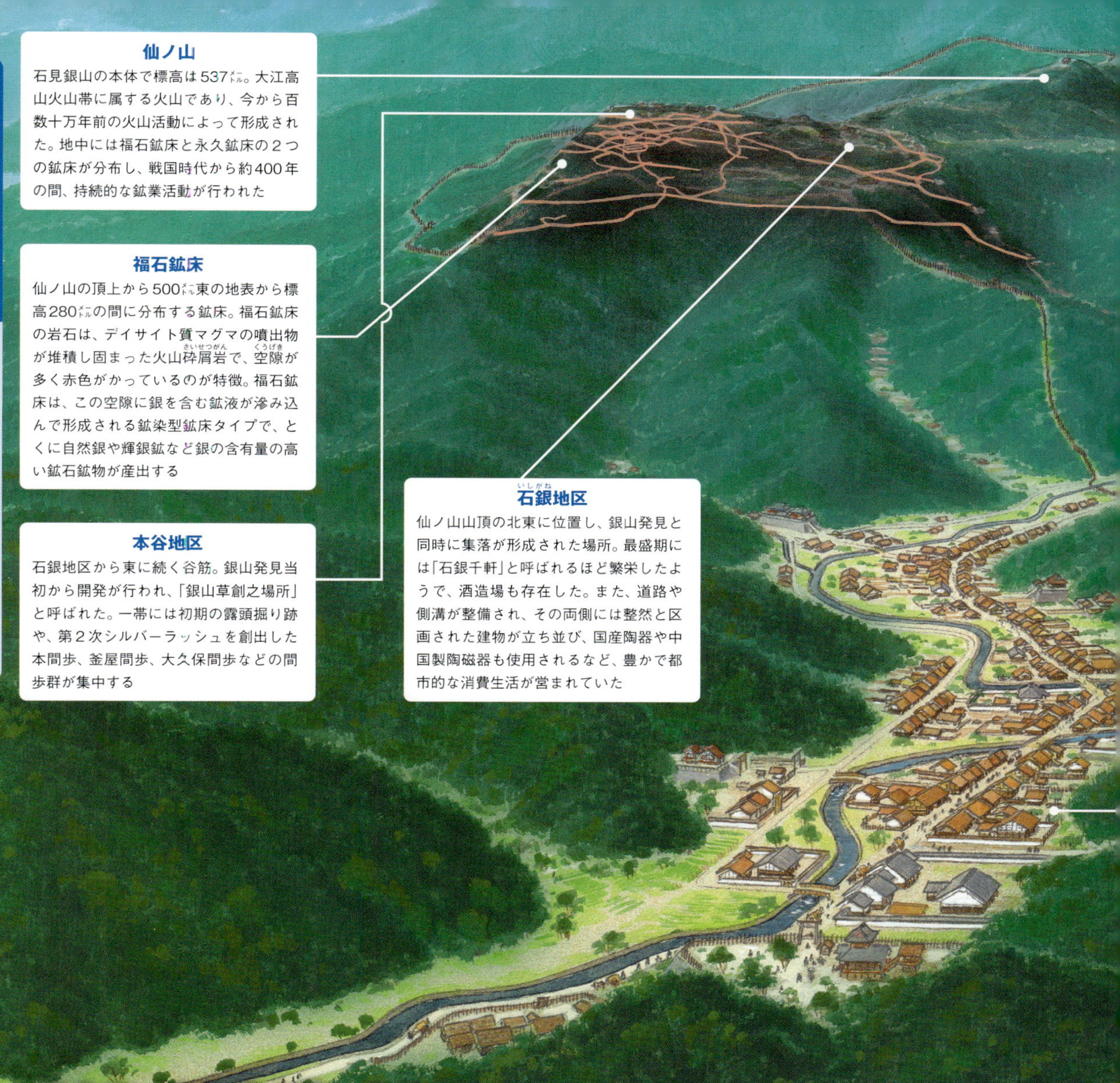

仙ノ山

石見銀山の本体で標高は537メートル。大江高山火山帯に属する火山であり、今から百数十万年前の火山活動によって形成された。地中には福石鉱床と永久鉱床の２つの鉱床が分布し、戦国時代から約400年の間、持続的な鉱業活動が行われた

福石鉱床

仙ノ山の頂上から500メートル東の地表から標高280メートルの間に分布する鉱床。福石鉱床の岩石は、デイサイト質マグマの噴出物が堆積し固まった火山砕屑岩《さいせつがん》で、空隙《くうげき》が多く赤色がかっているのが特徴。福石鉱床は、この空隙に銀を含む鉱液が滲み込んで形成される鉱染型鉱床タイプで、とくに自然銀や輝銀鉱など銀の含有量の高い鉱石鉱物が産出する

本谷地区

石銀地区から東に続く谷筋。銀山発見当初から開発が行われ、「銀山草創之場所」と呼ばれた。一帯には初期の露頭掘り跡や、第２次シルバーラッシュを創出した本間歩、釜屋間歩、大久保間歩などの間歩群が集中する

石銀《いしがね》地区

仙ノ山山頂の北東に位置し、銀山発見と同時に集落が形成された場所。最盛期には「石銀千軒」と呼ばれるほど繁栄したようで、酒造場も存在した。また、道路や側溝が整備され、その両側には整然と区画された建物が立ち並び、国産陶器や中国製陶磁器も使用されるなど、豊かで都市的な消費生活が営まれていた

りを頼りに銀鉱石の採掘を行った。

一方、地上の空間は「明《あか》り」と呼ばれ、「暗闇」の地下とは対照的に、華やかかつ都市的な営みが展開された。慶長・元和期の銀山最盛期には、人口20万、寺院の数も100におよんだという。その真偽は別としても、城下町や港町に匹敵する規模であったことは想像に難くない。

この銀山町は、仙ノ山の谷々に形成された集落で、「銀山六谷《ぎんざんろくたに》」と呼ばれた。町には山師《やまし》(山主)や下財《げざい》(坑夫)、銀吹師《ぎんふきし》(精錬業者)などの鉱山に従事するもののほか、桶屋、鍛冶屋、大工、酒場、魚店、さらには銀の取引にかかわる秤屋など、多様な職業や階層の人々が暮らした。

また銀山町は、銀の生産地であると同時に、巨大な消費地でもあった。米、大豆、小麦、炭、薪などの生活物資は周辺農村から持ち込まれたが、さらに旺盛な消費力は温泉津港を通じて遠隔地から物資を大量に移入させた。16世紀末には遠く薩摩の商人も訪れるなど、銀を媒介とした広域的な人とモノの交流があった。

江戸時代には、銀山の外周には柵列が巡らされ、この「柵内《さくのうち》」の範囲が銀山町とされた。寛永年間には、山吹城下にあった陣屋(代官所)が隣接する大森町に移転し、これ以降、銀山は生産に特化した町となった。

一方、陣屋の所在地となった大森町には、武士や商人、職人などが集住し、銀山附御料(天領)150余村を支配する陣屋町として発展を遂げていったのである。

武家、民家、商家が混在して軒を連ねる大森の町並み。今は観光客の姿が目立つが、昭和30年代まで町の雰囲気はにぎやかだったという

めざせ！全踏破

LET'S WALK

2つの伝統的町並みを散策する

石見銀山にある大森と温泉津、2つの町並み保存地区は間歩や山城・集落跡などを歩く際の拠点でもある。ノスタルジックな町並み散策を堪能しよう。

大森の町並み

町の人の思いを包み込む懐かしい町並み

大森町は、石見銀山を訪れる際の拠点だ。1987年に国の重要伝統的建造物群保存地区に選定された。バス停もある代官所跡から散策を始める。代官所跡には当時の門長屋が残り、現在は石見銀山資料館がある。間歩や集落跡をめぐる前に、銀鉱石や絵図などの資料を見て知識を得ておくとよい。資料館を出て左手にある城上《きがみ》神社へ。太い注連縄《しめなわ》が目を引く。境内には大きな梛《なぎ》の木があった。

再び資料館の方に戻って次の角を右に入り、200《メートル》ほど坂を上ると勝源《しょうげん》寺《じ》がある。1601(慶長6)年、大久《おおく》保《ぼ》石見守長安《いわみのかみながやす》と竹村丹後守道清《たけむらたんごのかみみちきよ》が大旦那となって建てた。裏山には、家康を

太い注連縄がかかる城上神社の拝殿(左)。鏡天井(上)の中央には鳴き龍が、その周りには社殿の再建に寄進した武家の家紋が彩色して描かれている

国の重要文化財の熊谷家住宅。下は居間の床下に設けられた深さ2.5㍍の地下蔵で、火災に備えた耐火金庫の役割をしたと考えられている 時9:30～17:00(最終入場30分前) 料600円 休火曜(祝日の場合は翌日)

祀《まつ》る東照宮があり、本堂には家康から家慶《いえよし》まで徳川12代の位牌が祀られる。石見銀山は、江戸幕府の天領として権威を示しておくべき場所だった。

町並みへ戻り、熊谷家住宅へ。1800(寛政12)年、この一帯の大火で焼け、翌年再建された。母屋には大小30の部屋があり、珍しいのは居間床下の地下蔵だ。また、衣服や寝具、食器などの暮らし全般に関わるものを公開している。

町並みの中ほど、石段を上った高台にある観世音寺《かんぜおんじ》の境内からは、大森の町並みと銀山の仙ノ山が見渡せる。

羅漢寺《らかんじ》は、町並みから少し外れた南端にある。五百羅漢像は本堂向かいの石窟《せっくつ》に安置されている。川に架かる石橋を渡ると三百水《さんびゃくすい》と不動堂があり、左手に3つの石窟が並ぶ。石造で彩色された五百羅漢像は珍しく、岩山をくりぬいた石窟のなかで守られたため彩色もよく残る。石窟の横には、その制作発願を援助した田安中納言宗武《たやすちゅうなごんむねたけ》の大きな宝篋印塔《ほうきょういんとう》が立つ。

郷宿だった金森家の古い家屋は、ペリー来航の140年前にすでにあった家だと伝わる。大森の町並みは、武士の家から商人・町人の家まで様々な軒の高さが混在しているところに味わいがある。古民家を修復・保存するかたちでの店舗が多く、町の全戸が町並み保存に協力して通りの清掃や挿し花などを積極的に行っている。そうした町の人々の努力があって、大森の町並みは、また訪れたいと思わせる風情ある景観が保たれている。

羅漢寺の前に架かる反り橋。橋を渡った先の3つの石窟に五百羅漢像が安置されている

取材協力　石見銀山ガイドの会　電0854-89-0120　写真　戸澤裕司(P72～73)

高台の愛宕神社からのぞんだ、温泉津の町と港

江戸末期から昭和初期にかけて建てられた町家を中心に、旅館や寺社などが並ぶ

温泉津の町並み・沖泊

ゆったりと湯に浸かり旅路の疲れを癒す

山陰屈指の良港をもつ温泉津は、石見銀山が開発されると銀の積み出しや鉱山開発に必要な物資の水揚げを行った。江戸時代になると北前船の寄港地として栄え、外港として重要な役割を担った。

温泉津駅から温泉街までは徒歩で15分。温泉津温泉街では、外湯も楽しめる。町の高台、標高32㍍の愛宕山には、愛宕神社社殿と鐘楼がある。龍御前神社は、境内の桜が見どころである。本殿脇から石段を上ったところにある旧本殿から眺める温泉津の町並み、港の風景は素晴らしい。

温泉津から沖泊へは徒歩で約20分。沖泊はひっそりとしたたたずまいの集落と天然の良港をもつ港町。入り江左手の山上に鵜丸城跡があった。入り江の周囲には船のもやい綱を結ぶため人工的に造られた数多くの「鼻ぐり岩」が見られ、銀の積み出し港としての名残をとどめる。

写真　大田市観光協会

関西エリア

Kansai area

- 姫路城
- 法隆寺地域の仏教建造物
- 古都奈良の文化財
- 百舌鳥・古市古墳群―古代日本の墳墓群―
- 紀伊山地の霊場と参詣道
- 古都京都の文化財

姫路城　写真　PIXTA

姫路城

1993年、法隆寺とともに日本で初めて世界文化遺産に登録された。「白鷺城」とも称されるその美しさ、独特の建築構造と要塞としての巧妙な仕掛け、さらに数々の伝説で知られる

写真　熊谷武二

世界遺産登録年 1993年
構成資産 姫路城

解説 木造の建造物を中心に、石造の城壁(石垣)と白色の土塀をめぐらせた日本の城郭の様式は、16世紀中ごろに確立した。白く輝く姿から「白鷺城」とも呼ばれる。優美な外観の姫路城は、軍事施設としての実用性も兼ね備え、日本の木造城郭建築の代表例として登録された。城の中心となる天守群は、5層の屋根を重ねた大天守と3層の屋根を重ねた東小天守・乾小天守・西小天守の4つの建物を四隅に置き、それぞれを廊下状の櫓でつないで、四角の形に建物を配置している。

Pick Up!

遺産まるわかりMAP

姫路城

構成資産の建造物

天守群（国宝8棟）
大天守
西小天守
乾小天守
東小天守
イの渡櫓
ロの渡櫓
ハの渡櫓
二の渡櫓

（重要文化財74棟）
イの渡櫓
ロの渡櫓
ハの渡櫓
二の渡櫓
ホの櫓
への渡櫓
トの櫓
チの櫓
リの一渡櫓
リの二渡櫓
折廻り櫓
井郭櫓
帯の櫓
帯郭櫓
太鼓櫓（への櫓）
二の櫓
ロの櫓
化粧櫓
カの渡櫓
ヌの櫓
ヨの渡櫓
ルの櫓
タの渡櫓
ヲの櫓
レの渡櫓
ワの櫓
カの櫓
菱の門
いの門
ろの門
はの門
にの門

との二門
との四門
ちの門
りの門
ぬの門
水の一門
水の二門
備前門
との四門東方土塀
との四門西方土塀
との二門東方土塀
との一門東方土塀
への門東方土塀
への門西方土塀
水の一門北方築地塀
水の一門西方土塀
二の櫓南方土塀
水の五門南方土塀
イの渡櫓南方土塀
にの門東方上土塀
にの門東方下土塀
ロの櫓東方土塀
ロの櫓西方土塀
はの門東方土塀
はの門西方土塀
はの門南方土塀
ろの門東方土塀
ろの門西南方土塀
化粧櫓南方土塀
ワの櫓東方土塀
カの櫓北方土塀
菱の門西方土塀
菱の門南方土塀
菱の門東方土塀
いの門東方土塀
太鼓櫓南方土塀
太鼓櫓北方土塀
帯郭櫓北方土塀
井郭櫓南方土塀
トの櫓南方土塀

めざせ!
全踏破

LET'S WALK

城内と濠の周囲をめぐる

姫路城の縄張り(設計)は迷路のように複雑で、至るところで籠城を想定したつくりになっている。戦略・防衛面を考察するとなおさら姫路城への興味は尽きない。

はの門

柱の基礎に石灯籠《いしどうろう》の台座が転用されている。防御力が高い、門と櫓が合体した櫓門。天守への侵入を防ぐ

にの門

隅櫓《すみやぐら》と結合した門。櫓の1階床板から槍を突き出して、門下を通る敵を攻撃できる　写真　PIXTA

二の渡櫓《わたりやぐら》

天守の北側に連なるイ・ロ・ハ・ニ・への渡櫓は、姫山樹林の急斜面上に築いた石垣に沿って建てられている。二の渡櫓の内部には塩や米などが貯蔵されていた(非公開)

との一門

搦手口《からめてぐち》の最後の難関を固める脇戸付き櫓《やぐら》門《もん》で、現存する唯一の総素木造《しらきづくり》の城門。との二門とともに城を守る複合門である枡形《ますがた》虎口を形成(非公開)

備前門

備前丸への主要な出入り口。門扉は鉄板張りで、出隅《でずみ》には石棺が転用されている

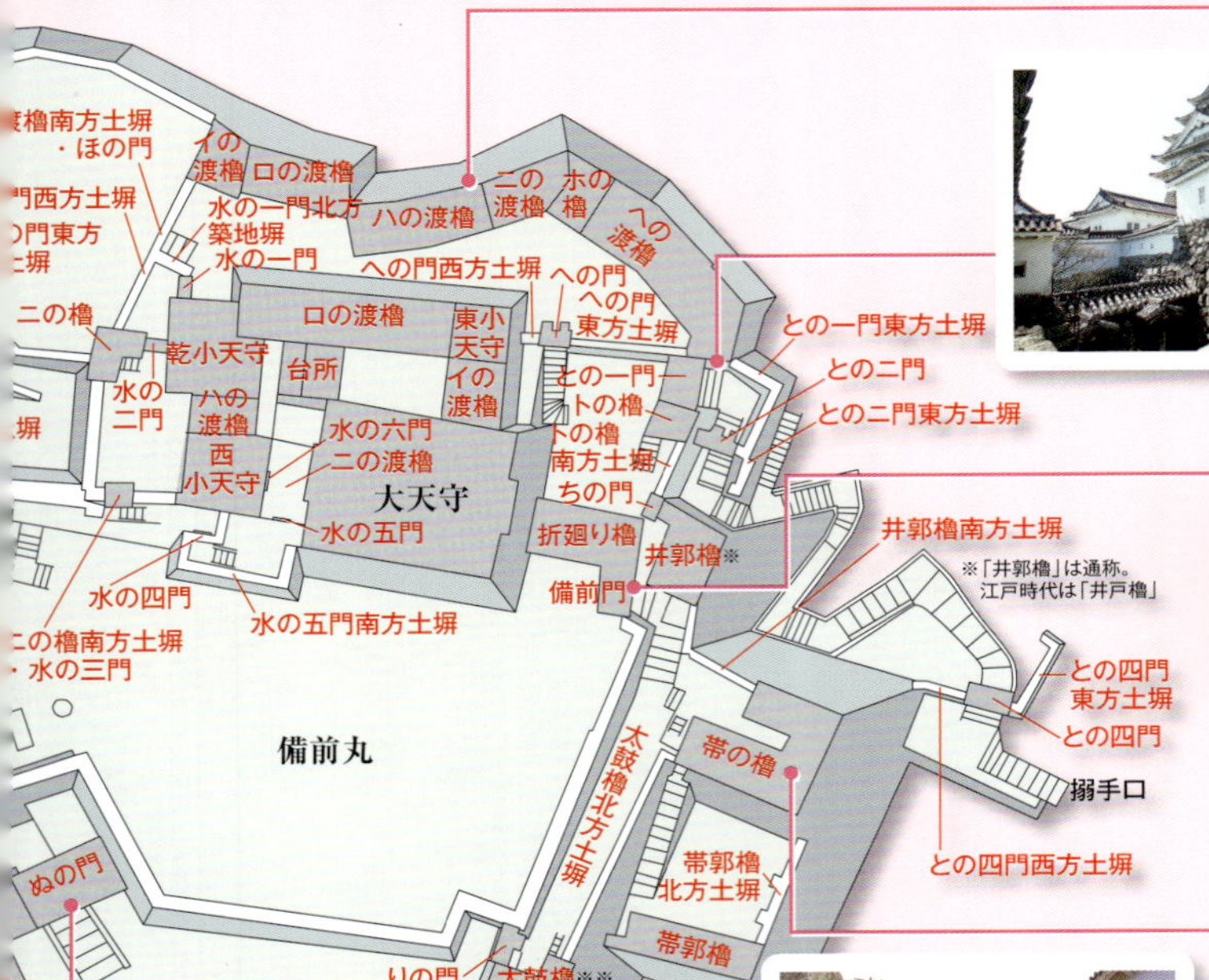

帯《おび》の櫓

城内で一番高い、23.32メートルの石垣の上に立つ。床を構えた座敷が残され、搦手口の防御と憩いの空間を兼ね備えていた　写真　PIXTA

ぬの門

二層の櫓門。一層の鉄格子窓と二層の出格子が調和している　写真　PIXTA

三国濠《さんごくぼり》

姫山と鷺山の間の谷をせき止めて築かれており、防衛と溜池《ためいけ》の機能がある。敵が菱の門から侵入した場合、「いの門」と「るの門」から挟み撃ちにして濠に落とすことができる

るの門

1人がやっと通れるほどの孔門。抜け道として使われ、万が一の際には土砂で封鎖できる埋門《うずめもん》となっている

りの二渡櫓、りの一渡櫓、チの櫓

上山里曲輪の二重渡櫓。りの二渡櫓は城外側からは一層に見える。2つの渡櫓とチの櫓が接続し、一連の多聞櫓《たもんやぐら》を形成している　写真　PIXTA

内曲輪内《うちぐるわない》

迷路のような城郭の中を歩く

姫路城は広大な敷地内を順路に沿って歩くだけでも、見ごたえがある。入り組んだ迷路のような構造が、スケールの大きさを感じさせてくれるだろう。

姫路城にある8棟の国宝、74棟の重要文化財は、全て内濠に囲まれた内曲輪内にある。門に施された飾り金具や格子窓などの装飾、塀に設けられた狭間《さま》(鉄砲などを撃つための小窓)などにも注目してみると、いろいろな発見があるはずだ。

大天守と3つの小天守が渡櫓でつながる連立式天守は、角度によって様々な表情を見せてくれる。大天守は外から見ると5階建て(5重)だが、内部は地下1階と地上6階の7階建てだ。

「日本さくら名所100選」に選定された名所でもあり、花見の時期に訪れるのもおすすめだ。

インフォメーション

住 兵庫県姫路市本町68 電 079-285-1146(姫路城管理事務所) 時 9:00～17:00(最終入城1時間前) 料 1000円(改定予定) 交 JR姫路駅から神姫バスで4分、大手門前下車、徒歩5分、/姫路駅から徒歩20分 駐 周辺に有料駐車場あり

はの門前の坂
テレビの時代劇などに登場してから「将軍坂」と呼ばれるようになった

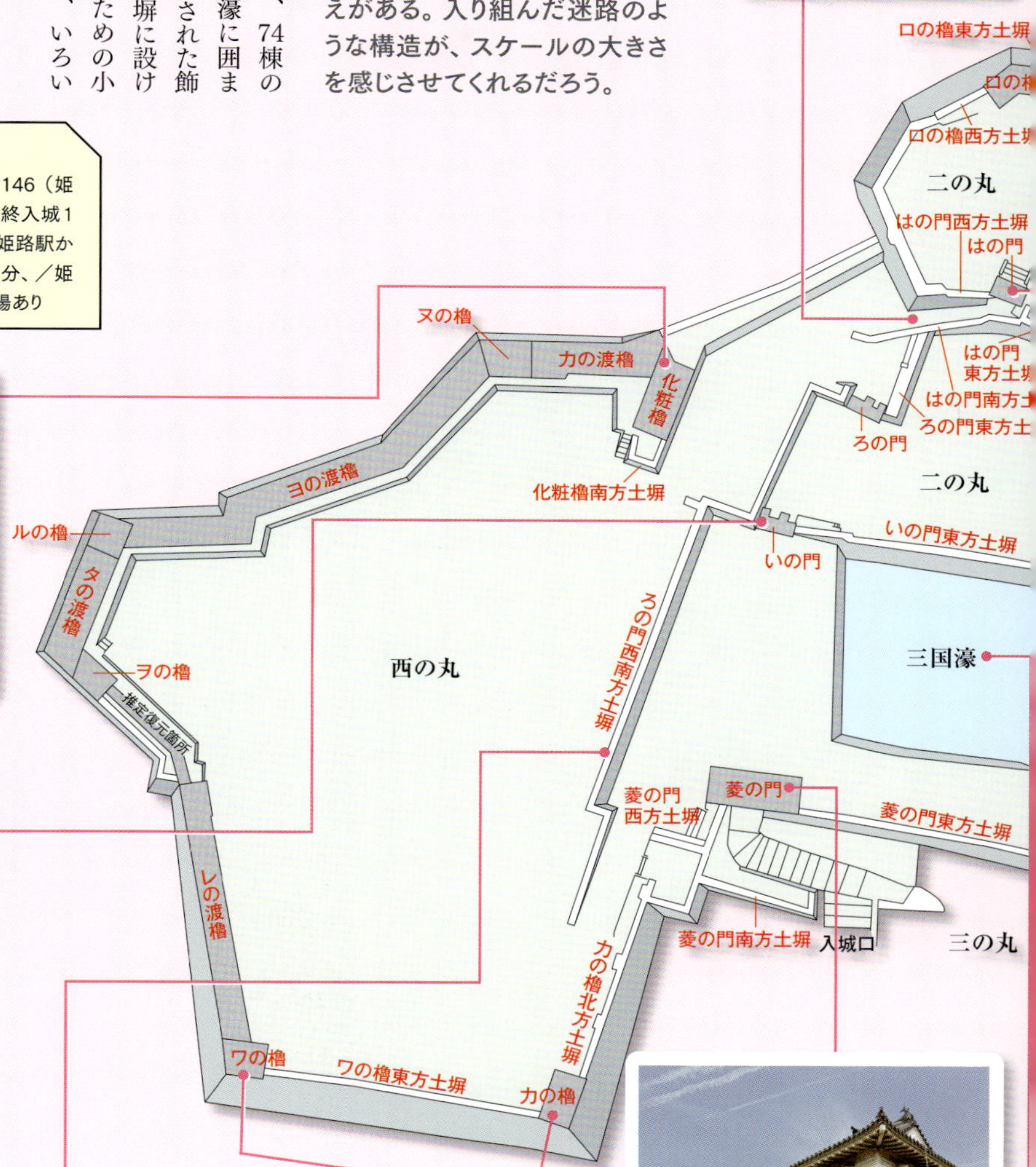

化粧櫓
徳川家康の孫娘である千姫と本多忠刻との再婚にあたって、徳川幕府から与えられた10万石の化粧料で築かれた。

いの門
大勢の敵が一挙に攻め込みにくい小さな門構え。古い様式をとどめ、様々な飾り金具などの装飾が施されている。奥に続くろの門も同じ構造　写真 PIXTA

ろの門西南方土塀
城内で最も長い約140㍍の土塀。土塀が途中で折れていて、側面からも攻撃できるようになっている

ワの櫓・カの櫓
土塀で結ばれた2つの櫓はともに2層の面積が等しい重箱《じゅうばこ》櫓形式。ワの櫓から中へ入り、レの渡櫓からカの渡櫓まで続く百間廊下を歩いて化粧櫓まで見学できる　写真 PIXTA

菱の門
城内最大の門。両柱の上の冠木《かぶき》に木彫りの花菱の紋があるため、この名が付いた。上の櫓の中央には武者窓《むしゃまど》、その左右に華頭窓《かとうまど》、東側には庇《ひさし》付きの出格子窓《でごうしまど》が並ぶ　写真 PIXTA

写真 姫路市(P80～83のとくに表記のないもの全て)

もっと知りたい!

姫路城の未知なる世界へようこそ

姫路城の数々の伝説は語り継がれ、いまだに解明できていない謎も多い。それらを知ったうえで見て回ると、おもしろさは増すはずだ。

文◉堀田浩之

屋根瓦には目地漆喰が施され、瓦の継ぎ目や隙間に漆喰を盛り上げるように塗ることで耐久性を高めている　写真　PIXTA

「白さ」の戦略

「白鷺城」の別称をもつ姫路城。軒裏まで漆喰《しっくい》で塗り籠められた渾身《こんしん》の「白さ」の意匠は、屋根瓦の目地《めじ》にまで一本一本丁寧に漆喰を加えることで、白鷺《しらさぎ》のイメージを大空へと飛翔させている。

平成の修理工事後に姿を現した天守の「白さ」は、当時の〝白すぎ城〟のニックネームとともに、驚きをもって再来した。

おそらく400年前も、人々はその優美な姿を遥か遠くからでも望めたのであろう。誉れ高い名城にふさわしく、見せるために求められた「白さ」の戦略と言ってもよい。見上げる者は皆、圧倒的なその美観に謎めいたパワーを感じつつ、戦う前に酔わされてしまっている。

転用石の秘密

羽柴秀吉《はしばひでよし》がこの城を改修したころ、一人の老婆が、石垣の資材にと小さな石臼《いしうす》を献上した。乾小天守《いぬいこてんしゅ》下に今も残る「姥が石《うばがいし》」の謂《いわ》れである。およそ築《ちく》石《いし》にふさわしくないこの石臼への関心が、見る者に好奇の印象を与え、人好きのする逸話を生み出したのであろうか。興味深いことに、この城には石臼のほか、古墳の石棺《せっかん》や五輪塔《ごりんとう》などの石造品が数多く転用されている。確かに、築城工事に伴う石不足を補うためという現実的な事情も考えられる。しかし、過去の由緒を秘めたモニュメント的な石を、あえて姫路城に転用する意味まではよくわかっていない。一応、古いものを解体・再編し、新しい時代の到来を予感させる何かが、そこに表現されたものと考えてみたいのだが……。

乾小天守の北側の石垣に埋め込まれた「姥が石」は、秀吉の築城中に石材不足を知った老婆が差し出した古い石臼とされる。秀吉はたいへん喜び、この話が広まって石を献上する人が増え、工事が順調に進んだという

本丸の南下の上山里曲輪の一角に「お菊井戸」と呼ばれる井戸がある。小寺氏が城主だったころの伝説によると、家宝の皿が1枚なくなった責任を問われた女中のお菊は、井戸に投げ込まれて殺されてしまった。それから毎晩、「1枚、2枚……」と井戸の中から皿を数える声が聞こえるようになったという

「お菊井戸」と想像力

秀吉ゆかりの上山里曲輪《かみやまざとぐるわ》に、水の気配の感じられない古井戸があり、いつのころからか、「お菊井戸《きくいど》」と呼ばれている。今も覗き込む人々に、ひとときのスリリングな気分を提供し続けているこの井戸と、有名な怪談話『播州《ばんしゅう》皿屋敷《さらやしき》』との関連は不明である。おそらく、近代以降の姫路城の一般公開に前後して、霊界と結ぶ謎めいた井戸の存在を観光スポットに仕立てた状況が推察される。

一方、かつて井戸曲輪と称された別の場所では、「腹切丸《はらきりまる》」という奇妙な名前がまことしやかに付会《ふかい》され、時代劇で馴染み深い場面を介して、姫路城にさらなる虚構の世界を広げていく。人は、自身の想像を超える対象に、解釈の橋渡しとしてのミステリーを求めるものなのだろう。いつの時代も、「お城」は伝説と融合しやすい格好の場であり、感情の揺らぎがさらなる現実味を招来《しょうらい》するのであった。

「腹切丸」は正式には「井戸曲輪」といい、城内の用水確保の役割を果たしていた。そこにある「帯郭櫓」の建物の形や雰囲気が切腹の場を連想させたらしいが、実際には神聖な城内で切腹が行われるようなことはなかった

傾いた天守の物語

池田輝政《いけだてるまさ》が自信をもって世に送り出した連立式天守は、有事には天守群だけで600人の籠城《ろうじょう》生活を想定し、内庭には台所櫓まで用意していた。そして、先行する羽柴秀吉の旧天守の石垣を埋めて、その上に前時代を凌駕《りょうが》する強大な天守を出現させたかった輝政の意地。姫路城再生に向けた情熱の物語がそこにあった。ただし、用意周到につくったはずの天守に思わぬ欠陥があった……。

建物を足元で支える基礎部分に、経年変化による地盤の沈下が生じており、実際に南東の方向へと天守が傾きつつあったようだ。現在でも天守の南東隅の算木《さんぎ》積みの石垣部分に、重みがかかって割れた築石の損傷具合を確かめることができる。後世に広まった巷説《こうせつ》によれば、棟梁の桜井源兵衛《さくらいげんべえ》が責任を感じて、ノミをくわえて飛び降り自殺したという。天守の美観の陰には、いつの時代も実務担当者の苦闘の跡が隠されている。

こののち天守の傾きは、昭和30年代に行われた保存修理によって止まることになる。部材の全てを解体し、一から組み立て直された昭和の姫路城天守は、城山の岩盤上に構築された現代風の鉄筋コンクリート基礎から立ち上がるものだ。

不戦の城の奇跡

姫路城は築城以来400年間、不戦の城として守られ続けてきた。これほどの城が、ほとんど無傷のままで現存することは奇跡に近い。1945年の姫路空襲の際も、町は焼けたが「お城」は残り、人々を勇気づけた。戦後の「昭和大修理」に携わった大工棟梁の回想によれば、天守の細部にわたり、吉凶の長さの単位を使い分けて安寧を願う「天星尺《てんせいじゃく》」という秘伝の寸法割りが施されていたようだ。ちなみに、人々が仰ぎ見る姫路城の大天守には、11尾（なぜか奇数）の鯱《しゃち》が上がっている。各棟を飾る鯱の「十一の口」は、字解きではまさしく「吉」の字となる。これは、大天守の正面の意匠が左右非対称（完全無欠をさけた?）であることと併せて、果たして単なる偶然の産物か、はたまた深慮ゆえの計算された表現なのか、姫路城の未知なる世界の謎解きは尽きることがない。

◉ほった　ひろゆき　元兵庫県立歴史博物館学芸員

「鯱」は龍をイメージした想像上の海獣で、水を噴くといわれていることから、防火のまじないのために大・小天守や主要な櫓などに据えられている

写真　姫路市（P82～83とくに表記のないもの全て）

法隆寺地域の仏教建造物

世界遺産登録年 1993年
構成資産 法隆寺、法起寺

解説 7世紀に聖徳太子によって建立された法隆寺の47棟と、法起寺の1棟が、日本で初めて世界遺産に登録された。なかでも、法隆寺西院にある金堂や五重塔は現存する最古の木造建築で、高い技術が評価された。西院と並ぶ東院やその周囲の子院を含めると、中国や朝鮮の影響を受けながら独自に発展した、日本の仏教寺院建築の変遷を知ることができる。法起寺には日本最古の三重塔がのこる。

大講堂から中門方面を望む。左右のバランスを保つため、金堂のある左側の伽藍がやや広くなっている
写真　入江泰吉／入江泰吉記念奈良市写真美術館

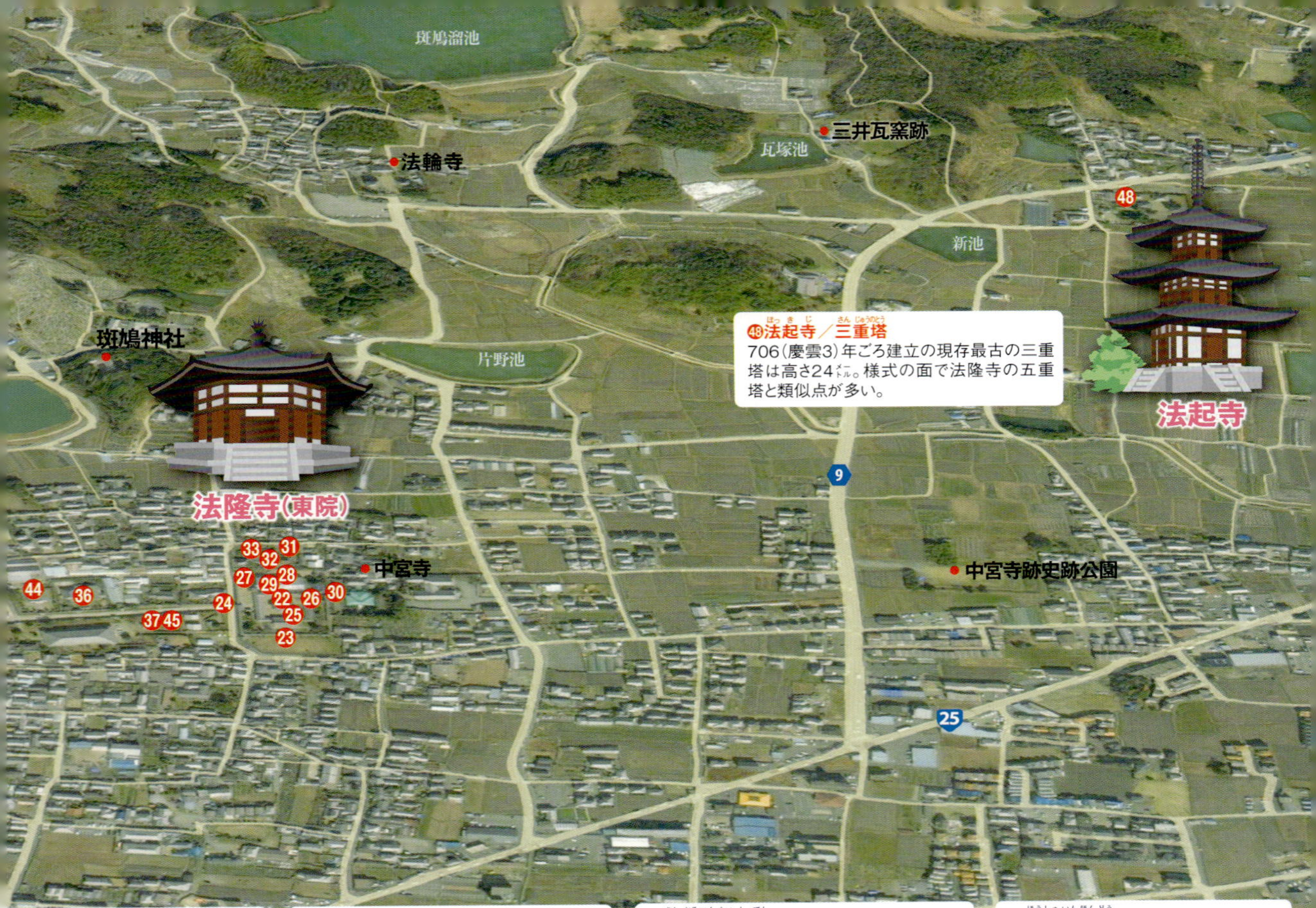

㊽法起寺《ほっきじ》／三重塔《さんじゅうのとう》
706(慶雲3)年ごろ建立の現存最古の三重塔は高さ24メートル。様式の面で法隆寺の五重塔と類似点が多い。

妻室《つまむろ》
霊院と東室の東に平行して立つ細い建物。東室同様、僧が生活をする房である。

綱封蔵《こうふうぞう》
寺の宝物を保管する倉庫。妻室の東に立っている。双倉といわれる奈良時代の代表的な建築様式。

大湯屋《おおゆや》
寺僧たちが入った風呂。慶長の修理以後、使用された形跡はない。

大湯屋表門《おおゆやおもてもん》
大湯屋へ入るための門。門にかかる額に「浴室」と書かれている。

西院大垣《さいいんおおがき》(西面)
西大門の南側から続く築地塀。この西側が西里と呼ばれる地である。

夢殿《ゆめどの》
八角円堂が東院伽藍の中心に位置する。秘仏救世観音像が安置されている。

南門《なんもん》
不明門とも呼ばれ、東院伽藍の南大門にあたる。室町時代の建立とされる。

四脚門《しきゃくもん》
東院と西院をつなぐ道の正面にある。参拝者はここから入る。

㉕礼堂《らいどう》
東院の中門にあたり、礼堂であり同時に門としての役割もあったとされる。鎌倉時代に再建。

㉖廻廊《かいろう》
舎利殿及び絵殿と礼堂を結び、夢殿を囲む廻廊。1236(嘉禎2)年の再建。

㉗鐘楼《しょうろう》
伝法堂の西南に立つ袴腰《はかまごし》と呼ばれる形式の建築物。内部に「中宮寺」と陰刻された梵鐘がある。

㉘伝法堂《でんぽうどう》
舎利殿及び絵殿の北側に位置し、橘古那《たちばなのこな》可智《かち》の住宅を改造した。板張りの床が特徴。

㉙舎利殿《しゃりでん》及び絵殿《えでん》
聖徳太子が所持した経典を納めた建物。東側が舎利殿、西側は障子絵を納めた絵殿。

㉚東院大垣《とういんおおがき》
東院伽藍の東南西を囲む築地塀。築土面に5本の灰筋がある。

㉛北室院本堂《きたむろいんほんどう》
東院伽藍の北端に位置するのが北室院で、北室院本堂には阿弥陀三尊像が安置されている。

㉜北室院表門《きたむろいんおもてもん》
檜皮葺の標準的な一間平唐門の構造形式である。

㉝北室院太子殿《きたむろいんたいしでん》
北室院の客殿にあたる建物が、太子殿と呼ばれるのは江戸時代以降である。

㉞地蔵堂《じぞうどう》
西円堂の東南に立つ堂は方三間の入母屋造で1372(応安5)年の建立とされる。

㉟新堂《しんどう》
西園院に隣接して立ち、1284(弘安7)年の建立。薬師三尊像、四天王像が安置されている。

㊱宗源寺四脚門《そうげんじしきゃくもん》
西院と東院を結ぶ参道の北にある宗源寺の表門。簡素なつくりで軽快な印象を与える。

㊲福園院本堂《ふくおんいんほんどう》
西院と東院を結ぶ参道の南側に立つ。軒裏が板張りとなっている法隆寺では珍しい様式。

㊳西園院客殿《さいおんいんきゃくでん》
南大門を入り左に位置する。西園院は法隆寺の本坊であった。桃山時代ないし江戸初期の建立とされる。

㊴西園院上土門《さいおんいんあげつちもん》
西園院の東にある土を石灰で塗り固めてつくられた門。江戸時代の建立。

㊵西園院唐門《さいおんいんからもん》
西園院上土門の北側に位置する門。平唐門の様式で、桃山時代ないし江戸時代前期の建立。

㊶宝珠院本堂《ほうしゅいんほんどう》
三経院の西にあり、内部に柱がない一室の堂。江戸初期には徳蔵院が建っていたとされる。

㊷薬師坊庫裡《やくしぼうくり》
西円堂の北側に位置する西円堂の堂司の住坊である。8畳の部屋が4室、6畳が1室、4畳が2室、縁、土間、勝手などで構成される。

㊸中院本堂《ちゅういんほんどう》
中院は西院伽藍の西端にある。中院本堂は元は地蔵院の本堂であった。

㊹律学院本堂《りつがくいんほんどう》
西院と東院を結ぶ参道の北側西の端、東大門の外すぐ近くにある。1627(寛永4)年に再建されたもの。

㊺旧富貴寺羅漢堂《きゅうふきじらかんどう》
福園院本堂の東に立つ。細川護立《もりたつ》が解体保管して所有していたものを法隆寺に寄進し再建された。

㊻西院東南隅子院築垣《さいいんとうなんすみしいんついがき》
現在の宝光院、弥勒院、実相院、普門院を囲む築地塀。寛文から寛政年間に築かれた。

㊼西院西南隅子院築垣《さいいんせいなんすみしいんついがき》
地蔵院、西園院などを囲む築地塀。元和から延宝年間に築かれた。

Pick Up!

遺産まるわかりMAP

法隆寺地域の仏教建造物

ピンク太字：構成資産
赤字：国宝、青字：重要文化財

法隆寺

❶金堂《こんどう》
釈迦三尊像が安置されている二重屋根の仏堂。法隆寺の中で最初に建立されたとされる。

❷五重塔《ごじゅうのとう》
現存する世界最古の木造の五重塔。初層内陣に塔本四面具の群像が安置されている。

❸中門《ちゅうもん》
正面柱間が四間で真中に柱が立つのが特徴の入母屋造の二重門。

❹廻廊《かいろう》
中門と一連の造営とされ、金堂、五重塔などを囲む廊下。エンタシスの柱が特徴。

❺大講堂《だいこうどう》
僧が講義を行ったお堂。薬師三尊像と四天王像が安置されている。990（正暦1）年に再建。

❻経蔵《きょうぞう》
経典などを納めた2階建ての蔵。伝観勒僧正像が安置されている。

❼鐘楼《しょうろう》
楼内に梵鐘が吊るされ時を告げる役割をもつ。西院の鐘楼は経蔵と対称の位置にある。

❽上御堂《かみのみどう》
舎人親王《とねりしんのう》の発願によって建立。釈迦三尊像と室町時代の四天王立像が安置されている。

❾南大門《なんだいもん》
法隆寺の玄関にあたる総門は1438（永享10）年に再建された。

❿西円堂《さいえんどう》
西院伽藍北西にある八角円堂。行基菩薩が建立したとされる。鎌倉時代に再建された。

⓫聖霊院《しょうりょういん》
1121（保安2）年に南端三房分を堂に改め聖徳太子坐像を本尊とした。1284（弘安7）年に全面的に建て直したものが残る。

⓬東室《ひがしむろ》
法隆寺に住む僧が生活していた僧房。

⓭食堂《じきどう》
もとは政所（寺務所）であったが、平安時代に僧が食事をする食堂として使用するようになった。

⓮細殿《ほそどの》
食堂の南に軒を接して立つ細長い建物。食堂と併せて双堂と呼ばれる奈良時代の建築様式。

⓯東大門《とうだいもん》
三棟造《みつむねづくり》という奈良時代の代表的な様式を表している。「中ノ門」とも呼ばれる。

⓰三経院《さんきょういん》・西室《にしむろ》
『三経義疏』にちなみ西室の南端部分を改築した建物が三経院。三経院の北側は西室として残る。

めざせ！
全踏破

LET'S WALK

1日かけて法隆寺、法起寺をめぐる

法隆寺を時間をかけて回り、法起寺へ足をのばすモデルコース。このルートで法隆寺と法起寺を堪能しよう。

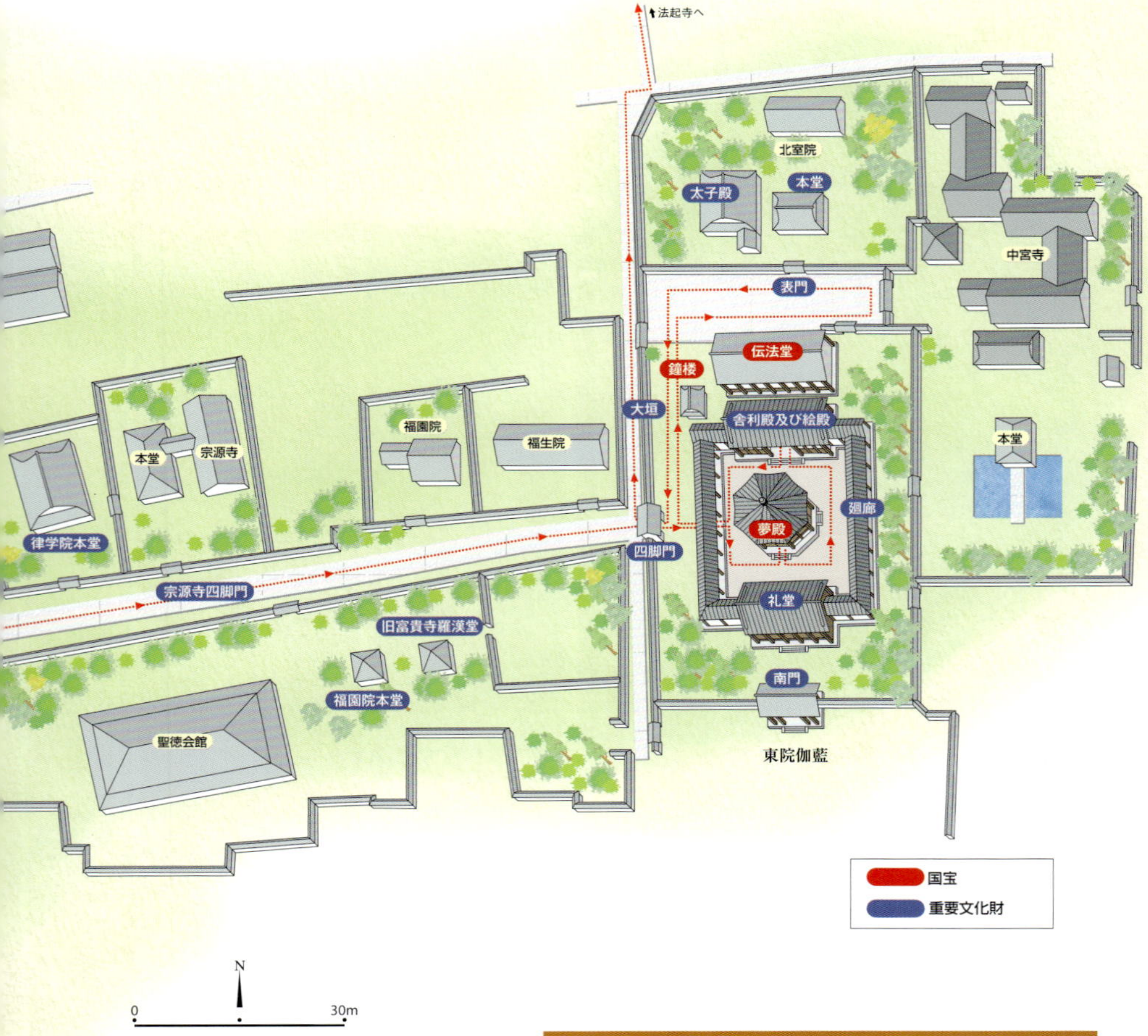

法起寺境内図

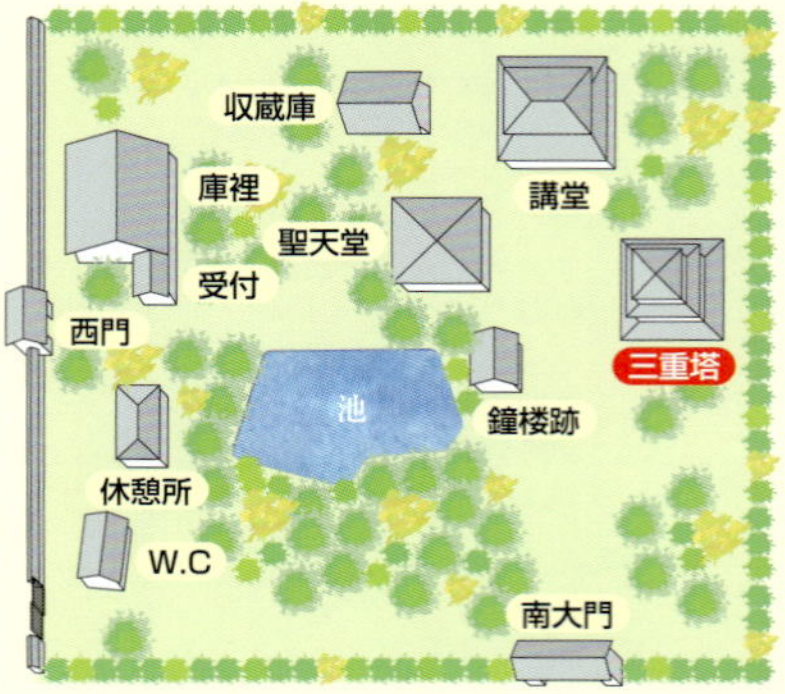

インフォメーション

◉法隆寺　住奈良県生駒郡斑鳩町法隆寺山内1-1　電0745-75-2555　時8:00～17:00（11月4日～2月21日～16:30）　料2000円（西院伽藍内・大宝蔵院・東院伽藍内共通）　休なし　交JR法隆寺駅から奈良交通バスで5分、法隆寺参道下車すぐ／JR法隆寺駅から徒歩20分　駐なし

◉法起寺　住奈良県生駒郡斑鳩町岡本1873　電0745-75-5559　時8:30～17:00（11月4日～2月21日～16:30）　料500円　休なし　交法隆寺から徒歩20分／近鉄郡山駅から奈良交通バス法隆寺行きで20分、法起寺前下車すぐ　駐なし

法隆寺境内図

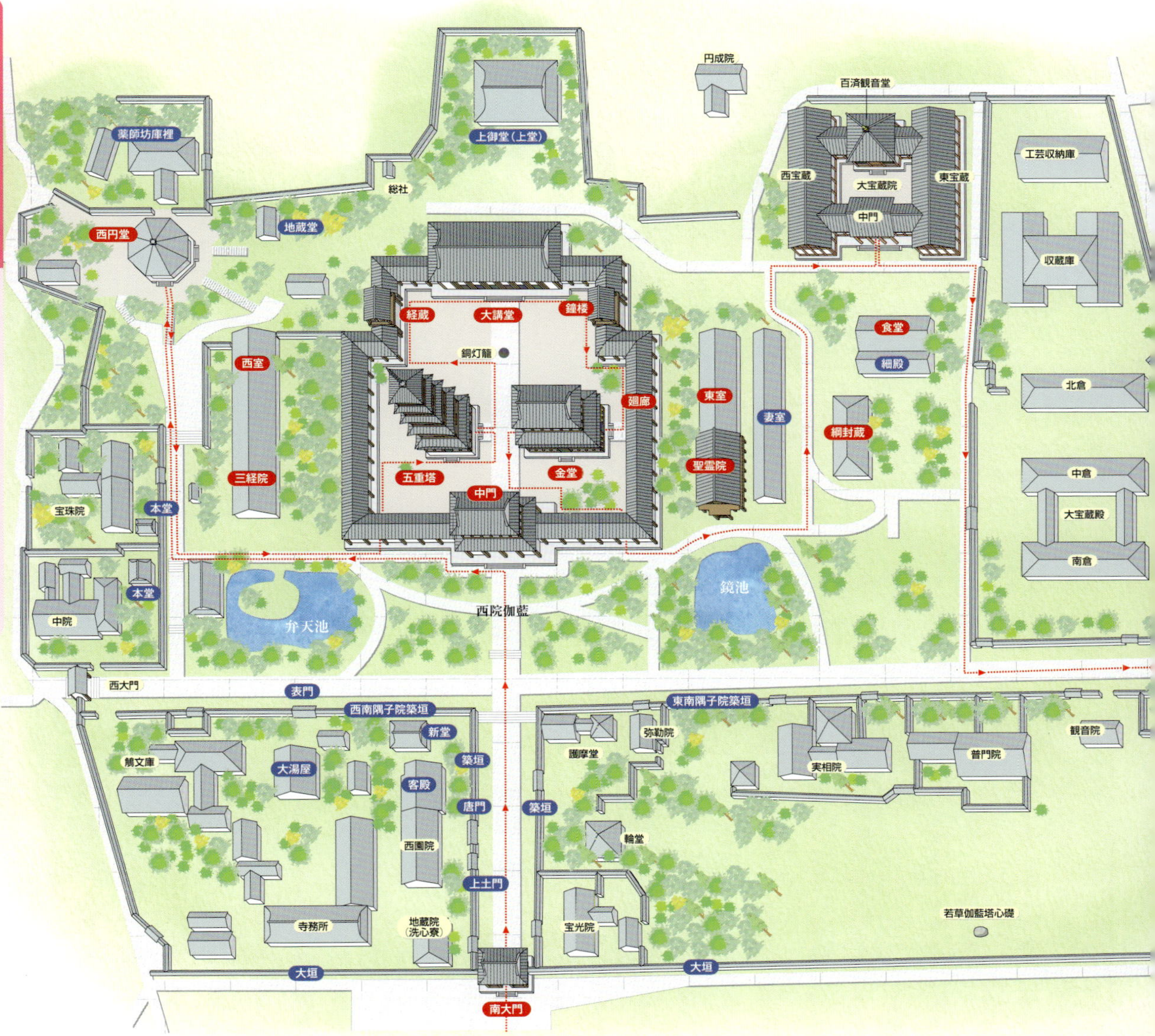

JR法隆寺駅から徒歩約20分で松並木が美しい法隆寺の参道に至る。国宝の南大門《なんだいもん》をくぐり境内へ。

参道の左右に築地塀《ついじべい》があり、その塀に囲まれた中にいくつかの建物が見える。築地塀とともに構成資産の要素になっている法隆寺の子院《しいん》だ。西側の築地塀に上土門《あげつちもん》、唐門《からもん》、その内側に西園院《さいおんいん》の客殿《きゃくでん》、新堂《しんどう》、大湯屋《おおゆや》がある。全て重要文化財である。

ただし、一般の参拝者は築地塀の内側に入ることができないので、外から子院の屋根や建物の一部を垣間見るのみとなる。

さらに進むと正面に中門《ちゅうもん》(国宝)が見えてくる。真ん中に柱があるのが特徴の一つ。このまま廻廊の中に入りたくなるが、まずは中門の手前を左に折れ、三経院《さんきょういん》(国宝)、西室《にしむろ》(国宝)を右に眺めながら、西院伽藍の北西にある西円堂《さいえんどう》(国宝)へ向かう。西円堂は少し高い地にあるので、西院伽藍の全貌を見ることができる。

西円堂をあとにし、廻廊《かいろう》(国宝)の西にある入り口から入ると、五重塔《ごじゅうのとう》(国宝)、大講堂《だいこうどう》(国宝)、金堂《こんどう》(国宝)が静寂の中にたたずんでいる。まずはギリシャ建築の影響を受けた、中部を太くしたエンタシスの柱や連子窓《れんじまど》が連なる廻廊をゆっくり回ろう。そして五重塔の全体を鑑賞しよう。高さ32・6m《メートル》で、上に行くほど屋根が小さく塔身も細い。安定感のあるデザインだ。

中門の左右に塑造金剛力士像が安置されている。一般参詣者はここから出入りできない　写真　飛鳥園

金堂、五重塔を囲むように張りめぐらされた廻廊。柱の中央部がふくらんだエンタシスが特徴　写真　飛鳥園

塔の中央の心柱の下には仏舎利が納められているという。次に石段を上り、塔の初層を覗《のぞ》いてみよう。東西南北の四面に、釈迦への追慕と大乗仏教《だいじょうぶっきょう》思想を表す塑像群が置かれている。それぞれの面に違う像が安置されているので、見比べると楽しいだろう。

廻廊の中を経蔵《きょうぞう》(国宝)を見ながら進むと大講堂(国宝)に至る。大講堂の石段を上り、振り返って中門方面を眺めてみよう。目の前に広がるのが、写真や切手の図柄で見慣れた法隆寺の風景である。鐘楼《しょうろう》(国宝)にも注目しよう。西院の鐘楼は東院とは異なる様式なので、ここではじっくりその形を目に焼きつけておきたい。

そして、いよいよ金堂(国宝)へ。入母屋造二重の瓦屋根と、下層の裳階の板葺きの対比が美しい。法隆寺の中でも、金堂内に安置されている釈迦三尊像(国宝)は必見である。多くの人が「そのお顔を拝したい」と集まるため多少待つこともあるが、時間がかかってもその時を待ちたい。

国宝が集まる大宝蔵院へ

廻廊から外に出たら、聖徳太子像が安置されている聖霊院《しょうりょういん》(国宝)、東室《ひがしむろ》(国宝)を左に見つつ大宝蔵院《だいほうぞういん》へ向かう。百済《くだら》観音像(国宝)、阿弥陀三尊像《あみださんぞんぞう》(国宝)など、玉虫厨子《たまむしのずし》(国宝)、数々の至宝を鑑賞することができる。玉虫厨子は黒漆塗りのうえに部分的に透かし彫りの金具が付けられ、その下に玉虫の羽が敷かれている。

大宝蔵院を出たら、食堂《じきどう》(国宝)、綱《こう》封蔵《ふうぞう》(国宝)を眺めつつ、夢殿《ゆめどの》(国宝)がある東院伽藍へ向かう。

日本最古の僧門の東大門《とうだいもん》(国宝)があるのが西院から東院へ続く参道。この参道の両側にも、子院である律学院本《りつがくいんほん》堂《どう》(重文)、福園院本堂《ふくおんいんほんどう》(重文)、旧富貴《きゅうふき》寺羅漢堂《じらかんどう》(重文)が立ち並んでいる。この参道を歩くと法隆寺の規模の大きさを改めて感じることができるだろう。

夢殿は八角円堂、八角仏殿などと呼ばれていたが、平安時代に夢殿と呼ばれるようになった　写真　朝日新聞社

四脚門《しきゃくもん》(重文)をくぐると、夢殿の姿が目に飛び込んでくる。夢殿には救世観音像《くぜかんのんぞう》(国宝)が安置されている。廻廊(重文)、舎利殿《しゃりでん》及び絵殿《えでん》(重文)を鑑賞したら、北にある鐘楼(国宝)へ。袴腰《はかまごし》があり、西院と様式が大きく異なっている。

鐘楼の隣にあるのが、聖武《しょうむ》天皇夫人の橘《たちばなの》古那可智《こなかち》の住居であった伝法堂《でんぼうどう》(国宝)である。伝法堂と道を挟んだ北側の表門の奥には、北室院本堂《きたむろいんほんどう》(重文)、太子殿(重文)がある。世界遺産ではないが、菩薩半跏像《はんかぞう》(国宝)が安置されている中宮寺《ちゅうぐうじ》も見逃せない。

里の風景が似合う法起寺へ

法隆寺を堪能したら、もう一つの世界遺産、法起寺へ向かう。法隆寺からは約2キロ離れているが、季節がよいときはとてもいい散歩コースになる。バスもあるが、本数が少ないのであらかじめ調べておいたほうがよい。

法起寺への道順は案内板も多く、迷うことはない。斑鳩の町並みを眺めつつ、法輪寺の三重塔を左に見ながらしばらく歩くと、法起寺の三重塔が見えてくる。

西門を入ると、こぢんまりした境内の左に収蔵庫、講堂、そして正面に三重塔がたたずんでいる。聖徳太子の遺言で建立された寺院を起源としており、伽藍配置は金堂と塔の配置が法隆寺と逆になっている。

法起寺まで足をのばす場合は、できれば朝早くから出発し、一日かけてじっくりと回るのがおすすめだ。駅前で自転車をレンタルするのも一つの方法だろう。

自然豊かな斑鳩にそびえる、法隆寺と法起寺。仏教が伝わって間もない飛鳥時代の建築様式が残る、歴史の証人だ。中国や朝鮮の影響を受けながらも独自に発展した日本の仏教文化を知るうえでも貴重だ。2つの寺を囲む風景、町並み、そしてそこに暮らす人々をも含めて、世界遺産を感じてほしい。

法起寺三重塔。法隆寺五重塔、法輪寺三重塔とともに「斑鳩三塔」として親しまれている　写真　飛鳥園

古都奈良の文化財

世界遺産登録年 1998年
構成資産 東大寺、興福寺、春日大社、春日山原始林、元興寺、薬師寺、唐招提寺、平城宮跡

解　説 8世紀、唐との交流を通し、政治・経済・文化の中心として栄えた都・奈良。天皇の居所として発展した平城宮を中心に、いくつもの大社寺を抱えた宗教都市として平安遷都後も長く繁栄を続けた。大社寺の中でも薬師寺や唐招提寺には8世紀の古代建造物がいくつか残り、当時の仏教寺院の伽藍を彷彿とさせる。東大寺や興福寺は兵火などで創建当初の建造物の多くが失われてしまったが、東大寺南大門のように中国の建築技術を取り入れて再興されたものもある。

東大寺大仏殿（金堂）は、平安末期と戦国期に焼失し、現在の大仏殿は江戸時代に再建されたもの
写真　桑原英文

京都府
木津川市
369
聖武《しょうむ》天皇の発願で造立された大仏（盧舎《るしゃ》那仏《なぶつ》）が本尊の寺。
大仏殿（金堂）及び盧舎那（毘盧遮那）仏、南大門、本坊経庫、開山堂、鐘楼、法華堂（三月堂）、二月堂、転害門、中門、廻廊、東楽門、西楽門、念仏堂、法華堂経庫、法華堂手水屋、法華堂北門、二月堂閼伽井屋（若狭井屋）、二月堂参籠所、二月堂仏餉屋（御供所）、三昧堂（四月堂）、大湯屋、勧進所経庫、五輪塔
階寺《なでら》を起源とし、710
銅3）年に藤原不比等《ふひと》
よって現在の位置に移
れた藤原氏の氏寺。
円堂、三重塔、東金堂、
重塔、大湯屋、南円堂
般若寺
若草山
▲342
モリアオガエル
ニホンジカ
正倉院《しょうそういん》
東大寺《とうだいじ》
カスミサンショウウオ
春日山原始林《かすがやまげんしりん》
奈良の市街地に隣接している原始林。春日大社の聖域として841（承和8）年より狩猟と伐採が禁止されたため貴重な照葉樹林帯が残る。国の特別天然記念物。
奈良公園
近鉄奈良
五重塔
東金堂
御蓋山
▲297
興福寺《こうふくじ》
奈良国立博物館
春日大社《かすがたいしゃ》
猿沢池
元興寺《がんこうじ》
新薬師寺
奈良時代に創建された藤原氏の氏神。本殿に武甕槌命《たけみかづちのみこと》、経津主命《ふつぬしのみこと》、天児屋根命《あめのこやねのみこと》、比《ひ》売神《めがみ》を祀る。
本社本殿、本社中門、本社東御廊、本社西及び北御廊、本社捻廊、本社幣殿、本社直会殿、本社移殿、本社宝庫、本社廻廊、本社南門、本社慶賀門、本社清浄門、本社内侍門、本社車舎、本社着到殿、本社竈殿、本社酒殿、本社板蔵、本社一之鳥居、摂社若宮神社本殿、摂社若宮神社拝舎、摂社若宮神社細殿及び神楽殿、摂社若宮神社手水屋、旧春日大社板倉（円窓）
日本最古の本格的伽藍である法興寺《ほうこうじ》（飛鳥《あすか》寺《でら》）を前身とする寺院。奈良時代には北の興福寺、南の元興寺と並び称されるほどの大伽藍を有していた。
極楽堂、禅室、元興寺極楽坊五重小塔、東門
奈良教育大学
京終
奈良市
岩井川
神殿池
JR桜井線
丸亀池
169
平尾池
新池
宮池
帯解
ピンク太字：構成資産
赤字：国宝、青字：重要文化財
福井県
岐阜県
岐阜
京都府
滋賀県
愛知県
名古屋
兵庫県
京都
大津
神戸
大阪
奈良
津
大阪府
三重県
奈良県
和歌山
和歌山県

Pick Up!

遺産まるわかりMAP

古都奈良の文化財

平城宮跡《へいじょうきゅうせき》
奈良時代の都・平城京の中央北端に位置する宮殿の跡。朱雀門《すざくもん》や第一次大極殿《だいごくでん》が復元されている。
平城宮跡、平城宮朱雀大路跡、平城宮東院庭園

唐招提寺《とうしょうだいじ》
759（天平宝字《てんぴょうほうじ》3）年に鑑真《がんじん》が創建。奈良時代末から9世紀初めにかけて伽藍《がらん》が整った。奈良時代建築の宝庫。
金堂《こんどう》、経蔵《きょうぞう》、宝蔵《ほうぞう》、講堂《こうどう》、鼓楼《ころう》（舎利殿《しゃりでん》）、御影堂《みえいどう》、礼堂《らいどう》、唐招提寺旧境内

薬師寺《やくしじ》
680（天武天皇9）年に藤原京《ふじわらきょう》で創建。718（養老《ようろう》2）年に平城京に移転した。9世紀末に休ヶ岡八幡宮《やすみがおかはちまんぐう》が勧請された。
東塔《とうとう》、東院堂《とういんどう》、南門《みなみもん》、若宮《わかみや》社社殿、休ヶ岡八幡宮社殿、薬師寺旧境内

めざせ！
全踏破

LET'S WALK

東大寺境内の至宝を堪能する

奈良の市街地と若草山の間に広大な境内をもつ東大寺。大仏殿や南大門をはじめ高台にある二月堂や法華堂など、見どころが多い。広いがゆえに効率よく回りたい。

東大寺盧舎那仏坐像は像高約15メートル。747（天平19）年から始まった造営に延べ260万人が参加した

東大寺は修学旅行などで一度は訪れた人も多いだろうが、見どころを把握して魅力を再発見しよう。

東大寺を訪れて最初に目にするのが、参道にある南大門《なんだいもん》である。大仏様の建築様式で、門の高さが基壇上25・46メートルある日本最大級の山門だ。左右で金剛力士像が睨みをきかせている。運慶や快慶ら仏師によってわずか69日間でつくられたとされる。門の下から見上げると、天井を張らずに木材を使って装飾しているのがわかる。大仏様の様式を表す南大門の特徴の一つである。

さて、南大門の右には本坊経庫《ほんぼうきょうこ》がある。本坊経庫は普段は公開されていないが、5月2日の聖武《しょうむ》天皇遠忌《おんき》のときに拝観できる。

南大門の先にある中門、その奥の大仏殿へと歩みを進める。大仏殿には「奈良の大仏」として知られる盧舎那仏《るしゃなぶつ》を中心に、虚空蔵菩薩《こくうぞうぼさつ》、如意輪観音《にょいりんかんのん》、広目天《こうもくてん》、多聞天《たもんてん》等が安置されている。ここで見逃せないのは、大仏の右後ろにある2つの大仏殿の模型である。創建時と、鎌倉期の再建時を再現してあり、前者には七重塔もあり壮大な当時の東大寺の全貌がうかがえる。

静かな裏参道から二月堂へ

大仏殿を出たら境内北西にある転害《てがい》門《もん》へ向かうのもよい。転害門は国道369号沿いにあり大仏殿からはやや離れているので、境内を回ったあとに訪れてもよい。

大仏殿の北西にあるのが正倉院《しょうそういん》である。通常は非公開だが、正倉院展のときのみ拝観できる。正倉院展は毎年秋に行われており、日本国中から多くの人が訪れ、活況を呈する。

南大門を支える18本の大円柱は長さ約19㍍あり、屋根裏まで到達している

法華堂(三月堂)。東大寺最古で天平時代創建。正堂(左)と礼堂(右)の2つの建物を大屋根で覆った

正倉院方面から大仏殿に戻り、大仏殿の北にある道を行こう。大湯屋《おおゆや》を右に進むと緩やかな築地塀のある坂道が見えてくる。このあたりは大仏殿の周辺とは違い、人通りが少なく静寂が広がっている。南大門や大仏殿のようなにぎやかさとは違う東大寺の一面が垣間見える。

坂を上って正面に見えるのが二月堂だ。東大寺の中でも高台にあり、二月堂舞台からは東大寺の境内と、奈良の市街地を見渡すことができる。江戸時代再建。二月堂の南側にある階段には唐草《からくさ》、亀甲《きっこう》、流水などの模様が刻まれているので、足元にも注目を。

二月堂の南に位置するのが法華堂《ほっけどう》である。法華堂は東大寺建築物の中で最も古く、法華会が旧暦の3月に行われたことから三月堂《さんがつどう》とも呼ばれている。不空羂索観音立像《ふくうけんさくかんのんりゅうぞう》など天平文化のきらびやかさを想起させる仏像が安置されている。

二月堂と法華堂の道を挟んだ西側にあるのが開《かい》山堂《さんどう》だ。良弁堂《ろうべんどう》とも呼ばれ通常は公開されていないが、良弁忌の12月16日のみ拝観することができる。

ミュージアムも見逃せない

二月堂、法華堂、開山堂がある高台から大仏殿を目指して坂を下って行こう。法華堂を背にして進むと、右前方に軒が反った独特な外観の建物が見えてくる。これが鐘楼である。その大きさもさることながら、天井がない化粧屋根裏など、大仏様の影響を受けた細部も必見だ。大勧進であった栄西が再建したもので、鎌倉時代の建築物の傑作である。日本三名鐘のひとつ。

鐘楼から足を進めると、大仏殿を正面に見る参道に戻ってくる。これで東大寺の主要な建築物をひとめぐりしたわけだが、最後に訪れたいのが、東大寺ミュージアムである。

館内には月光菩薩立像《がっこうぼさつりゅうぞう》、日光菩薩立《にっこうぼさつりゅう》像《ぞう》や、誕生釈迦仏立像《たんじょうしゃかぶつりゅうぞう》、金銅八角燈籠《こんどうはっかくとうろう》、火袋羽目板《ひぶくろはめいた》、大仏開眼供養に用いられた伎楽面などが一堂に集められている。照明が落とされ、静寂に包まれた館内では、それぞれの堂内で見るのとは異なる趣で一つひとつの仏像と向き合うことができる。

広大な敷地の東大寺は見どころが多く、じっくり回ると、そこかしこで新しい発見がある。世界遺産の東大寺を満喫するには、天平の時代のように時の流れを少し遅くして、ゆっくりとめぐってみよう。

インフォメーション

住 奈良県奈良市雑司町406-1 電 0742-22-5511 時 大仏殿7:30～17:30(11～3月8:00～17:00)、法華堂・戒壇堂8:30～16:00、東大寺ミュージアム9:30～17:30(11～3月～17:00)※最終入館30分前 料 各800円 休 なし 交 JR・近鉄奈良駅から市内循環バスで8分、東大寺大仏殿・春日大社前下車、徒歩5分 駐 なし

写真 桑原英文(P96～97)

横幅が約1.5倍あった創建大仏殿

見てわかる!

世界最大級の木造建築物である東大寺大仏殿。今でもその大きさには圧倒されるが、創建時はさらに巨大であった。当時の大きさを感じてもらうために創建時の大仏殿を再現した。

文・監修◉坂東俊彦／イラスト◉香川元太郎

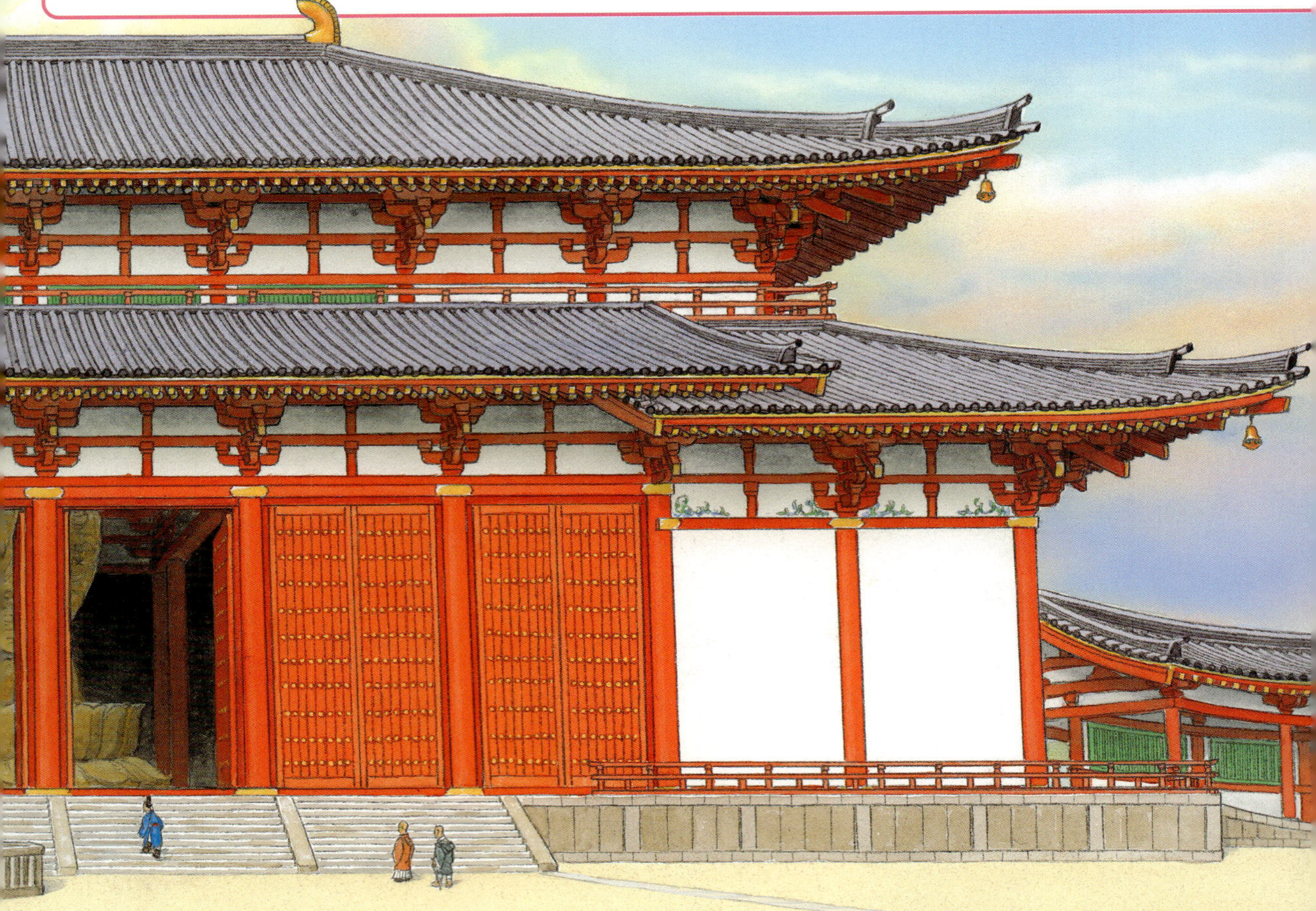

大仏殿は平安時代と戦国時代の二度、戦火で焼失し、現在のものは江戸時代再建の3代目である。正面幅(東西)約57メートル、奥行(南北)約50メートル、鴟尾《しび》まで約48メートルで木造建築物では世界最大級を誇る。

創建時の大仏殿は東大寺の寺誌『東大寺要録』に規模が記されている。高さ(15丈6尺＝約47メートル)と南北(17丈＝約51メートル)は、現在とほぼ同じだが、東西は29丈(柱間《はしらま》11間)と現在より約1.5倍以上広いおよそ88メートルある巨大建物で直径1.5メートルの柱84本で屋根を支えた。

12世紀に成立したとされる『信貴山《しぎさん》縁起絵巻《えんぎえまき》 尼公《あまぎみ》の巻』には創建以来の大仏の姿や大仏殿の構造が描かれている。しかしこの大仏殿も南都焼き打ちにより1180(治承《じしょう》4)年12月に焼失した。

焼失した大仏殿は1195(建久《けんきゅう》6)年に再建。「広袤《こうぼう》(広さ、面積のこと)旧基を改めず」(『東大寺続要録』)とあるように、以前の規模を踏襲した。

だが復興大勧進《だいかんじん》・重源《ちょうげん》の意向を反映した建物となり、構造は当時革新的な大仏様《だいぶつよう》建築。一本の長い柱で上下層を通し、柱と柱は「貫《ぬき》」でつないで柱に挿肘木《さしひじき》を枘差《ほぞざ》し、「斗《ます》」を重ねて軒を支えた。殿内には胎蔵界堂《たいぞうかいどう》と金剛界堂《こんごうかいどう》を設けて真言八祖《はっそ》像を安置、両堂から大仏を曼荼羅《まんだら》に見立てた。大仏を密教の大日《だいにち》と顕教《けんぎょう》の釈迦になぞらえた最高の尊格とした仏教世界観が表現された。

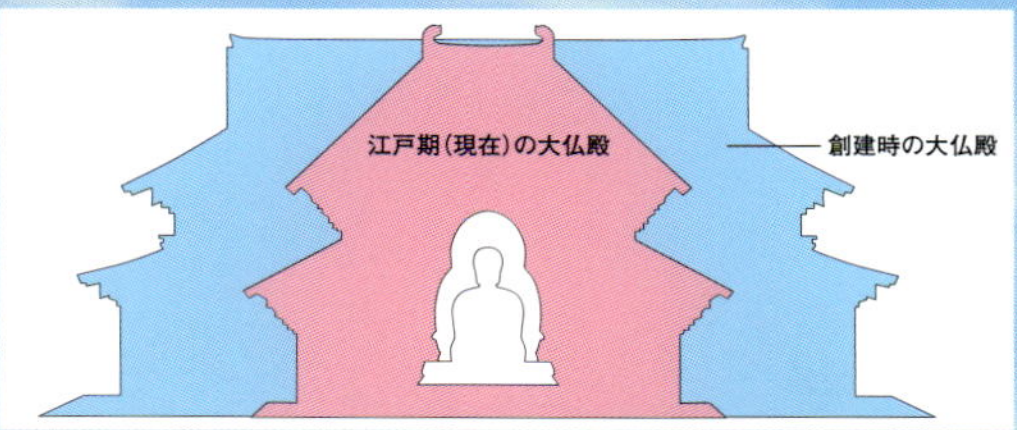

創建時の大仏殿は正面11間で約88㍍、高さ47㍍。一方、江戸時代につくられた現在の大仏殿は正面7間で約57㍍、高さ48㍍。資材と資金の不足のため規模が縮小された

このような仏教空間の大仏殿も戦国乱世の中、1567(永禄《えいろく》10)年10月に戦場となり、大仏が「湯にならせ給う」(『多聞院日記《たもんいんにっき》』)ほどの猛火で大仏殿も再び焼失。すぐに大仏は修復されたが世情不安が続き、大仏殿は再建できずに大仏は露座《ろざ》のままであった。焼失から130年、龍松院公慶《りゅうしょういんこうけい》を中心に復興が本格化し、江戸幕府の援助も受けたが、資金、木材の不足で創建以来の東西11間から7間へと縮小された。また大材もなく、柱は心柱に板を貼り金輪で締めた集成材を使用した。構造は大仏様を踏襲、垂木《たるぎ》を隅で平行に配し内外とも小組格天井《こぐみごうてんじょう》に収めた創建時の和様も加味した折衷様《せっちゅうよう》である。1709(宝永《ほうえい》6)年に落慶供養会を行い2度目の再建がされた。

明治に入るころには大仏殿は屋根の重さで崩壊寸前の状況であった。ようやく1906年から修理が行われた。セメントや鉄骨トラスなど最新技術を採用したのは、文化財修理として画期的なことであった。

1955年ごろからは明治修理の際に瓦間隔《かわらかんかく》を広げたことによる雨漏りがひどくなった。そのため瓦を軽量化し間隔を元に戻すことを念頭に置いた修理が1973年から80年にかけて行われ、現在に至っている。

◉ばんどう　としひこ　東大寺史研究所研究員・東大寺図書館員。専門は東大寺の歴史

興福寺伽藍の中心、興福寺中金堂。寺伝では藤原氏栄光の基礎を築いた藤原不比等が建てたとされる。7回の焼失・再建を繰り返し、現在の中金堂は2018年に再建されたもの　写真　PIXTA

めざせ！
全踏破

LET'S WALK

興福寺、元興寺とならまちの風情を味わう

平城京の外京は平安京に遷都後も発展し続けた。昔ながらの町屋の面影が残り「ならまち」と呼ばれる。観光地とはひと味違う散策コースを歩いてみよう。

近鉄奈良駅から南下して三条通りを進み、興福寺三重塔が左に見えてきたら、すぐ右手が猿沢池である。猿沢池の月は、南都（奈良）八景の一つとして『大和名所図会』などに登場する。

猿沢池をあとに、緩やかな52段の石段を上って興福寺の境内に入っていこう。すぐ右に、現在工事中の五重塔がそびえる。仏陀の遺骨である舎利を納めるために建てられた塔は、50・1㍍あり、京都・東寺の五重塔に次ぐ高さだ。藤原不比等の娘・光明皇后の発願で建立され、５回焼失。現在の塔は１４２６（応永33）年ごろに再建された。

五重塔を背にして、中門跡とその奥の２０１８年に再建された中金堂を右に見て進むと南円堂がある。木造不空羂索観音菩薩坐像（国宝）、木造四天王立像（国宝）などが安置されている日本でも最も大きな八角円堂である。

南円堂の左にある石段を下りて右に曲がると、北円堂とともに興福寺で最も古い建物とされる三重塔がある。堂々とした五重塔とは対照的に静かなたたずまいの三重塔は、木割りが細く、重厚というより軽快で洗練された印象を受ける。

三重塔から北へ向かい、北円堂を目指す。北円堂は創建者・藤原不比等の１周忌を偲び７２１（養老5）年に建てられた。鎌倉時代に再建されたが当時の姿をよく残し、現存する八角円堂の中で最も美しいと称されている。

北円堂をあとにしたら、今一度中門跡の前へ戻る。正面右に五重塔、左に東金堂が見えてくる。東金堂は聖武天皇が叔母の元正太上天皇の病気治癒を祈り建立された。床や須弥壇に緑色のタイルを敷きつめ、薬師如来の東方瑠璃光浄土の世界を表していたという。堂内に本尊薬師如来坐像、日光・月光菩薩像をはじめとした仏像が安置されており、外からはうかがえない幽玄な世界が広がる。

最後に訪れたいのが国宝館だ。本尊千手観音菩薩立像（国宝）や阿修羅像（国宝）などの仏像や工芸品、歴史資料などが収蔵されている。

興福寺のすぐ近くは「ならまち」と呼ばれる江戸時代の町並みが残る地域で、散策の間にひと休みするのにいい。興福寺や「ならまち」をめぐると、それぞれの時代の横顔が垣間見え、ゆっくりとした時の流れが感じられる。

インフォメーション

◉興福寺 住奈良県奈良市登大路町48 電0742-22-7755 時9:00～17:00（最終受付15分前） 料国宝館700円、中金堂500円 休なし 交JR奈良駅から市内循環バスで7分、県庁前下車すぐ／近鉄奈良駅から徒歩5分 駐あり

◉元興寺 住奈良県奈良市中院町11 電0742-23-1377 時9:00～17:00（最終入門30分前） 料500円 休なし 交JR奈良駅から市内循環バスで7分、田中町下車、徒歩5分／近鉄奈良駅から徒歩15分 駐あり

元興寺極楽堂（曼荼羅堂）。国宝。南都における浄土教発祥の聖地として古くから有名　写真　元興寺

興福寺北円堂。堂内には本尊の弥勒如来坐像（国宝）と四天王立像（国宝）が安置されている　写真　興福寺

めざせ！全踏破

LET'S WALK

森のささやきを感じ春日大社境内を歩く

春日大社の境内はまさに神聖な空間である。心静かに歩こう。

文◉岡本彰夫

中心の楼門が中門（重要文化財）で、左右に広がる建物が東・西御廊（重要文化財）。本殿（国宝）は中門の先にある

インフォメーション

住 奈良県奈良市春日野町160　電 0742-22-7788　時 本社6:30～17:30（11～2月7:00～17:00）、国宝殿10:00～17:00（最終入館30分前）　料 無料（御本殿特別参拝700円）　休 なし（国宝殿年3回展示替期）　交 JR・近鉄奈良駅から奈良交通バス春日大社本殿行で13分、終点下車すぐ　駐 あり

一之鳥居をくぐって、1キロ余りの参道を歩めば、春日大社の本殿へと至る。雄大な飛火野《とびひの》に遊ぶ群鹿《ぐんろく》の姿。2000基にもおよぶ石灯籠は、平安や鎌倉時代の秀逸なものも有名だが、室町から安土桃山時代の灯籠は実に400基におよび、日本全国に残るこの時代の灯籠の約半分が春日大社にある。広い参道は、深い森と春日野の風趣を左右に眺めながら、緩やかな曲折を経て、さらに奥へと我々をいざなってくれる。

ここに古人のしたたかな計画が隠されている。つまり神の御前に立つにふさわしい心の醸成があるのだ。加えて多くの橋を渡る。この橋はいわゆる「禊《みそぎ》橋《ばし》」で、その上を渡ることによって水の流れで身を潔《きよ》めるという意もある。

さて本殿へと至ると、朱塗りの鮮やかな廻廊に囲まれ、その中に瀟洒《しょうしゃ》な建物が、そこかしこに点在する。この配置の妙は、平安朝の美意識を証明するものであることを感じてほしい。

また、ここに示された未来へのメッセージは、神々の鎮まり坐す聖地に、人が手を加えることは驕《おご》りであるという教訓だ。ゆえに建物は捻《ね》じられ、曲げられ、自然の地形に合わせてつくられているのだ。

大楠の巨木。大宮から若宮へ続く御間道にある

お祭りは年間2000有余度におよび、大宮《おおみや》（本殿）の最も重要な神事は、3月13日の春日祭《かすがさい》（葵祭《あおいまつり》、石清水祭《いわしみずさい》と並ぶ日本三大勅祭《ちょくさい》の一つ）で、毎年勅使をお迎えして3時間半にもおよぶ神事が行われる。

本殿から南へのびる御間道《おあいみち》には灯籠が林立し、神山御蓋山《みかさやま》を左に見ながら進むと若宮へと到着する。大宮同様の春日造の御殿がよくうかがわれる。

この宮の祭礼が、大和一国を挙げて12月17日に行われる「おん祭」（国の重要無形民俗文化財）で、珠玉の古典芸能が奉納される。

春日大社には本殿以下65社の宮々がお祀りされている。ぜひ、ゆっくり参拝していただきたい。

◉おかもと　あきお　奈良県立大学客員教授

写真　桑原英文（P102）

朱雀門。直接的資料がないため基本構造は法隆寺中門を、様式は同年代の薬師寺東塔を参考に復元した。鴟尾は唐招提寺金堂を参考にしている

平城宮跡

今も復元が続く8世紀の都

710（和銅3）年から784（延暦3）年までの都・平城宮の宮殿跡。奈良盆地北部にあった平城宮の北端、約1キロ四方が今の平城宮跡。1950年代から調査が続く。

めざせ！全踏破

宮殿の遺跡を自転車でめぐる

奈良盆地南部の藤原京から盆地北端に遷都し、長岡京に遷都するまでだから、平城京が都だった期間はわずか数十年しかない。その間にも聖武天皇が新しい都を求めて畿内を転々とし、奈良を不在にしていた年もある。それなのに私たちは、奈良時代、とくに天平《てんぴょう》期が、古代日本の栄光の時代であるかのように夢見る。なぜ平城京は、それほどまでにロマンをかきたてるのだろう。

近鉄・大和西大寺《やまとさいだいじ》駅を起点に、約1キロ四方の平城宮跡とその周囲を自転車で回ってみよう。もちろん、時間の余裕と体力に自信がある人は、徒歩での周遊も可能だ。

駅から東へ500メートル、まずは道路の真ん中に地蔵堂《じぞうどう》がある二条町《にじょうちょう》の交差点が目印だ。右に曲がってしばらく行くと、右手に平城宮跡の調査を手がけている奈良文化財研究所(奈文研《なぶんけん》)、左手に平城宮跡資料館がある。ざっと基礎知識を身につけよう。知識の積み重ねで新たな発見があるので何度でも訪れたい。

ここから第一次大極殿《だいごくでん》へはもうすぐだが、拝観の王道を行くために朱雀大《すざくおお》路《じ》跡へ。平城京のメインストリートで、南北約3.7キロ、路面幅約70メートルの規模であったとされ、現在は朱雀門の南の200メートルほどが復元されている。この大路を基準に碁盤の目の都市が計画された。

朱雀門は1998年に復元され、高さ約20メートルで入母屋二重構造だ。南側は朱雀門ひろばとして整備されており、平城宮いざない館がたつ。平城宮全域の復元模型は必見だ。朱雀門の奥には2022年に復元された第一次大極殿院大極門(南門)が見える。さらに2025年度には隣に東楼が復元される予定だ。

大極門をくぐると、平城宮最大の宮殿であった第一次大極殿のお出ましだ。天皇の即位式や外国使節との面会など、重要な儀式に使われた建物だ。復元といっても本物の材料と最高の技術でつくられているから風格がある。内部に高御座《たかみくら》が復元され、現代の画匠により小壁《こかべ》の壁画が描かれている。

平城宮跡の特徴の一つは、発掘調査の終わった遺構が、展示の実験場といえるほど多様な形式で保存・公開されていることだ。朱雀門・第一次大極殿・平城宮東院《とういん》庭園などは当時の姿の復元。第二次大極殿は基壇《きだん》だけの復元。遺構展示館館内は発掘した状態での「露出展示」。埋め戻したあとに、コンクリートの円柱や、円柱状に刈り込まれた植栽などで柱の位置を示している地区もある。もちろん、長期にわたって進行中の発掘現場もある。

平城宮跡の外側にも、長屋王《ながやおう》の邸宅跡の碑や、奈良時代中期ごろの庭園が復元されている平城京左京三条二坊宮《さきょうさんじょうにぼうみや》跡《あと》庭園などがあるので訪ねたい。古寺好きなら、奈良時代創建の法華寺《ほっけじ》、海《かい》龍王寺《りゅうおうじ》もおすすめだ。

称徳天皇時代に宴会や儀式を行った東院庭園（復元）

インフォメーション

◉**平城宮跡資料館**　住奈良県奈良市佐紀町　電0742-30-6753（奈良文化財研究所）　時9:00～16:30（最終入館30分前）　料無料　休月曜（祝日の場合は翌平日）　交近鉄大和西大寺駅から徒歩10分　駐あり

◉**遺構展示館**　住奈良県奈良市佐紀町　電0742-32-5106（文化庁 平城宮跡管理事務所）　時9:00～16:30（最終入館30分前）　料無料　休月曜（祝日の場合は翌平日）　交近鉄大和西大寺駅から奈良交通バスで5分、平城宮跡・遺構展示館下車すぐ　駐あり

◉**平城宮跡東院庭園**　住奈良県奈良市法華寺町480　電0742-32-5106（文化庁 平城宮跡管理事務所）　時9:00～16:30（最終入園30分前）　料無料　休月曜（祝日の場合は翌平日）　交近鉄奈良線新大宮駅から徒歩20分　駐あり

写真　熊谷武二（P103～105のとくに表記のないもの全て）

めざせ! 全踏破

LET'S WALK

西ノ京の古刹でまったりと過ごす

インフォメーション

住 奈良県奈良市西ノ京町457　電 0742-33-6001　時 9:00～17:00(受付終了30分前)　料 1000円　休 なし　交 近鉄橿原線西ノ京駅下車すぐ／JR・近鉄奈良駅から奈良交通バスで18分、薬師寺下車すぐ　駐 あり

薬師寺の白鳳伽藍。金堂(右)は1976年再建。西塔(左)は1981年再建、創建当時の姿を再現したので、裳階が白壁ではなく連子窓になっている

薬師寺

金銅仏の最高傑作 薬師三尊像を伝える

680(天武天皇9)年に天武天皇が発願し、持統天皇が完成した寺が、平城遷都に合わせて現在地に移された。法相宗大本山。

東塔。高さ約34.1㍍、三間三重(初重裳階は桁行五間、梁間五間)、本瓦葺。730(天平2)年の創建当初から残る。国宝

写真　桑原英文

薬師寺といえばお坊さんの法話とお写経が有名。現在、全国の寺院で広く行われている一般人による写経を、1968年に最初に始めたのが薬師寺だった。前年に住職となった高田好胤《こういん》が、金堂の復興を発願し、写経勧進による資金集めを始めたのである。それにより、日々行われる法話が勧進を盛り立てていった。

法話と写経は今でも健在だ。お坊さんは代わっても、法話は続けられている。中高年にとっては、修学旅行で聞いた法話が懐かしい。また、本坊寺務所にある写経道場では随時写経を体験できる。「般若心経」1巻で約1時間が目安だ。

見学できる国宝建築は、解体修理を終えた東塔と東院堂の2つ。これらに加えて再建された金堂・西塔・回廊・中門などが、平城京移転後も藤原京時代の建物がそのまま再現されたという意味で「白鳳伽藍」と呼ばれている。

宝物では、金堂の薬師三尊像、東院堂の聖観世音菩薩像、大講堂の仏足石・仏足跡歌碑(いずれも国宝)を間近で拝観できるのが嬉しい。

薬師寺は法相宗の大本山の一つ。法相宗開祖の慈恩大師《じおんだいし》の師は三蔵法師として知られる玄奘三蔵《げんじょうさんぞう》だ。彼の遺徳を称えるために建立された玄奘三蔵院伽藍では、特別公開される平山郁夫筆の「大唐西域壁画」が見ものだ。

左から金堂、講堂、鼓楼。全て国宝。講堂は平城宮からの移築で、現存する唯一の平城宮の建物。鼓楼は1240（仁治1）年建立

唐招提寺

奈良時代後半の建築の宝庫

759（天平宝字3）年、唐から渡った鑑真が戒律の道場として創建。8世紀後半に整えられた伽藍のうち金堂をはじめとする4棟が奈良時代から残る。

唐招提寺は鑑真が戒律の道場として創建し、弟子が伽藍を整えた。東大寺や興福寺と違って政争に巻き込まれることが少なく、破壊を免れてきた。結果、奈良時代建築4棟が集中して残る宝庫となった。創建当時の色彩は平城宮跡や薬師寺の復元建物と同様、鮮やかな色使いだったはずだが、現状のさびた色彩がかえって重厚感を醸し出している。

徒歩なら、近鉄橿原《かしはら》線西ノ京《にしのきょう》駅を出て、薬師寺と結ぶ小道を北上する。大和西大寺《やまとさいだいじ》駅や新大宮《しんおおみや》駅、奈良市街から自転車で来る場合は、秋篠川《あきしのがわ》沿いのサイクリングロードを南下するのがおすすめ。

いずれのルートでも、最後は昭和の面影を残す南大門の前の道に出る。風格のある南大門はすっかり唐招提寺の顔の一つになっているが、昭和30年代に建て替えられるまではもっと素朴であった。

奈良時代後半の迫力の仏像

南大門をくぐるとさっそく正面に見えるのが金堂。奈良時代までに建てられた現存する仏堂の中では飛び抜けて大きい。周囲に講堂・鼓楼・宝蔵・経蔵（いずれも国宝）が並ぶ。それらに挟まれた南北に長いお堂は鎌倉時代再建の礼堂《らいどう》（重文）。伽藍配置も創建当時に近い。

もう一つの見どころは仏像。金堂には中央に本尊・盧舎那仏坐像、左に薬師如来立像、右に千手観音菩薩立像（いずれも国宝）が並び、連子窓から光が差し込み厳かな雰囲気だ。講堂には本尊・弥勒如来《みろくにょらい》坐像を中心に持国・増長天立像（国宝）が並ぶ。また新宝蔵では、迫力のある薬師如来立像や伝獅子吼菩《ししくぼ》薩《さつ》立像（ともに国宝）を代表とする奈良時代末期の仏像を多数拝観できる。なかでも、多くの芸術家を魅了してきた「唐招提寺のトルソー（頭部や手足が失われた彫刻）」とも呼ばれる如来形立《にょらいぎょうりゅう》像《ぞう》は、深い余韻を残してくれるだろう。

戒壇では現在も授戒が行われている

インフォメーション

住 奈良県奈良市五条町13-46 電 0742-33-7900 時 8:30～17:00（最終受付30分前） 料 1000円（新宝蔵別途200円） 休 なし（新宝蔵1～2月、7～8月、12月※臨時開館あり） 交 近鉄橿原線西ノ京駅から徒歩8分／JR奈良駅から奈良交通バスで17分、唐招提寺下車すぐ 駐 あり

百舌鳥《もず》・古市《ふるいち》古墳群
―古代日本の墳墓群―

百舌鳥古墳群。右上から時計回りに、仁徳《にんとく》天皇陵(大山《だいせん》)古墳、御廟山《ごびょうやま》古墳、いたすけ古墳、履中《りちゅう》天皇陵古墳。仁徳天皇陵古墳と履中天皇陵古墳の間にあるのが大仙《だいせん》公園

写真　PIXTA

解　説 古墳時代の最盛期、4世紀後半から5世紀後半にかけて、大陸航路の発着点だった大阪湾沿いの平地に、百舌鳥・古市古墳群は築造された。世界に類を見ない墳長500㍍近い前方後円墳《ぜんぽうこうえんふん》から20㍍ほどの墳墓まで様々な大きさのものが築かれた。それらから古代権力者の様々な状況をうかがい知ることができる。

世界遺産登録年 2019年

構成資産 反正《はんぜい》天皇陵古墳、仁徳天皇陵古墳、茶山古墳、大安寺山古墳、永山古墳、源右衛門山《げんえもんやま》古墳、塚廻《つかまわり》古墳、収塚《おさめづか》古墳、孫太夫山《まごだゆうやま》古墳、竜佐山《たつさやま》古墳、銅亀山《どうがめやま》古墳、菰山塚《こもやまづか》古墳、丸保山古墳、長塚古墳、旗塚古墳、銭塚古墳、履中《りちゅう》天皇陵古墳、寺山南山古墳、七観音古墳、いたすけ古墳、善右ヱ門山《ぜんえもんやま》古墳、御廟山古墳、ニサンザイ古墳、津堂城山古墳、仲哀《ちゅうあい》天皇陵古墳、鉢塚古墳、允恭《いんぎょう》天皇陵古墳、仲姫命《なかつひめのみこと》陵古墳、鍋塚古墳、助太山古墳、中山塚古墳、八島塚《やしまづか》古墳、古室山古墳、大鳥塚古墳、応神天皇陵古墳、誉田《こんだ》丸山古墳、二ツ塚古墳、東馬塚古墳、栗塚古墳、東山古墳、はざみ山古墳、墓山古墳、野中古墳、向墓山古墳、西馬塚古墳、浄元寺山古墳、青山古墳、峯ヶ塚古墳、白鳥陵古墳

めざせ! 全踏破

LET'S WALK

町並み散歩風に楽しむ古墳探し

百舌鳥古墳群と古市古墳群は、ともに大阪府の市街地に点在している。散歩のような気分で古墳を探しながら歩くのも面白い。

堺市役所21階展望ロビーからの眺め。地上80㍍から百舌鳥古墳群のほとんどが見られる

百舌鳥古墳群めぐり

堺 市中心部にはJR阪和《はんわ》線堺市駅、南海高野《こうや》線堺東駅、南海本線堺駅があるが、百舌鳥古墳群をめぐるには堺東駅が一番便利。最初の目的地、堺市役所まで徒歩数分だ。

市役所では21階の展望ロビーに上がり、百舌鳥古墳群の全体像をつかんでおこう。仁徳天皇陵古墳も空から見るように眺められる。

古墳めぐりには、小回りの利く自転車が便利だ。堺駅観光案内所や大仙公園観光案内所で借りられる。一般的なコース(堺東駅東口〜反正《はんぜい》天皇陵古墳〜仁徳天皇陵古墳〜大仙公園〜履中天皇陵古墳〜いたすけ古墳〜御廟山古墳〜ニサンザイ古墳〜南海高野線中百舌

いたすけ古墳。近くにはタヌキの家族がすみ着いていたという

大仙公園。仁徳天皇陵古墳と履中天皇陵古墳の間にある広大な緑地。古墳もある

鳥駅）は約13キロ、歩いて4～5時間となる。

100基を越える古墳があったという百舌鳥古墳群。現在は森のようだが、当時は墳丘の斜面には葺石、平らな場所には埴輪が並べられていた。構成資産ではないが定の山古墳など一部の古墳には立ち入ることができる。

インフォメーション

電 072-233-5258（堺観光コンベンション協会）

◉堺市役所21階展望ロビー

電 072-228-7493（堺市観光推進課）

時 9:00～21:00　料 無料

　写真　PIXTA（P108～109）

古市古墳群めぐり

古市古墳群は、大阪湾と飛鳥地方を結んだ古代の官道、竹内《たけのうち》街道と長尾《ながお》街道に沿ったエリアに点在している。今でいうなら近鉄南大阪線沿い、藤井寺駅・土師ノ里《はじのさと》駅・道明寺《どうみょうじ》駅・古市駅から歩いて行ける範囲になる。

応神《おうじん》天皇陵古墳や仲哀天皇陵古墳などの大きな古墳はわかりやすいが、小さな古墳は住宅街に囲まれていて見つけにくいことがある。つくられた当時のかたちが想像しにくい古墳もあり、できれば市役所でウォーキングマップを手に入れておくと便利だ。

古墳の所有者は、宮内庁・自治体や社寺、個人と様々で、誰もが入れる公開の場所というわけではない。応神天皇陵古墳や仲哀天皇陵古墳など、とくに宮内庁が管理している「陵墓」は厳重に保存管理されており立ち入り禁止。公園のように誰でも自由に立ち入れるようになっているところとしては、津堂城山《つどうしろやま》古墳、大鳥塚《おおとりつか》古墳、古室《こむろ》山《やま》古墳、野中《のなか》古墳、鉢塚《はちつか》古墳、鍋塚《なべつか》古墳などがある。

古市古墳群からの出土品などを見学するなら、仲哀天皇陵古墳の近くにある「アイセルシュラホール」や津堂城山古墳そばの「まほらしろやま」、墓山古墳そばの「羽曳野市文化財展示室」などの施設に行くとよい。埴輪など古墳から出土したものを見られる。埴輪の種類の豊富さに驚くはずだ。

古室山古墳。墳丘長150㍍の前方後円墳で、墳丘のかたちが残っている

インフォメーション

◉まほらしろやま
電072-939-1419（藤井寺市教育委員会）時9:00～16:00 料無料

◉アイセルシュラホール 2階展示室
電072-939-1419（藤井寺市教育委員会）時9:30～17:15 料無料 休月曜

◉羽曳野市文化財展示室
時10:00～16:00 料無料 休土日祝日

仲姫命陵古墳。最も高い場所に築かれており、古市古墳群の中では2番目に大きい。墳丘長290㍍の前方後円墳

津堂城山古墳。敷地内には草花園やしょうぶ園もあり、市民の憩いの場になっている

写真　藤井寺市教育委員会（P110～111）

紀伊山地の霊場と参詣道《さんけいみち》

世界遺産登録年 2004年(2016年範囲変更)

構成資産 吉野山、吉野水分《みくまり》神社、金峯《きんぷ》神社、金峯山寺《きんぷせんじ》、吉水神社、大峰山寺《おおみねさんじ》、熊野本宮大社、熊野速玉《はやたま》大社、熊野那智大社、青岸渡寺《せいがんとじ》、那智大滝、那智原始林、補陀洛《ふだらく》山寺《さんじ》、丹生都比売《にうつひめ》神社、金剛峯寺《こんごうぶじ》、慈尊院、丹生官省符神社、大峯奥駈道《おおみねおくがけみち》、熊野参詣道中辺路《なかへち》、熊野参詣道小辺路《こへち》、熊野参詣道大《おお》辺路《へち》、熊野参詣道伊勢路、高野参詣道

解　説 三重、奈良、和歌山３県にまたがる紀伊山地は、古くから神々が宿る場所として崇められてきた。新しく伝来した仏教に帰依した人々が、この地を浄土になぞらえ修行の場にしたことで、霊場と参詣道が生まれる。そうした文化的景観が認められて世界遺産に登録された。

如意輪観世音を祀る青岸渡寺の三重塔と那智の滝　写真　PIXTA

ピンク太字：構成資産

赤字：国宝、
青字：重要文化財や天然記念物、史跡、名勝

Pick Up!

遺産まるわかりMAP

紀伊山地の霊場と参詣道

福井県
岐阜県
岐阜
京都府
滋賀県
名古屋
愛知県
兵庫県
京都
神戸
大阪
津
大阪府
三重県
奈良県
和歌山
徳島
紀伊山地
徳島県
和歌山県
本宮
熊野
田辺
那智
新宮
関西国際空港
和歌山
紀ノ川
有田川
湯浅
町石
三谷坂
丹生都比売《にうつひめ》
高野参詣道《こうやさんけいみち》
道成寺
御坊
高野山
和歌山県
野迫川温泉
阪和自動車道
熊野参詣道(中辺路《なかへち》)
京都あるいは西日本から紀伊田辺を経由、本宮へ至り、そこから新宮や那智へ参詣する、昔も今も一番ポピュラーな道。
龍神温泉
熊野参詣道(小辺路《こへち》)
高野山と熊野三山を最短距離で結ぶ参詣道。熊野参詣道の中で最も険しい約70kmの道。
長尾坂
潮見峠越
紀伊田辺
闘雞神社
三段壁
南紀白浜空港
白浜
八上王子跡
滝尻王子
果無山脈
十津川
稲葉根王子跡
北郡越
継桜王子
構成資産である土地の範囲
緩衝地帯
大峯奥駈道
熊野参詣道(中辺路)
赤木越
発心門王子
富田坂
祓殿王子跡
熊野本宮大社
湯の峰温泉
紀勢自動車道
大斎原
湯峯王子跡
仏坂
備崎経塚群
湯の峰温泉
熊野川
熊野本宮大社
熊野三山を構成する3つの神社の一つ。
社殿
周参見
タオの峠
枯木灘
長井坂
熊野三山
熊野参詣道(中辺路)
熊野参詣道(中辺路)
熊野那智大社
那智大滝への崇拝を起源とする、熊野三山を構成する神社の一つ。
社殿
那智大滝
大雲取連山を水源にする落差133mの滝。
江住
舟見茶屋跡
かけぬけ道
青岸渡寺《せいがんとじ》
神仏分離で熊野那智大社と分離。西国三十三所観音霊場の第一番札所でもある。
本堂、宝篋印塔
那智原始林
那智大滝の東側に広がる照葉樹林は、熊野那智大社の神域。
熊野川
新田平見道
那智大滝
那智原始林
富山平見道
青岸渡寺
多富気王子跡
新宮
浜の宮王子
阿須賀王
熊野那智大社
構成資産である土地の範囲
緩衝地帯
かけぬけ道
熊野速玉大
神倉神社のゴトビへの崇拝を起源る、熊野三山を構る神社の一つ。
熊野速玉大社の
紀州灘
熊野参詣道(大辺路)
飛渡谷道
那智勝浦新宮道路
神倉神社
那智
清水峠
大地
二河峠
駿田峠
紀伊勝浦
小狗子峠
串本
橋杭岩
潮岬
熊野参詣道(大辺路《おおへち》)
紀伊田辺で中辺路と分岐して紀伊半島の海岸沿いにぐるりと回り、那智湾に臨む浜の宮王子まで約120kmの道。
補陀洛山寺《ふだらくさんじ》
海上にあるとされた補陀落浄土を目指して渡海する捨身行の拠点。
紀伊大島

めざせ!
全踏破

LET'S WALK

熊野三山と参詣道を歩く

熊野詣は、本宮→新宮→那智とめぐるのが古来の定番だが、今はそこまでこだわらなくても問題ない。熊野古道を歩くのであれば、トレッキングの準備が必要となる。

熊野本宮大社

白木造の社殿が醸し出す森厳

社殿中央の証誠殿《しょうじょうでん》に祀られる家津美御子大神《けつみみこのおおかみ》が主神。元来は熊野川の中洲の大斎原《おおゆのはら》に鎮座していたが、1889年の水害で社殿が倒壊したため、十二社のうち上四社を遷座し、現在地に祀った。

こで身を清めたという。石段を上りきると正面に神門が立ち、主祭神の家津美御子大神を祀る証誠殿が見える。証誠殿の左に新宮・那智宮の主祭神を祀る棟、右に若宮を祀る棟、計3棟が東西一列に並んでいる。拝殿・黎明《れいめい》殿の前庭には日本サッカー協会のマークにもなった三本脚の八咫烏《やたがらす》の幟旗《のぼりばた》、八咫絵馬掛け、八咫ポストなど楽しげな仕掛けも。帰りは石段の西側に、木立に隠れてひっそりと残る熊野古道を下ってみるのもいい。

本来の熊野本宮大社のあった大斎原へは高さ約34メートルの大鳥居が目印。杉木立に囲まれた緑地の社殿跡に、中四社と下四社を祀る石祠《せきし》が鎮座している。

心 願成就の大幟《おおのぼり》が並び立つ石段を上っていく途中、左手に祓戸大《はらえどのおお》神《かみ》の石塔があり、本来は参拝の前にこ

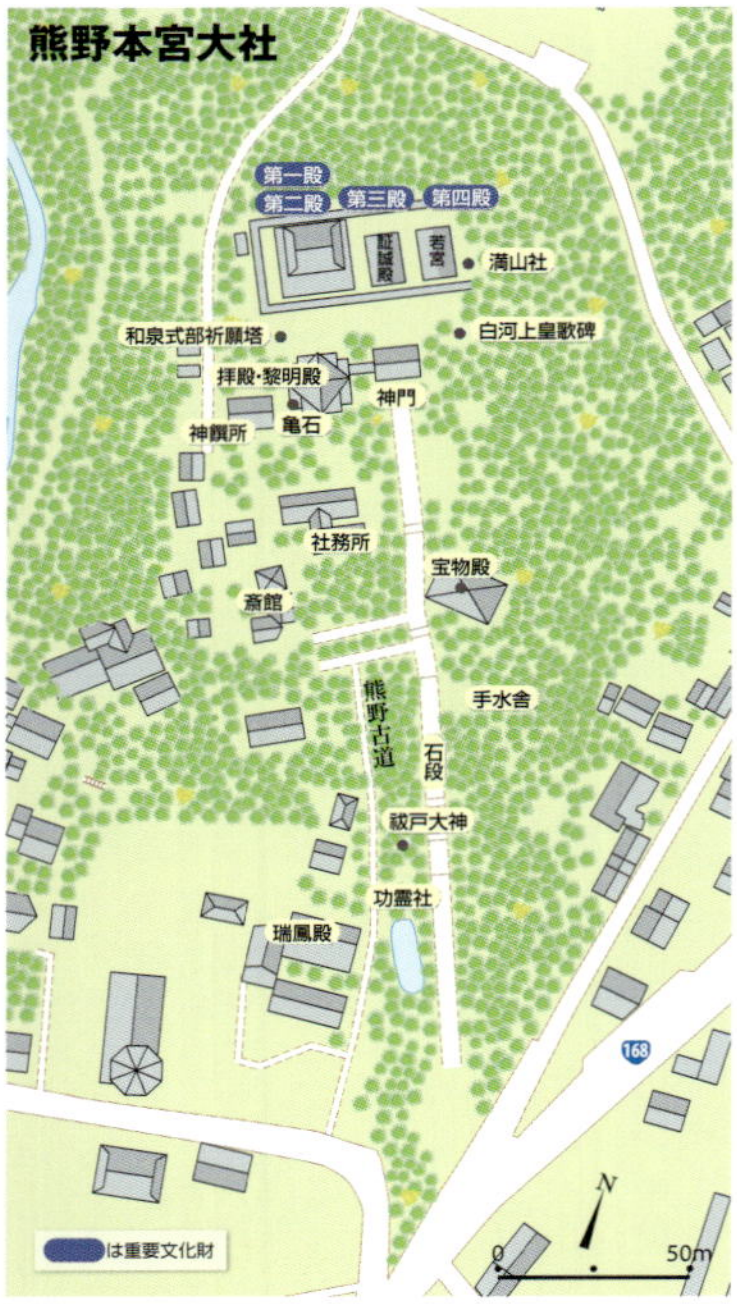

熊野本宮大社社殿。国の重要文化財。熊野造。熊野三山の中心。全国に4700社以上ある熊野神社の総本宮

インフォメーション

住 和歌山県田辺市本宮町本宮1110 電 0735-42-0009 時 8:00～17:00(宝物殿9:00～12:00、13:30～16:00) 料 参拝自由(宝物殿300円) 休 なし(宝物殿は平日休館) 交 JR紀伊田辺駅から明光バス・龍神バスで120分、本宮大社前下車すぐ 駐 あり

写真 PIXTA(P116～119)

熊野速玉大社社殿。十二柱の神々(熊野十二所権現)を祀る

熊野速玉大社

神倉山のゴトビキ岩を起源とする新宮

熊野川河口に鎮座する、速玉大神を主神とする。1883年に全焼し、現在の社殿は1951年に再建された。中世の社殿配置とは異なっている。

熊野川の沖積地にあるので、本宮や那智宮と違って境内は平坦で歩くのが楽。表参道を進むと御神木のナギの巨木が立っている。針葉樹のナギの葉は繊維方向に引っ張ってもちぎれないので、昔は鏡の裏に入れ夫婦和合のお守りにした。今は木の実から「なぎ人形」のお守りが作られている。神門をくぐると玉垣に囲まれて色鮮やかな4棟の社殿が並んでおり、主神を祀る速玉宮は向かって左から2番目、結宮は1番目になる。

速玉大社が誇るのは古神宝の質と量だ。中世以降、天皇や将軍家が奉納した豪華な衣類や工芸品は1000点以上にのぼり、国宝や重要文化財に指定されている。一部は熊野神宝館に展示されている。

速玉大社のルーツともいえる神倉神社の登り口は、速玉大社から歩いて15分ほど。高所恐怖症の人は尻込みしそうな急傾斜の石段をさらに15分ほど上った神倉《かみくら》山(権現山)の中腹に鎮座する。ゴトビキ岩を御神体とする神社から新宮市街と熊野灘を一望できる。

ゴトビキ岩と岩を祀る神倉神社

インフォメーション

住 和歌山県新宮市新宮1　電 0735-22-2533　時 日の出～17:00(熊野神宝館9:00～16:00)　料 参拝自由(熊野神宝館500円)　休 なし　交 JR新宮駅から徒歩15分　駐 あり
◉神倉神社(ゴトビキ岩)
交 JR新宮駅から徒歩40分

熊野那智大社礼殿。境内に、神武天皇を大和まで導いた三本脚の鳥「八咫烏」が姿を変えた「烏石」があり、樹齢約850年の大楠が茂る

神

熊野那智大社

青岸渡寺と対をなす神仏習合の形

那智大滝を起源とする神社で、主神は熊野夫須美《ふすみの》大神。特徴は滝宮を加えて十三柱の神を祀っていること。現社殿は1853(嘉永6)年の再建。

仏分離以前、熊野那智大社は隣接する青岸渡寺(如意輪堂)と神仏習合によって一体となっていた。そのころの様子をイメージできるのが那智大社一の鳥居と青岸渡寺仁王門の配置。駐車場から参道を進んでいくと道が二手に分かれ、左は鳥居、右は仁王門への石段となっているが、どちらを上っても境内はひと続きになっている。そして那智大社拝殿前には護摩焚《ごまだき》釜《がま》が据えられている。密教特有の護摩を焚く修法を神様に向かって行い祈願するわけだ。

大滝を眺める絶好の場所にあるのが青岸渡寺の三重塔。滝の水源林、那智原始林もよく見渡せる。間近に滝を拝むのであれば飛瀧《ひろう》神社まで下っていく。花山上皇が那智大滝に不老不死の薬を沈めたという逸話が残り、延命息災を祈る人々が多く訪れる。133メートルの岩壁を落ちてくる水勢を眺めていると我知らず厳かな気分になってくる。

インフォメーション

住和歌山県東牟婁郡那智勝浦町那智山1 電0735-55-0321 時7:30～16:30ごろ(宝物殿8:30～15:30) 料参拝自由(宝物殿300円) 休なし(宝物殿は水曜) 交JR紀伊勝浦駅から熊野御坊南海バスで30分、那智山(神社お寺前駐車場)下車すぐ、大滝へは1つ手前の那智の滝(お滝前)で下車、徒歩5分 駐あり

◉飛瀧神社 住和歌山県東牟婁郡那智勝浦町那智山 電0735-55-0324 時8:00～16:30(滝を拝観舞台で見る場合は～16:00) 料滝の拝観舞台300円 休なし 駐あり

飛瀧神社と那智大滝。大滝を御神体とする飛瀧神社は那智大社の別宮

熊野参詣道・中辺路を歩く

平安以来の熊野参詣主要路

紀伊田辺から山道をたどって本宮～新宮～那智の熊野三山をめぐる道が中辺路。平安から鎌倉時代に皇族や貴族が行った「熊野御幸」の公式参詣道で、熊野参詣道のメインルートといえる。

京都・大阪から熊野までの参詣道に点在する、修験者の指導で奉《ほう》幣《へい》・読経・禊などの宗教儀式をする王子と呼ばれる祠《ほこら》は100以上も存在するといわれ、総称して「九十九王子《くじゅうくおうじ》」と呼ばれる。正式な始点は大阪・天満《てんま》橋にあった窪津《くぼつ》王子だったが、現代の中辺路歩きは滝尻王子が起点となる。

滝尻王子から本宮まで全行程約40キロを歩き通すとなると1泊2日のトレッキングになる。行程の中間点の近露《ちかつゆ》王子や継桜《つぎざくら》王子周辺に民宿や旅館がある。道は山道、野中の道、舗装路と様々だが、道標があるので迷う心配はない。王子の中には小さな石塔だけ、跡形もないものもあるが、主な王子だけたどっても熊野古道を歩く楽しみは十分に得られるだろう。

継桜王子にある休憩所、とがの木茶屋。茅葺屋根が特徴的

滝尻王子。九十九王子社のうち社格の高い五体王子社の一つ。後鳥羽上皇も歌会を催したと伝わる

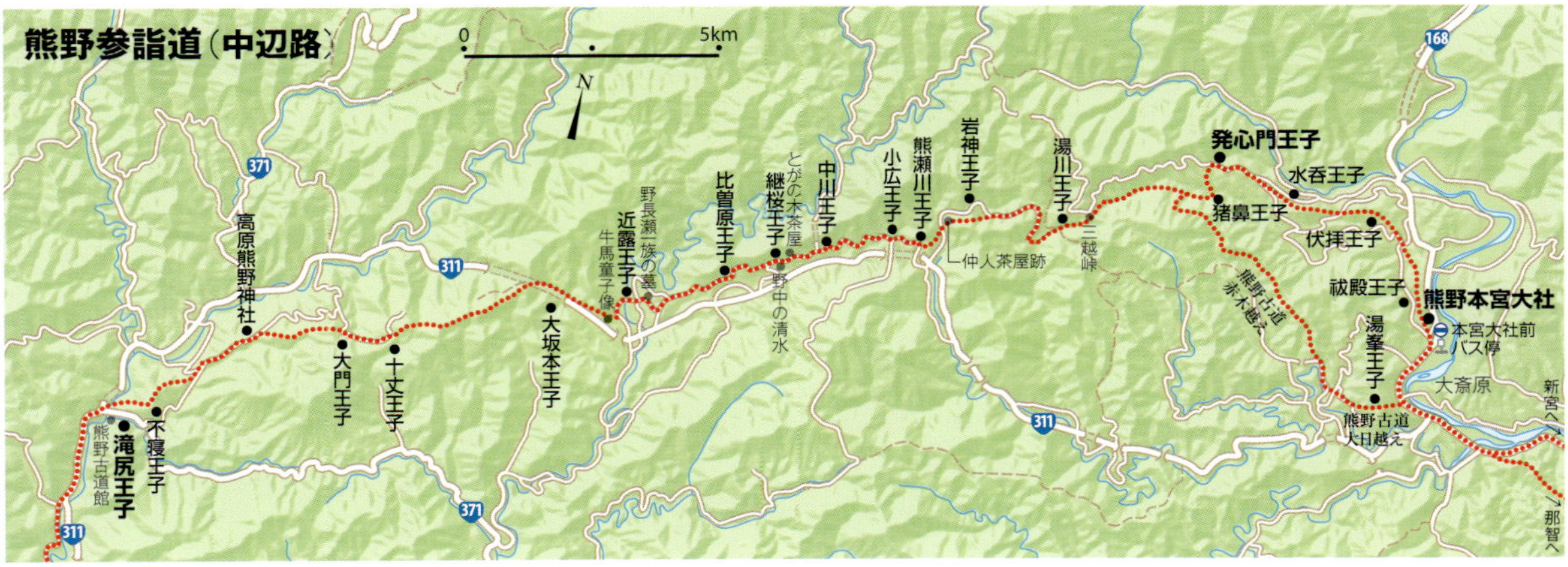

見てわかる!

山伏の装束はアウトドアファッション

現在も全国各地で行われている山伏の峰入り修行。その装束は修験道の本尊・不動明王の姿をかたどったとされ、山野を歩き回る実用性に優れたファッションでもあった。

文・監修◉宮城泰年／イラスト◉板垣真誠

結袈裟《ゆいげさ》

先達の階級によって結袈裟の房(梵天)の色が変わる。7種類あり、緋(赤)が一番偉く、大峯修行50度以上、僧の山伏なら権大僧正《ごんのだいそうじょう》以上が着ける。一般先達と僧侶の違いは、前者が茶、後者が白と袈裟の地色で判断する。房が6つあるのは六波羅蜜《ろくはらみつ》(＊2)を表す。能狂言、歌舞伎で役者が着けるのはいずれも本山派(聖護院《しょうごいん》)制定の袈裟だ。山伏が身につけるものは実用的なものが多く、それに法儀《ほうぎ》の意味づけがされているものが多い。

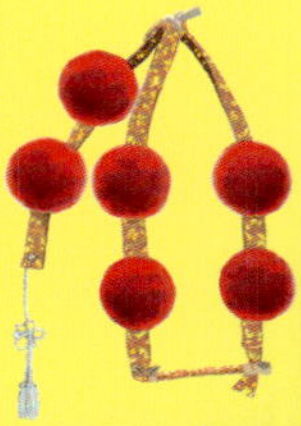

頭巾《ときん》

仏教の十二因縁(＊1)のあり方を襞《ひだ》の数で表している。本来は布製だが、ベークライト製のものはコップの代わりになり、流れの水をすくって飲むのに適している。

最多角念珠《いらたかねんじゅ》

そろばん玉のように角がある珠を使う。祈りのとき揉《も》み擦ると音が出て煩悩《ぼんのう》を砕くとされる。読経のときなどリズミカルな調子にそろえられる。角が丸くなるまで使うといいが、一生かかるほど硬い梅の木を使う。

檜扇《ひおうぎ》

護摩《ごま》を焚《た》くときの作法に、これを使うことがあるので「火扇」とも書く。

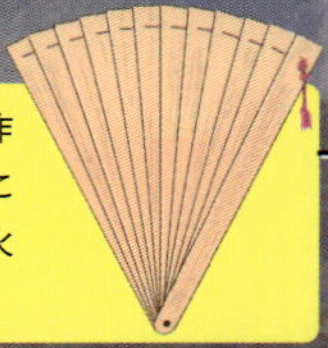

手甲《てっこう》・脚絆《きゃはん》

手と脚を保護するものだが、手甲を汗拭きにする山伏が多い。

わらじ

山伏が履く八つ目わらじは、紐掛けが8つある。その所以《ゆえん》は、仏様が蓮華の上に乗っておられるので、山伏も同様に八葉の蓮台に乗った存在なのだと説く。しかし一般修行のときは、この図で描いているような四つ目のわらじである。

＊1　十二因縁　釈尊が、生老病死の苦悩が生起する因果を説いた 12 の項目
＊2　六波羅蜜　悟りに至るまでに修めるべき 6 つの実践徳目

鈴懸衣《すずかけごろも》

衣と袴でセット。山野を歩くとき、篠露《ささつゆ》などが衣服を濡らすところから、元は「篠掛」と書かれていた。麻布を用いるため風通しがよく、濡れても乾きが早い。鈴になったのは大日如来の象徴である五鈷鈴《ごこれい》を意味づけたため。天台系は黄色で、元は柿渋で染めて生地を丈夫にしていたのが伝統。

結袈裟《ゆいげさ》の房《ふさ》

金剛杖《こんごうづえ》

六尺(約180㌢)の杖として使うが、山中で死んだら塔婆《とうば》の代わりにこれを遺体の上に立てた。事故のとき、金剛杖2本で担架を作ったこともあった。

引敷《ひっしき》

獣の皮の尻あてで、山中で腰を下ろすとき、土や水気が付かないよう携帯座布団の役目をする。山小屋で寝るときは背中に敷く。本来の使い方に外れるが、草スキーや雪渓《せっけい》で、紐を脛《すね》にくくって尻に敷けば早く滑り降りられる。引敷の所以は、智慧《ちえ》の文殊様の乗りものが獅子であるところから、獣の皮を尻に敷いている山伏を智慧ある人になぞらえたものである。

錫杖《しゃくじょう》

一般的に六輪の錫杖を使う。これも六波羅蜜を表す菩薩の錫杖と意味づけている。軽くよく通る音を出すために錫の合金を使ったが、最近はこれにこだわらない。釈尊の時代、托鉢《たくはつ》の比丘《びく》が大きな家屋敷の門に立っても応えがない。そこで釈尊が「これを振っても応えがないときは立ち去りなさい」と考案されたという。

螺緒《かいのお》

腰回りに着けて、自身を聖なるものとして結界を張るわけだが、解くと12㍍ほどになり、ザイルとして多目的に使える。

能の名作『安宅《あたか》』で「旅の衣は鈴《すず》懸《かけ》の……」と謡《うた》われるように、山伏の鈴懸はアウトドア用の衣裳だ。真言系と天台系では色などが大きく異なり、羽黒山、英彦山《ひこさん》、宝満山《ほうまんざん》などの修験も独自の衣裳を決めている。全て行動しやすいように作られているが、時代とともに多少の変化はある。

ここでは天台系の本山《ほんざん》派の装束を例にとって、その特徴を紹介している。

法螺貝《ほらがい》は合図の道具。出発・到着・集合・説法などの音を聞き分けられなければ山伏ではない。山中、無風状態で音は5㌔先まで届く。だから「ホラを吹く」というのは小さなことを大きく言うことであり、決して嘘をつくことではない。とはいえ山伏はホラを吹くのが上手でけっこう乗せられる。

釈尊《しゃくそん》が霊鷲山《りょうじゅせん》で法華経を説かれるとき、法螺を吹いて大衆を集められたことから、この音を「説法の音」ともいう。法螺貝はかつては日本近海で採れたが、今はフィリピン方面からの輸入。サンゴの天敵であるオニヒトデを捕食するので乱獲してはならない。これはホラではない。山伏たるもの、こうしたことを会得して身につけなければ、能・歌舞伎に出る「つくり山伏(ニセモノ)」となろう。

◉みやぎ　たいねん　聖護院門跡門主・本山修験宗管長

めざせ！全踏破

LET'S WALK

吉野山は霊場への表玄関

吉野山といえば桜、とは限らない。新緑や紅葉の季節も魅力十分だ。ただ、観光地とはいえ山は山だから、足回りの準備はきちんとして行ったほうがいい。

吉野山

南朝の痕跡が残る修験道の総本山

修験道の聖域である大峰山脈は標高1000㍍以上の険しい山が連なり、北部を吉野、南部を大峯という。その尾根筋が修行の場、大峯奥駈道だ。

吉野山は、修験道の行場《ぎょうば》である大峯奥駈道が走る大峰山脈の北端にあたる地域。金峯山寺《きんぷせんじ》を中心に狭い尾根の上に寺院・宿坊や商店が軒を連ねている。役行者《えんのぎょうじゃ》が蔵王権現《ざおうごんげん》を刻んだのが桜の木という伝承にちなみ、一帯に桜が植えられ、山腹の桜の名所は俗に下千本《しもせんぼん》・中《なか》千本・上《かみ》千本・奥《おく》千本と呼ばれる。

ロープウェイ吉野山駅から金峯山寺の本堂である蔵王堂へ向かう一本道の坂を上っていくと、金峯山寺の総門、黒門が迎えてくれる。切妻屋根を載せ、控柱の上にも屋根を置いた高麗門という格式のある様式で、修験道の山、吉野山の聖域への入り口を表す（現在の建物は、蔵王堂の昭和大修理に合わせて建て替えられたもの）。昔は公家大名といえども槍を伏せ、馬を降りて歩かねばならなかったが、今はシャトルバスが走る。かつてはここから金峯山までの尾根筋沿いに修験道ゆかりの寺

吉野山の桜。3万本ともいわれるシロヤマザクラが4月の上旬から中旬にかけて、全山に豪華絢爛に咲きほこる

大峯奥駈道。吉野と熊野三山を結ぶ修行の道。8世紀に後行者が拓いたとされる

吉野山

インフォメーション

電 0746-32-1007（吉野山観光協会）
交 近鉄吉野駅下車　駐 あり

写真　PIXTA（P122～127）

金峯山寺蔵王堂。国宝、高さ34メートル、裳階は四方36メートルあり、木造古建築としては東大寺大仏殿に次ぐ大きさ。内部に日本最大級の厨子があり、秘仏の本尊金剛蔵王大権現の尊像3体ほかが祀られている

院や塔頭が多数設けられていた。

黒門から200メートルほど行くと、高さ約8メートルの銅鳥居《かねのとりい》が立っている。東大寺の大仏を鋳造した余りの銅で造ったと伝わる。吉野山から山上ヶ岳までの間にある四門の最初「発心門《ほっしんもん》」と書いた扁額が掲げられている。足利幕府による吉野攻めのときに蔵王堂とともに焼け落ち、室町時代に再建された。足利幕府が吉野山攻撃を行ったのは、南朝の後醍醐天皇がここ吉野の吉水院《よしみずいん》(現・吉水神社)を行在所《あんざいしょ》にして北朝方の足利幕府に対抗していたからだ。後醍醐天皇が吉野で崩御したあとは、後村上天皇が継いで北朝方と戦っていたが、1348(貞和4・正平3)年に足利方の武将・高師直《こうのもろなお》が吉野に攻め入り、兵火で蔵王堂はじめ吉野山一帯の堂塔は灰燼《かいじん》に帰した。

蔵王堂と門前町を一望できる桜の絶景ポイント、花矢倉《はなやぐら》からさらに上っていくと、水の配分を司る天水分大神《あめのみくまりのおおかみ》を祀る吉《よし》野水分《のみくまり》神社がある。

奈良時代以前からある古い社だが、社殿は1604(慶長9)年の再建。

奥千本の入り口に鎮座する金峯神社は吉野山の地主神《じぬしがみ》・金山毘古命《かなやまひこのみこと》を祀る。吉野水分神社とともに、吉野が聖地となる端緒ともなった、金鉱にゆかりのある古い神社。神社からさらに上ったところに西行《さいぎょう》がしばらく隠棲したと伝わる西行庵がある。近くには西行が詠んだ苔清水が今でも湧き出ている。

西行庵からさらに行くと、いよいよ奥駈道らしくなってきて女人結界《にょにんけっかい》の碑がある。ここから奥は、まさに修験者しか入れない大峯の聖域となっている。

南朝妙法殿。後醍醐天皇の行宮となった実城寺の跡に、後亀山天皇など南朝四天王が祀られている

金峯山寺

インフォメーション

住 奈良県吉野郡吉野町吉野山2498
電 0746-32-8371 時 8:30～16:00
料 800円(秘仏ご本尊特別ご開帳時1600円) 休 なし

めざせ！
全踏破

LET'S WALK

壇上伽藍と奥之院をめぐる

観光地としても人気のある高野山だが、本来の聖地らしい雰囲気を味わうなら早起きしてめぐるのがいい。霧が立ち込める幽玄な情景も早朝ならではだ。

高野山

空海の構想により造られた聖なる空間

宗教都市である高野山には、2つの核がある。一つは空海が最初に拓いた壇上伽藍を中心とする修行のエリア、もう一つは奥之院がある大師信仰のエリアである。

高野山の中心が総本山金剛峯寺。1593（天正20）年に豊臣秀吉が母の菩提のために建立した青巌寺《せいがんじ》と、学僧のための興山寺《こうざんじ》を統合した寺院に、明治時代から座主《ざす》の住房や宗務所が置かれた。

金剛峯寺から蛇腹路《じゃばらみち》を通って壇上伽藍へ行く途中に、智泉廟《ちせんびょう》、東塔、三《さん》昧《まい》堂、大会堂《だいかいどう》、愛染《あいぜん》堂が並び立っている。愛染堂の前には奥之院への一町石が立つ。ちなみに慈尊院への高野山

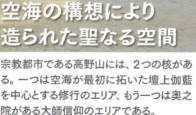

根本大塔。空海が真言密教の根本道場の象徴として建立した、日本最初の多宝塔

金剛峯寺本坊の大主殿及び奥書院の正面外観。客殿、庫裡、書院が一体となった間取り、それぞれの部屋の屋根が連なる建築は高野山の寺院の伝統的な造りとなっている。江戸時代末期の再建。重文

町石道の一町石は中門跡そばの林内に立っている。

愛染堂から先が原初の壇上伽藍。三《さん》鈷《こ》の松のある広場を中心にして、根本大塔《こんぽんだいとう》から時計回りに、大塔の鐘、金堂、六角経蔵、山王院(御社《みやしろ》)、鐘楼、西塔、孔雀堂《くじゃくどう》、准胝《じゅんてい》堂、御影《みえい》堂などが立ち並ぶ。このレイアウトは、空海が唐で伝授された真言密教の思想を建築物という形で表現したものだとされる。壇上伽藍の中心は根本大塔。高野山での重要な儀式のほとんどは金堂で行われている。現在の建物は昭和7年に再建されたもの。塔内陣には本尊の胎蔵大日如来と金剛界四仏が安置され、柱には堂本印象《どうもといんしょう》画伯による十六大菩薩が描かれている。大塔と対の西塔には胎蔵界四仏が囲む金剛界大日如来が安置されている。

金堂。高野山開創当時、空海によって建てられたとされ、現在の建物は7度目の再建で1932年に完成

金剛峯寺

インフォメーション

住 和歌山県伊都郡高野町高野山132
電 0736-56-2011 時 8:30～17:00(最終受付30分前) 料 1000円(金堂500円、根本大塔500円、諸堂共通内拝券2500円、霊宝館1300円) 休 なし 交 南海高野線極楽橋駅で南海高野山ケーブルに乗り換え、高野山下車すぐ、山内は高野山内路線バスを利用 駐 あり

奥之院参道。樹齢1000年におよぶ杉が並ぶ。空海は死後1200年がたった今も瞑想を続けているとされる

壇上伽藍から東へ20分余り歩くと一の橋があり、ここから先が弘法大師御廟がある聖域、奥之院《おくのいん》。参道の両側に約20万基を超える供養塔が密集し「墓原《はかわら》」と呼ばれる。武田信玄と上杉謙信、織田信長と明智光秀といった敵同士や、古今の有名無名の人々が宗派を問わず弔われている。佐竹義重霊屋、松平秀康及び同母霊屋《たまや》、上杉謙信霊屋が世界遺産の構成資産に指定されている文化財となっている。

御廟橋を渡って石段を上ると燈籠堂。天井や棚に奉納された数万の灯籠が灯っている。もともと拝殿であり、中央の御簾越しに弘法大師御廟がわずかに望める。燈籠堂の背後に石田三成が母の菩提を弔うために寄進した一切経蔵が立つ。

豊臣家墓所。織田信長や武田信玄ら戦国武将の墓も多い

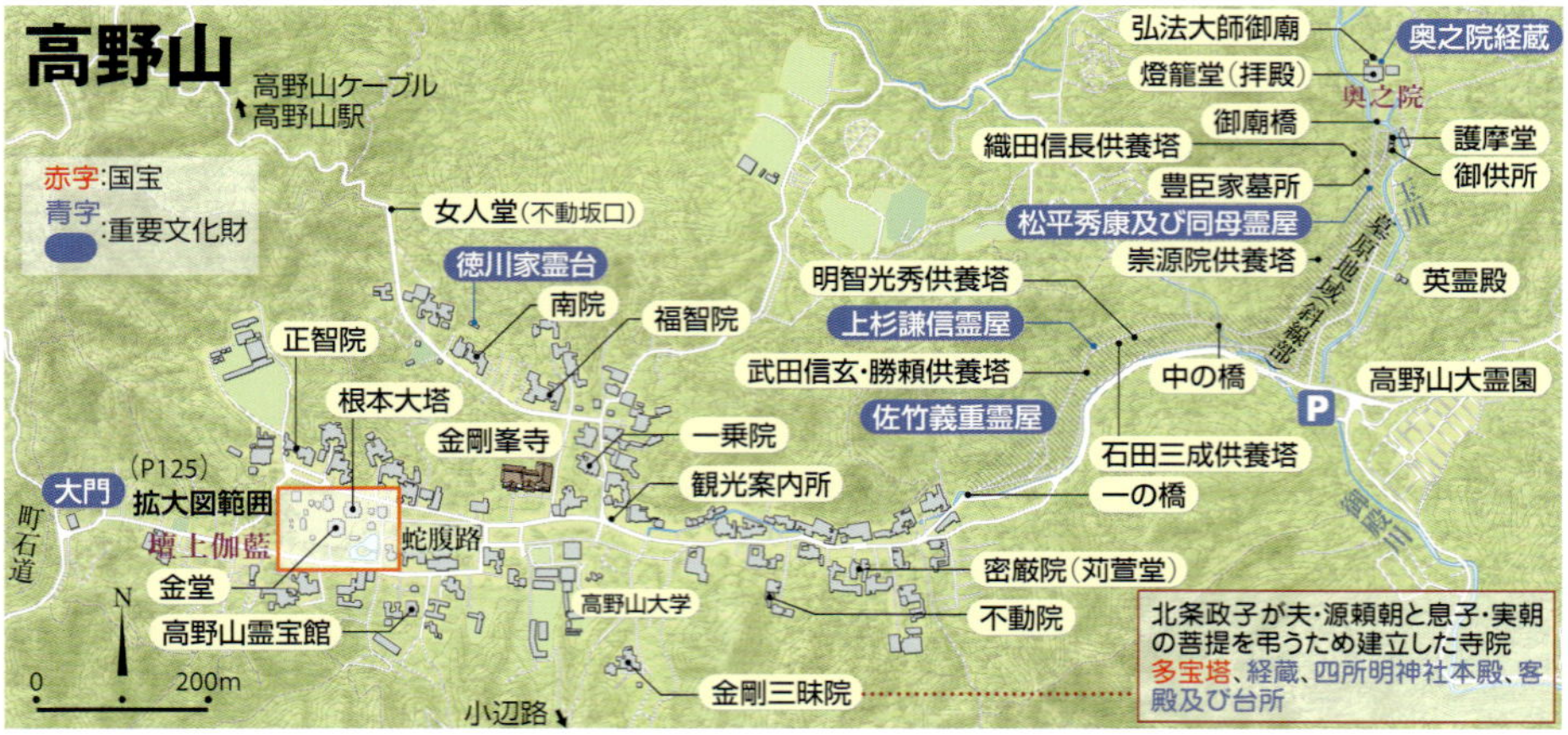

高野山町石道。124町石が立つ古峠を進むと大門に至る

高野山町石道

藤原道長も歩いた高野山への表参道

紀ノ川のほとりにある慈尊院から高野山までの約20キロの参詣道は、1町（約109メートル）ごとに180基の石の五輪《ごりん》卒塔《そと》婆《ば》が道標のように立っているので町石道《ちょういしみち》と呼ばれる。

町石道は、空海が高野山建設のための資材運搬と日常の通行のために開いた道で、高野政所《まんどころ》（寺務所）であった慈尊院と高野山を結ぶ。鎌倉幕府の有力御家人だった安達泰盛《あだちやすもり》が寄進した町石は、慈尊院から高野山壇上伽藍まで180基、壇上伽藍から奥之院まで36基が現在も残る。花崗岩《かこうがん》でできた町石は全高3.5メートル、重さ750キロもある。発願から完成まで20年かかって1285（弘安8）年に里石《りいし》も合わせ全220基が建てられた。

一部舗装路があるが、ほとんどは山道で、起点の南海電鉄高野線九度山駅から高野山壇上伽藍まで、休憩なども入れ健脚なら8時間ほど。戦国武将真田家ゆかりの真田庵や、弘法大師が袈裟衣を掛けたとされる袈裟掛石がある。トイレは少なく、水場はないのでハイキング程度の準備が必要。

丹生都比売《にうつひめ》神社に寄る場合は、六本杉峠から下って再び町石道の二ツ鳥居に戻る。

古都京都の文化財

東寺（教王護国寺）の五重塔と紅葉
写真　PIXTA

世界遺産登録年 1994年
構成資産 賀茂別雷《かもわけいかづち》神社(上賀茂神社)、賀茂御祖《かもみおや》神社(下鴨神社)、教王護国寺(東寺)、清水寺、延暦寺、醍醐寺、仁和寺、平等院、宇治上神社、高山寺、西芳寺、天龍寺、鹿苑寺(金閣寺)、慈照寺(銀閣寺)、龍安寺、本願寺(西本願寺)、二条城

解　説 794(延暦13)年に桓武天皇が平安京に遷都してから明治維新まで1000年余り、京都は天皇の居所が置かれた日本の首都だった。平安から江戸までの各時代を象徴する建造物や文化財が多く残されており、17資産が登録された。戦乱や自然災害に見舞われるたびに、時の権力者や町衆らが再建し、多くの建物が創建当時に近い姿を残している。

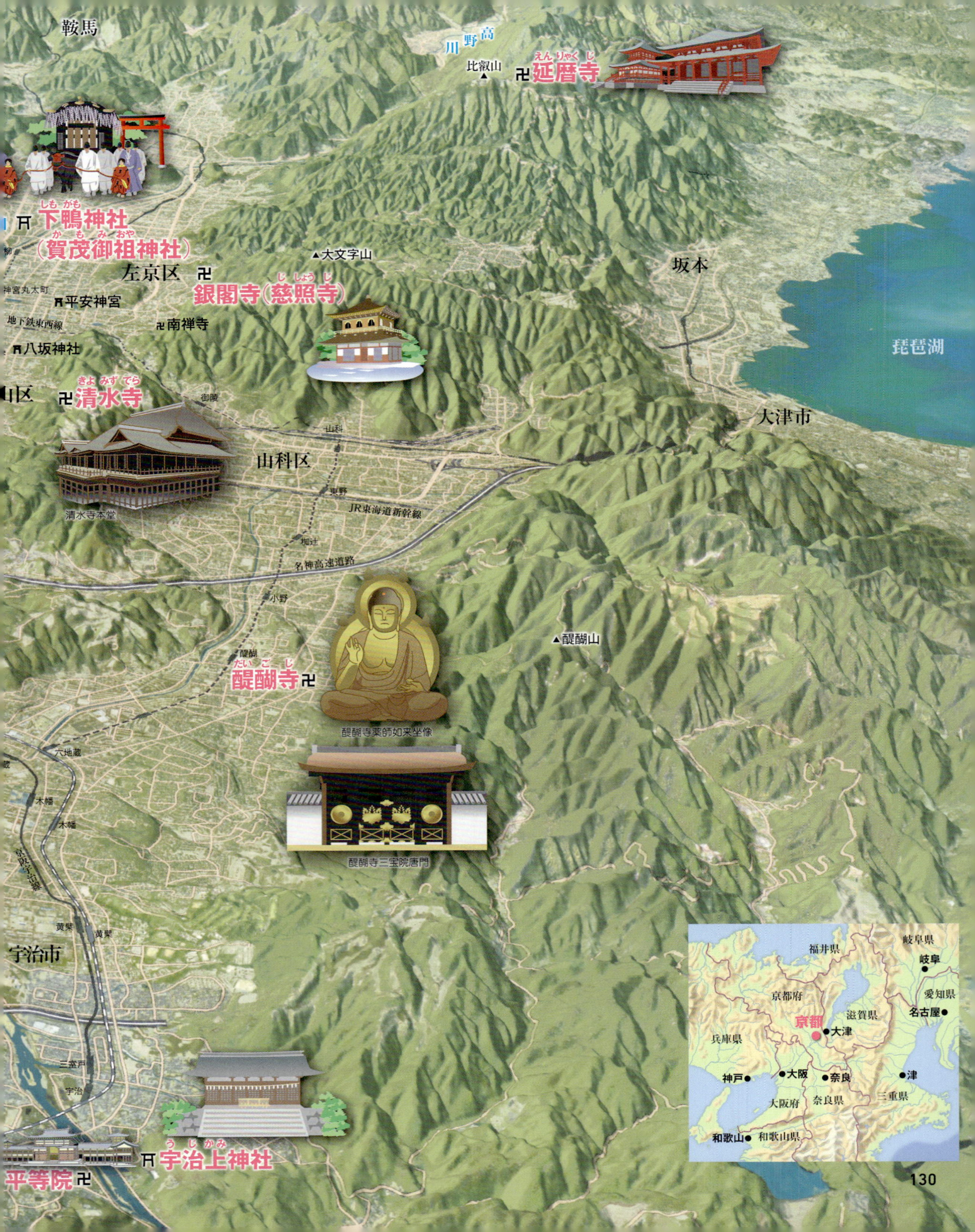

鞍馬
高野川
比叡山
延暦寺《えんりゃくじ》
下鴨《しもがも》神社
（賀茂御祖《かもみおや》神社）
大文字山
左京区
銀閣寺（慈照寺《じしょうじ》）
坂本
神宮丸太町
平安神宮
地下鉄東西線
南禅寺
八坂神社
琵琶湖
清水寺《きよみずでら》
御陵
山科
大津市
山科区
清水寺本堂
東野
JR東海道新幹線
椥辻
名神高速道路
小野
醍醐山
醍醐
醍醐寺《だいごじ》
醍醐寺薬師如来坐像
六地蔵
木幡
木幡
醍醐寺三宝院唐門
京阪宇治線
黄檗
黄檗
宇治市
三室戸
宇治
宇治上《うじがみ》神社
平等院
福井県
岐阜県
岐阜
愛知県
京都府
滋賀県
名古屋
京都
大津
兵庫県
津
神戸
大阪
奈良
三重県
大阪府
奈良県
和歌山
和歌山県

遺産まるわかりMAP
古都京都の文化財

Pick Up!

ピンク太字：構成資産

めざせ！全踏破

LET'S WALK

平安京の面影を偲んで歩く

17ある京都の世界遺産のうち、まずは平安時代の社寺を訪ねてみよう。京都駅を基点に、延暦寺、宇治、洛北、洛南、それぞれ1日をみておけば、比較的ゆったりと見学できる。

延暦寺

歴代の名僧が学んだ仏教の大学

最澄が788（延暦7）年に平安京の鬼門にあたる比叡山に建立した天台宗の総本山で、王城鎮護を担った。1571（元亀2）年、織田信長に攻められ、ほとんどの堂宇が焼失したが、江戸時代初期に再建された。

延暦寺というのは、比叡山の各エリアに点在する約150の堂塔からなる伽藍《がらん》の総称。「三塔十六谷」と呼ばれる山上の広大な境内は、大きく東塔《とうどう》、西塔《さいとう》、横川《よかわ》の3つのエリアに分かれている。これらを全て歩いてめぐろうとすれば丸一日かかるので、比叡山めぐりは、比叡山頂～東塔～延暦寺バスセンター～西塔～峰道～横川間を走るシャトルバスを利用するとよい。平日は1時間ごと、土日・連休・夏休みなどの多客期は30分ごとに運行している(冬期運休)。

東塔には延暦寺の総本堂、根本中堂がある。1200年間灯り続けている「不滅の法灯」は必見だ。東塔～西塔間の鬱蒼《うっそう》とした老杉のそびえ立つ山道を歩くのも気分がいい。途中、弁慶水や山王院、延暦寺の開祖・伝教大師最澄が眠る浄土院などを経て、西塔までは30分。唯一、織田信長の焼き討ちを免れて残った瑠璃堂《るりどう》は、西塔から徒歩で20分ほど離れたところにぽつんと立っている。横川では、比叡山中興の祖でおみくじの元祖といわれる元三《がんざん》大師《だいし》(良源《りょうげん》)の御廟《みみょう》まで少し足をのばして、その奇妙なかたちをしたお墓を拝んでおけば運が向くかもしれない。

インフォメーション

住 滋賀県大津市坂本本町4220　電 077-578-0001　時 9:00～16:00（12～2月9:30～）※最終受付15分前　料 東塔・西塔・横川共通券1000円、国宝殿（宝物館）500円　休 なし　交 叡山電車八瀬比叡山口駅から徒歩3分のケーブル八瀬駅から叡山ケーブルで9分、ケーブル比叡駅下車、ロープ比叡駅からロープウェイで3分、比叡山頂駅下車すぐ／JR京都駅から比叡山ドライブバスで70分、延暦寺バスセンター下車すぐ　駐 あり

東塔にある法華総持院東塔と阿弥陀堂

東塔の戒壇院(重文)。方三間《ほうさんげん》・一重・裳階《もこし》付き宝形造・栩葺《とちぶき》の建物。僧の資格を与える授戒の儀式が行われる　写真　延暦寺

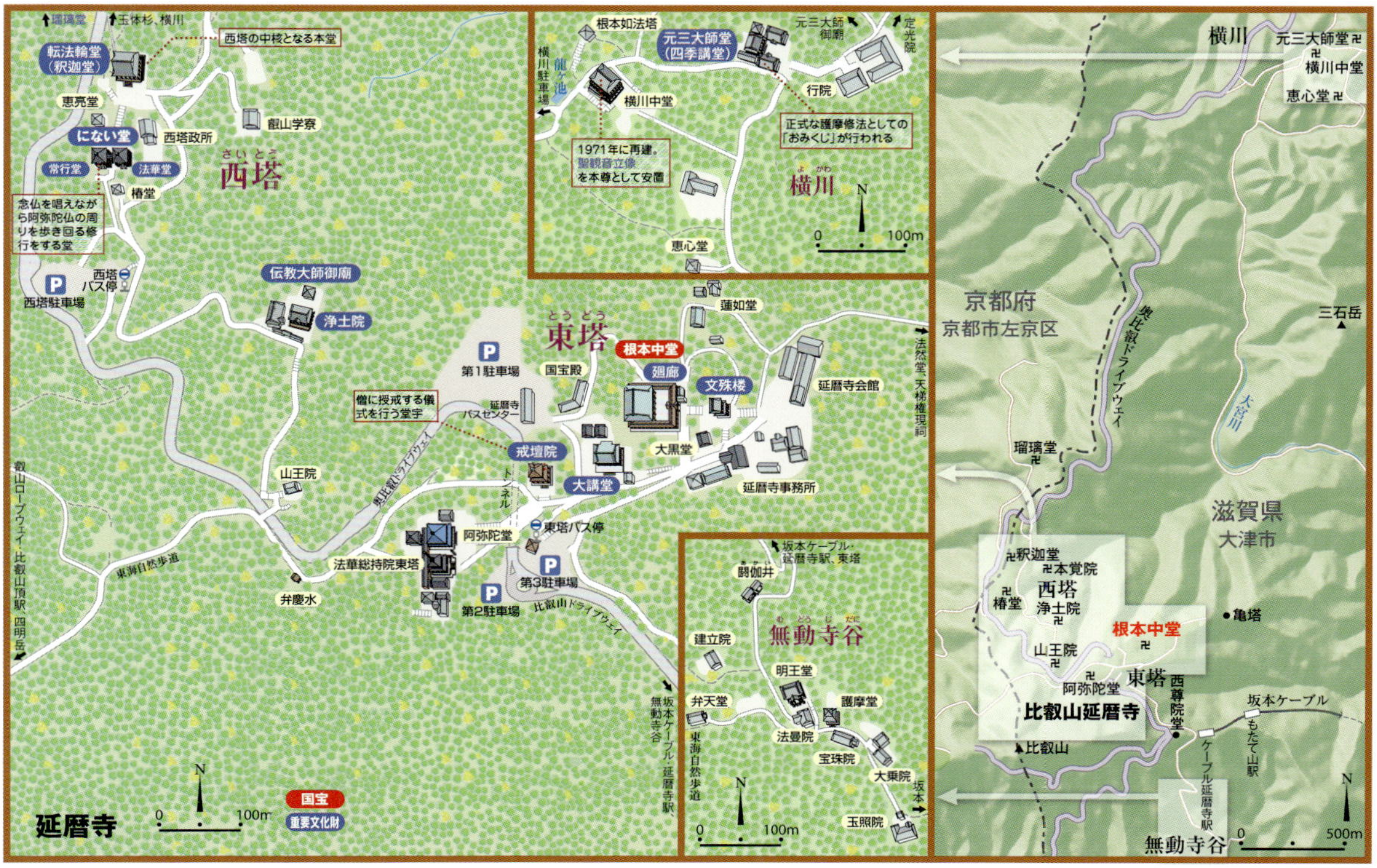

写真　朝日新聞出版 写真部(崔 承熹、P132～137のとくに表記のないもの全て)

楼門。1628（寛永5）年に他の建物とともに造替された。手前にある玉橋は、神事のときに神職が渡る以外は閉ざされている。いずれも重要文化財　写真　上賀茂神社（P134）

上賀茂神社

賀茂川の分流が境内を潤す

正式名称は賀茂別雷神社。平安京が置かれる前から、この地にいた賀茂氏の氏神として信仰され、平安京建都後は国家鎮護の神社として尊崇された。

一ノ鳥居から二ノ鳥居に向かってまっすぐにのびる参道の両側は、桜などの名木が点在する広々とした境内。二ノ鳥居をくぐると2つの立砂《たてずな》(神が降臨する依代《よりしろ》を表している)が盛られた細殿《ほそどの》がある。賀茂川から分流した、ならの小川に架かる舞殿(橋殿)を渡ると御物忌《おものい》川に架かる玉橋がある。朱塗《しゅぬ》りの楼門をくぐり、賀茂別《かもわけ》雷大神《いかづちのおおかみ》の本殿・権殿を拝する。帰り道は4月に曲水宴《きょくすいのえん》が開かれる渉渓園《しょうけいえん》を経て、ならの小川に沿って一ノ鳥居へ。境内を出て左(東)に行くと、明神川沿いに上賀茂神社の神職を務めた「社家《しゃけ》」の家並みが続く趣のある道がのびているので、ちょっとゆったり散策していこう。

ならの小川。賀茂川から分流した水が境内を流れる

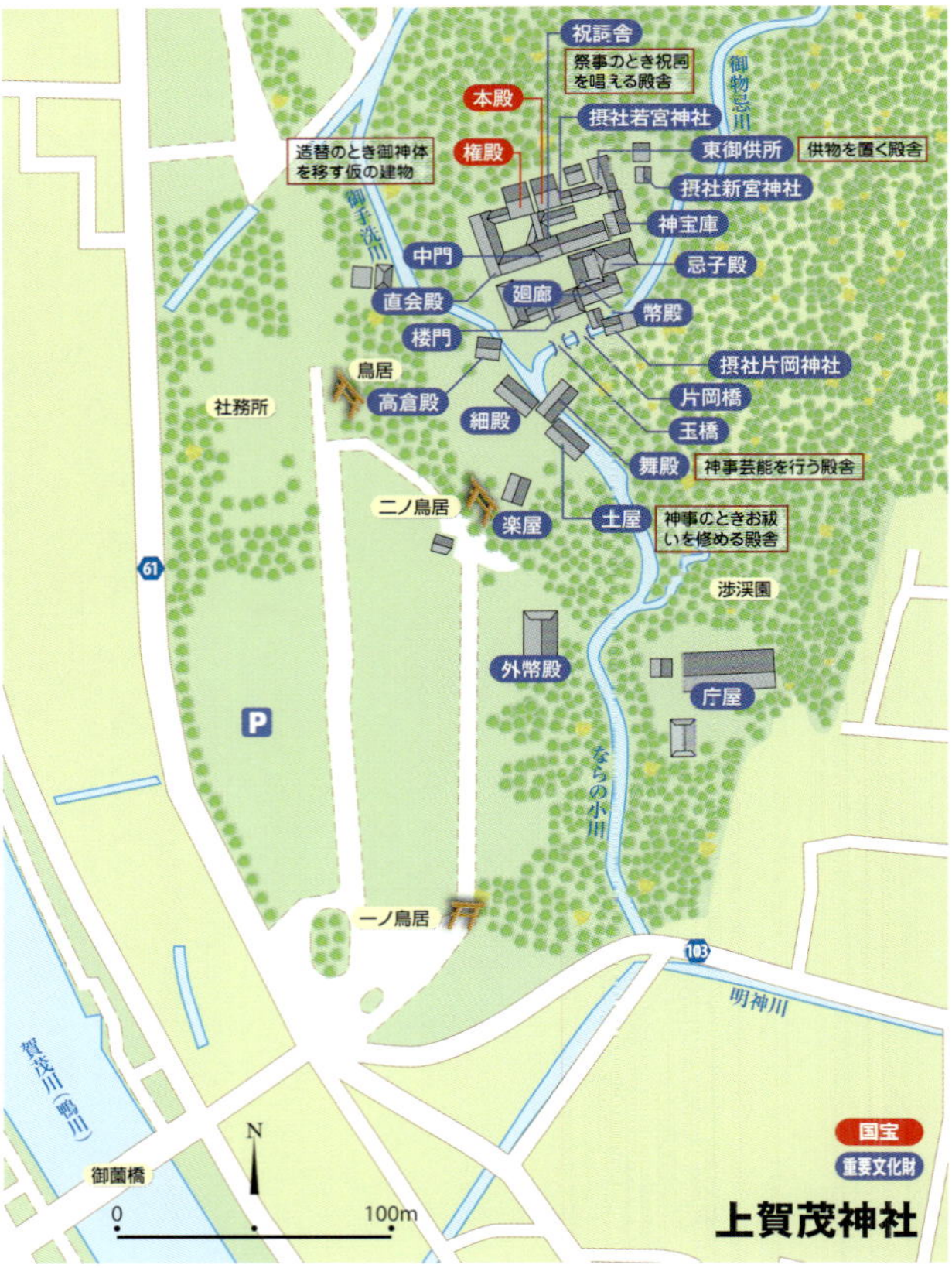

インフォメーション

住 京都府京都市北区上賀茂本山339　電 075-781-0011　時 二ノ鳥居5:30～17:00、楼門・授与所8:00～16:45、本殿特別参拝10:00～16:00　料 本殿特別参拝初穂料500円　休 なし
交 地下鉄烏丸線北大路駅から徒歩20分／JR京都駅から京都市バス上賀茂神社行き(4系統)で50分、上賀茂神社前下車すぐ
駐 あり

インフォメーション

住 京都府京都市左京区下鴨泉川町59 電 075-781-0010
時 6:00～17:00、大炊殿10:00～16:00 料 大炊殿・神宮寺旧跡・鴨社資料館秀穂舎1000円 休 なし 交 JR京都駅から京都市バス(205系統)で25分、下鴨神社前下車すぐ／京阪出町柳駅から徒歩12分 駐 あり

1月4日に丹塗りの楼門(右)の前で「蹴鞠始め」の神事が行われる。左は舞殿
写真　PIXTA

下鴨神社

糺の森に包まれた王城鎮護の社

正式名称は賀茂御祖神社。紀元前の創祀と伝えられ、京都の守り神とされていたが、平安京造営の際に国家鎮護の神社となった。上賀茂神社と同じく流造本殿の古い形式を伝える。

境内は12ヘクタール余りの広い自然林「糺《ただす》の森」に囲まれている。『源氏物語』や『枕草子』にも登場する都人に愛された森だ。森に入ってすぐのところに鴨長明《かものちょうめい》ゆかりの河合《かわい》神社がある。神宮寺跡には『方丈記』の〝方丈〟を再現した一丈(約3メートル)四方の庵《いおり》が立っている。社殿に向かう参道の西側には、みたらしの池を水源にする、ならの小川(瀬見《せみ》の小川)が流れ、東側の森のなかで泉川《いずみがわ》がせせらぎの音を立てている。参道ではなく流れに沿って歩いて行くのも気分がいい。森を抜けて丹《に》塗りの楼門をくぐると舞殿《ぶでん》、奥に中門があり、そこから東西の本殿を拝む。本殿東側の御手洗社より水が湧きあがる場所が、みたらし団子の起源となったという御手洗池だ。

糺の森。かつては現在の40倍の広さの森だったが、応仁の乱で焼けるなどして縮小した

平等院鳳凰堂。かつて貴族は、対岸の小御所から、沈む太陽を背にした阿弥陀如来を拝していた　写真　平等院

平等院

極楽浄土を現出した御堂

藤原頼通が平安時代末の1053（天喜1）年に極楽浄土を具現するものとして道長から譲られた別荘を改め造営。末法思想や浄土信仰の影響を受けた鳳凰堂は創建期の姿を残す。庭は浄土式庭園の手本となった。

平等院の境内はさして広くないので、ゆっくり庭を散策できる。正門(表門)から進むと阿字池に浮かぶようにして立つ鳳凰堂《ほうおうどう》が目に飛び込んでくる。時計回りに池をめぐって御堂の姿を前後左右から鑑賞しておこう。鳳凰堂の内部を拝観するには受付で時間券の購入が必要。定朝作の国宝・阿弥陀如来坐像は必見だ。観音堂や浄土院をめぐり、平等院ミュージアム鳳翔館《ほうしょうかん》で国宝などを鑑賞し、ミュージアムショップに寄っても、2時間をみておけばいいだろう。平等院を出て中の島に渡り、宇治川の流れを眺めながら朝霧橋を渡る。対岸の宇治神社から「さわらびの道」の坂道をたどって行けば、20分ほどで宇治上神社に着く。

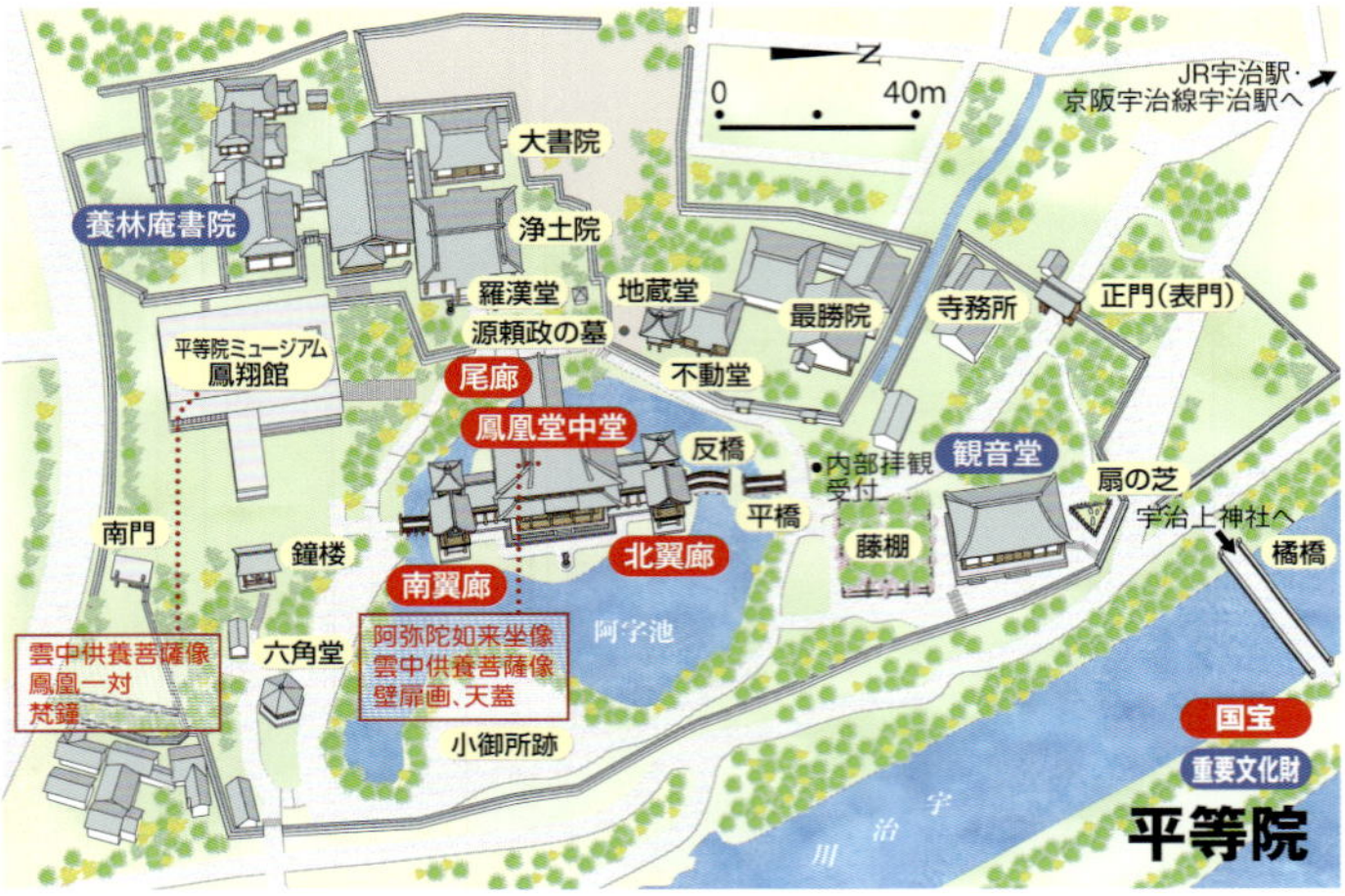

インフォメーション

住 京都府宇治市宇治蓮華116　電 0774-21-2861　時 8:30～17:30（最終受付15分前）　料 700円〔鳳凰堂内部拝観300円〕　休 なし　交 JR奈良線宇治駅から徒歩10分　駐 なし(近隣にあり)

東寺

変わらない位置は平安京の基準点

正式名称は教王護国寺。平安京造営に際し、国家鎮護のため羅城門の東西に建立された2つの官寺のうちの1つ。823（弘仁14）年に空海に下賜され真言密教の根本道場とされた。

新 幹線からも見える東寺の五重塔は、昔も今も京都のランドマークだ。東寺の境内と建物の位置は、平安京創建当時からまったく変わっていない。現在は跡形もない昔の京都の建物などの位置を推定する際に、東寺はしばしば位置決めの基準点にされる。金堂の薬師三尊像、講堂の立体曼荼羅(五智如来・五大菩薩・五大明王)は壮大な建物とともに見ごたえ十分。御影堂《みえどう》(大師堂)や食堂《じきどう》は今も庶民の参詣を集める御堂である。

インフォメーション

住 京都府京都市南区九条町1　電 075-691-3325　時 5:00～17:00（金堂・講堂8:00～）※受付終了30分前　料 金堂・講堂500円　休 なし　交 JR京都駅から徒歩15分／近鉄東寺駅から徒歩10分　駐 あり

講堂。空海のアイデアによりつくられた立体曼荼羅21尊を納めた重要な堂。1491（延徳3）年再建　写真　熊谷武二

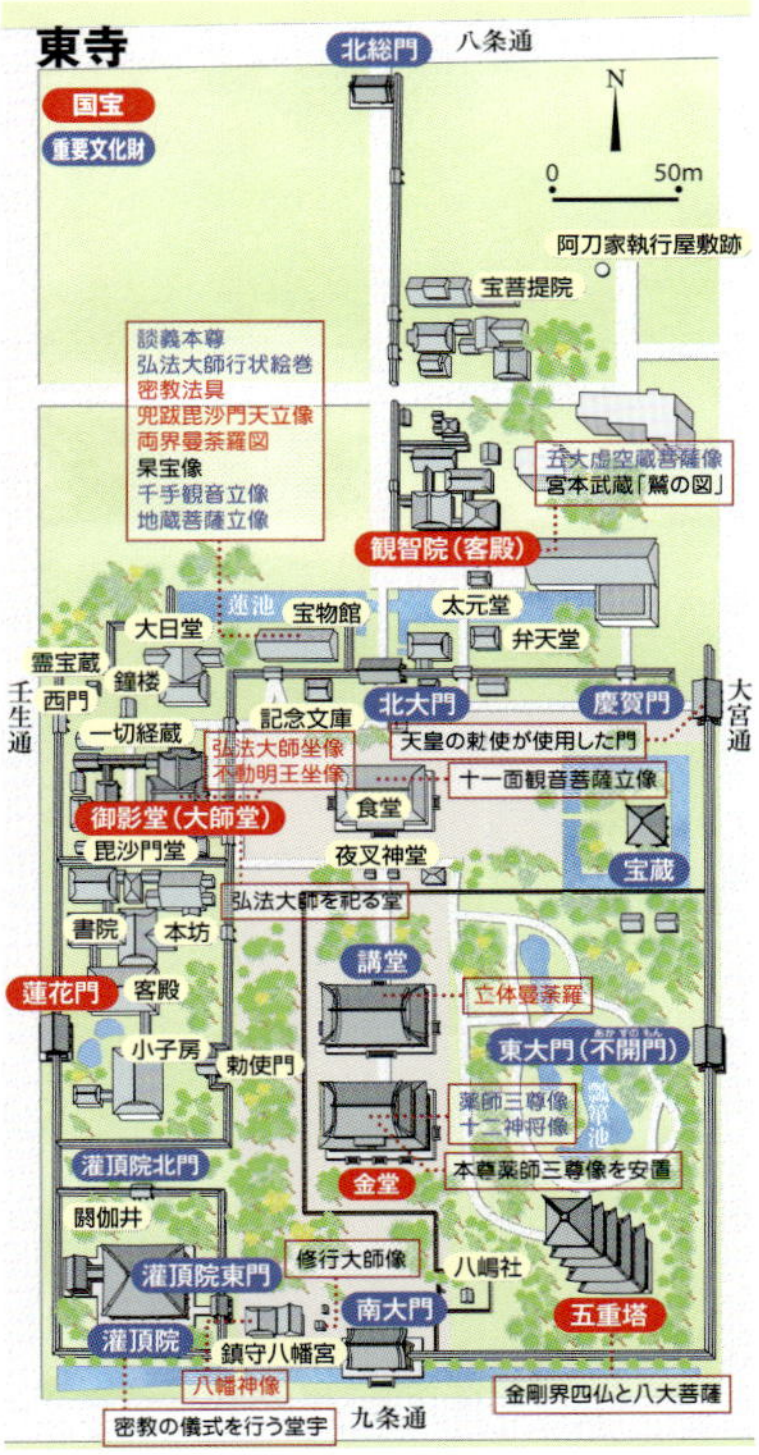

南大門。三十三間堂の西門を明治期に移築したもの。門から金堂、講堂、食堂が一直線に並ぶ伽藍配置

法勝寺八角九重塔復元CG。これまでこの塔の屋根は、その最後を記した『太平記』に、檜皮に火の粉が燃え移ったとあることをもって檜皮葺と考えられてきた。しかし、近年の文献史料に基づく研究から創建塔は瓦葺であったことがわかり、2010年の発掘調査によってそれが裏付けられたことから、このCGでは瓦葺として復元している。復元考証　冨島義幸／CG制作　竹川浩平

もっと知りたい!

失われた平安時代の寺院建築

平安京に造営された壮麗な建築物には、戦禍や天災で失われ、そのまま再建されなかったものが数多くある。そのなかには世界遺産に匹敵、いやそれ以上に素晴らしいものがあった。

文◉冨島義幸

平等院鳳凰堂、醍醐寺五重塔・薬師堂―千年の都・京都に残る平安時代の京の寺院建築は意外にも少ない。これらは平安の都に建てられた寺院建築のほんの氷山の一角にすぎず、かつて京都では寺院の建設ラッシュともいえる時代があり、豊かな仏教の建築文化が花開いていた。そのなかには世界遺産に比肩《ひけん》する、あるいはそれ以上の建築も数多く建てられていたことが想像される。

たとえば、鳥羽《とば》上皇が建立した鳥羽の勝光明院阿弥陀堂《しょうこうみょういんあみだどう》は、平等院鳳凰堂を規範として、堂内の壁に雲中供養菩薩《うんちゅうくようぼさつ》像《ぞう》のような菩薩像を200体以上もかけ、扉には鳳凰堂と同じく九品往生図《くほんおうじょうず》、内陣の柱には両界曼荼羅《りょうかいまんだら》の諸尊を描いていた。さらには、2階にも奏楽の菩薩像などを配していたという。その遺跡からは孔雀を浮き彫りにした、中尊寺金色堂《ちゅうそんじこんじきどう》の格狭間《こうざま》の孔雀に通じる金具が発掘されている。部分とはいえその優雅な姿からは、この阿弥陀堂がいかに美を尽くした建物であったかがうかがわれる。

天皇復権を象徴する法勝寺

もう一つ、平安時代の京の寺院建築の景観をイメージさせる興味深い記録がある。京の「百塔詣で《ひゃくとうもう》」である。平安末期の貴族藤原忠親《ただちか》の日記である『山槐記《さんかいき》』には、1179(治承《じしょう》3)年、3日間の日程で京周辺の塔120基に詣でたことが記録されている。塔が林立する驚くべき景観が想像されよう。

こうした数多い京の塔のなかでも突出した存在が、法勝寺《ほっしょうじ》八角九重塔である。

法勝寺は、のちに院政を確立して、

絶大な権力を振るうことになる白河《しらかわ》天皇が1077(承暦《じょうりゃく》1)年に創建した寺院である。その伽藍は中央に大きな池を備え、大極殿《だいごくでん》に匹敵する巨大な金堂、九体阿弥陀堂《くたいあみだどう》や七仏《しちぶつ》薬師堂・五大堂《ごだいどう》などの大建築が立っていた。これは、院政以前に栄華をきわめた摂関藤原道長の法成寺《ほうじょうじ》(のちに焼失)にならったものであった。

法勝寺を際立たせたのは、創建から4年遅れて金堂の正面、池の中島で建設が始められた塔である。その高さは27丈《じょう》(約81メートル)といわれ、現存最大の木造の塔である東寺五重塔の56メートルをはるかに上回る。しかも八角形で九重塔という前代未聞の形式であった。八角九重塔は、法勝寺が法成寺を超えたこと、ひいては王家が摂関家を凌駕したことを象徴する記念碑ともいうべき建築であった。

法勝寺八角九重塔・東寺五重塔・醍醐寺五重塔(左から)。世界遺産の東寺五重塔は現存最大の木造の塔で、高さは約56メートルある。この塔や同じく世界遺産の醍醐寺五重塔と比較すると、法勝寺八角九重塔がいかに巨大で特異な形式であったかがわかる。醍醐寺五重塔・東寺五重塔の立面図は『日本建築史基礎資料集成11』(中央公論美術出版、1984)より転載

2010年の春、発掘調査によって、法勝寺のあった岡崎の地(現在の京都市動物園)で、八角九重塔の基礎がその姿を現した。巨大な九重塔を支えるべく、直径30メートルを超える大きな八角形の穴を掘り、そこに粘土とともに50～70センチもある丸石を大量に詰め込んでつき固めるという、他に例をみない徹底した地盤改良がなされていた。

塔の初重《しょじゅう》内部には、金剛界曼荼羅《こんごうかいまんだら》の五仏《ごぶつ》が安置され、金堂の胎蔵界《たいぞうかい》五仏とともに、伽藍中心に密教の根本である両界曼荼羅世界を具現していた。密教を重視した白河天皇の思想が明快に表れている。金剛界五仏を彫像や絵画として表す場合、普通は両界曼荼羅図にみるように、中心の仏である大日如来《だいにちにょらい》像は一体なのだが、この塔では八尺の大日如来像を「四面毘盧遮那《しめんびるしゃな》(四面大日)」という密教の教義に基づき、四方に向けて計四体安置する形式であった。建築・安置仏ともに前代未聞の、まさに奇想の塔であったといえよう。

失われた建築、残った建築

法勝寺八角九重塔は何度も大地震を経験し、大きな被害を受けながらも倒れなかった。一度、落雷によって焼失したが、5年の歳月をかけて再建された。しかし、その最後は実にあっけないものだった。1342(暦応5)年3月、『太平記《たいへいき》』によれば、周辺の民家の火事で飛んできた小さな火の粉が檜《ひ》皮葺《わだぶき》の屋根に落ち、それが延焼し、焼失してしまったのである。その後は再建の話ももちあがるが、結局は再建されなかった。

そして1399(応永《おうえい》6)年、新勢力である足利義満《あしかがよしみつ》が法勝寺に対抗して建てた、高さ110メートルともいわれる相国寺《しょうこくじ》七重塔が都に君臨することになるが、この塔もわずか4年で雷火によって失われ、その後再建されるも、今となってはその場所すらはっきりしない。

世界遺産の建築―それは建物そのものがもつ意味や造形に加え、歴史つまり時間の積み重ねが生み出すものだ。今日残る平安建築は、これまでに多かれ少なかれ、存亡の危機を経験している。災害や戦乱に見舞われながら奇跡的に残ったものもある。そもそも建物に強さがなければ1000年という長い時間立ち続けることはとうていかなわない。そしてそれを守るために、幾度もの修理が重ねられてきた。人々に膨大な時間と労力をそそいでも守りたいと思わせるほど、魅力がなければならない。偶然と必然―世界遺産の建築は、この2つが絶妙にはたらくことでかなった、奇跡の建築といえるだろう。

◉とみしま　よしゆき　京都大学教授。専門は古代・中世の仏教建築の歴史

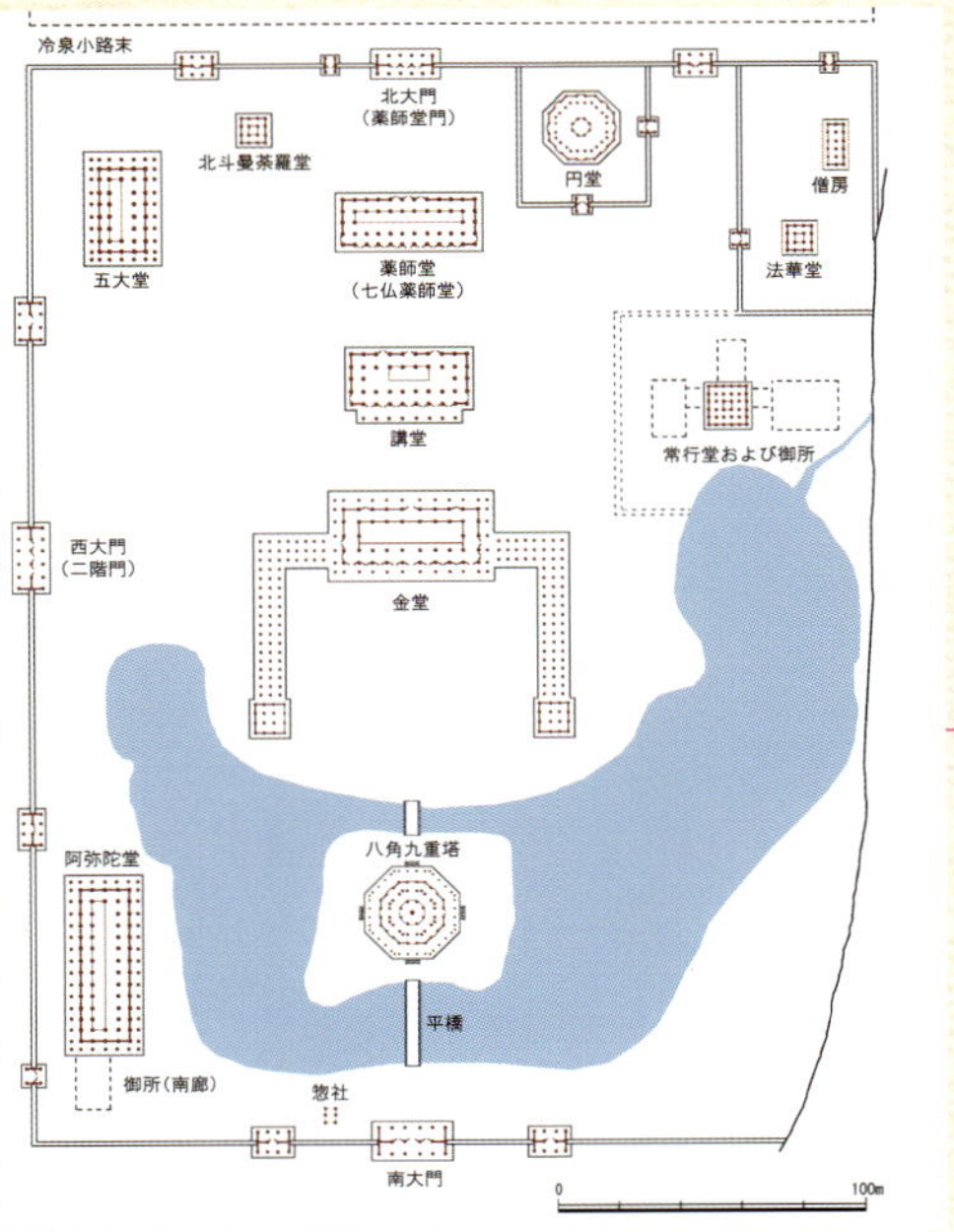
冷泉小路末
北大門
(薬師堂門)
北斗曼荼羅堂
円堂
僧房
五大堂
薬師堂
(七仏薬師堂)
法華堂
講堂
常行堂および御所
西大門
(二階門)
金堂
阿弥陀堂
八角九重塔
平橋
御所(南廊)
惣社
南大門
0
100m

法勝寺伽藍復元図　金堂前の大きな池の中島には、建築史上、他に例をみない八角九重の巨塔が建てられた。先端に経蔵・鐘楼を備えたコの字形廻廊の金堂と前面の苑池からなる伽藍は、平泉の世界遺産毛越寺《もうつうじ》のモデルにもなった　復元図　冨島義幸

めざせ！全踏破

LET'S WALK

静寂の古寺と名庭をめぐる

京都盆地北部の縁辺は、名庭を有する名だたる社寺で占められていると言っても過言ではない。金閣寺や銀閣寺など、定番中の定番の寺を訪ねる。

インフォメーション

住 京都府京都市北区金閣寺町1 電 075-461-0013 時 9:00～17:00 料 500円 休 なし 交 JR京都駅から京都市バス(205系統、二条城・金閣寺Express)で35分、金閣寺道下車、徒歩5分 駐 あり

初層は開放的な蔀戸《しとみど》が印象的な寝殿造、2層は格子窓や舞良戸《まいらど》のある武家造、3層は花頭窓が目立つ禅宗仏殿造という複合的なデザインである　写真　鹿苑寺

金閣寺

鏡湖池と金閣に義満の栄華を偲ぶ

正式名称は鹿苑寺。公家・西園寺家の別荘「北山第」を継承した足利義満の山荘が、その死後に禅寺に改められた。臨済宗相国寺派で、相国寺の山外塔頭。

金閣寺の参道は広いが、紅葉シーズンなどは入場を待つ人でいっぱいになってしまう。

受付では拝観券ではなく、そのまま家に貼れるような御札を渡される。

境内に入るとすぐに展望が開け、鏡湖池《きょうこち》の向こうに金閣が見える。いきなりメインディッシュという構造だ。屋根には鳳凰が輝く。記念写真を撮るなら、定番どおりここで撮ろう。

順路に沿って、金閣寺を間近に見ながら、山腹へ。龍門滝《りゅうもんたき》、安民沢《あんみんたく》を経て展望ポイントへ。ここから眺める金閣は「見返り金閣」と呼ばれる。茶室・夕佳亭《せっかてい》は、江戸時代に、現在の金閣寺の景観をつくった中興の祖・鳳林承章《ほうりんじょうしょう》がつくらせたもの。

金閣寺と龍安寺《りょうあんじ》の間は徒歩で移動する人も多い。さらに世界遺産の仁和寺《にんなじ》、足利将軍家ゆかりの等持院《とうじいん》なども徒歩圏内だ。また、烏丸《からすま》線今出川駅近くの相国寺承天閣《しょうこくじじょうてんかく》美術館では、金閣寺・銀閣寺ゆかりの名宝を見ることができる。

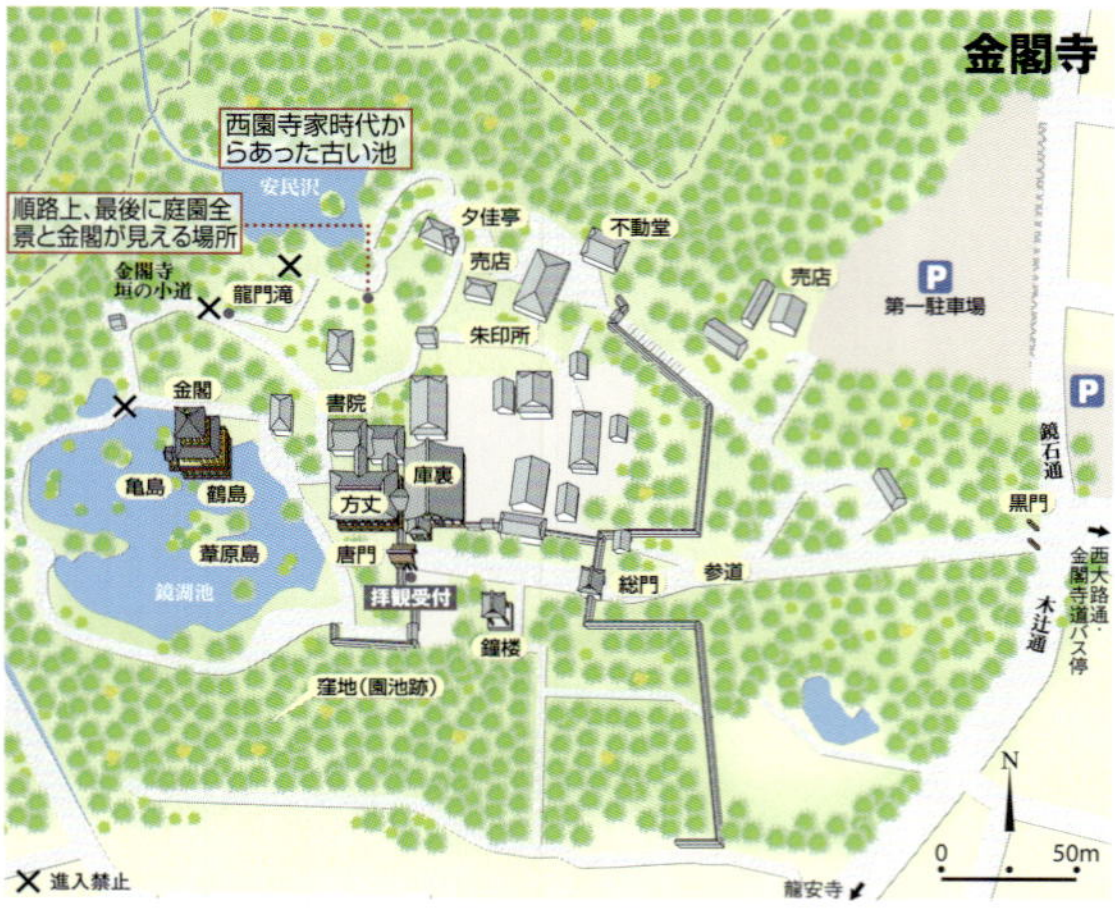

銀閣寺

庭園の中の建築に義政の美学を見る

正式名称は東山慈照寺。室町８代将軍足利義政の別荘が、その死後に禅寺に改められたもの。臨済宗相国寺派で、相国寺の山外塔頭。

参道を上って総門をくぐると、両脇がいっさい見えない椿の生け垣に囲まれた銀閣寺垣がある。日常から別世界へ行くための通り道だ。

中門をくぐってもすぐに銀閣は目に入らない。方丈《ほうじょう》の前に出て振り返ると、銀沙灘《ぎんしゃだん》・向月台《こうげつだい》を挟んで銀閣が見える。方丈の縁に腰かけてしばし銀閣を鑑賞しよう。

銀沙灘と向月台は江戸時代の作だが、誰がつくったのかはわかっていない。現代の作品といってもおかしくないデザインだ。

他の名庭と違うのは、銀閣と東求堂《とうぐどう》という2軒の国宝建築を有すること。庭園と建築が融合した楼閣《ろうかく》庭園建築の世界を味わうことができる。そのうち東求堂は、春秋の特別公開時には内部まで公開されるので、ぜひ拝観したい。

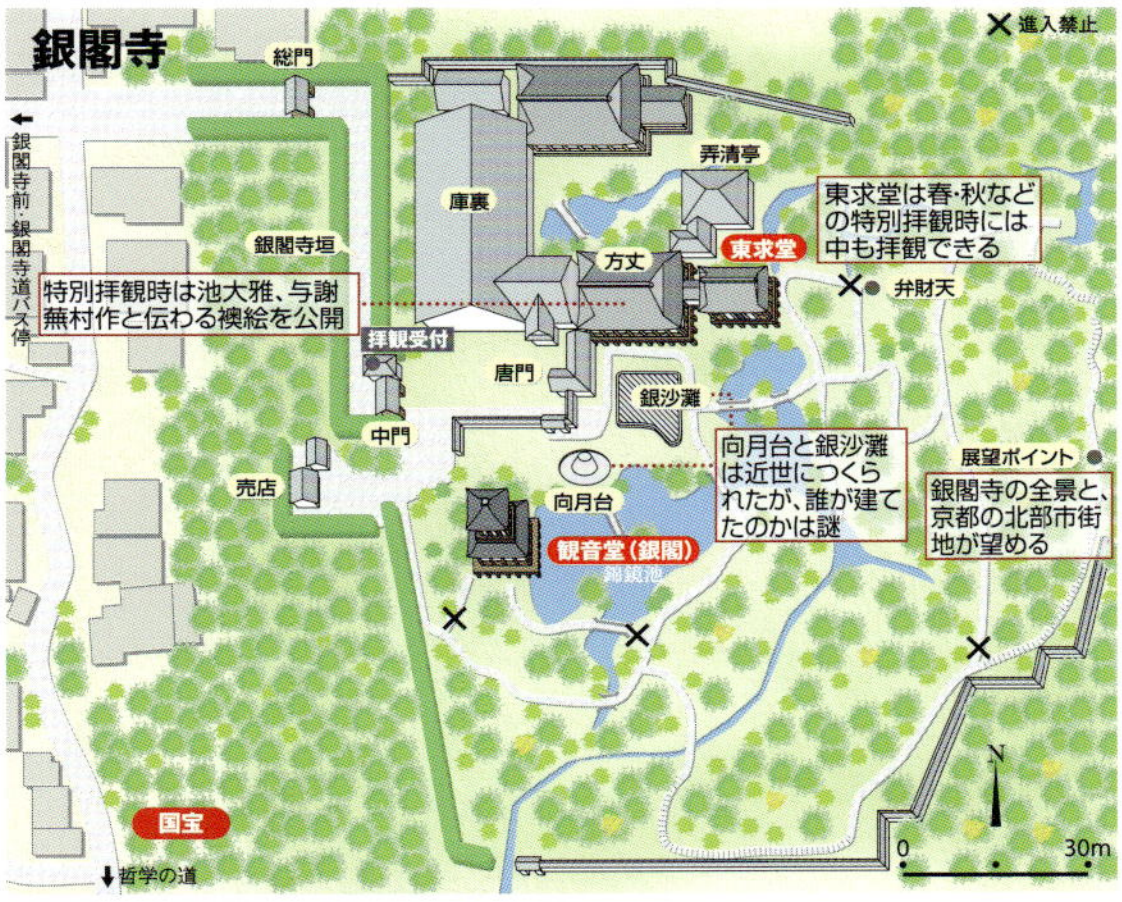

「四畳半」の起源ともいわれる「同仁斎《どうじんさい》」の間で詳しい案内を聞こう。

土産物店が並ぶ参道や、琵琶湖疏水《びわこそすい》べりの「哲学の道」も散策したい。

インフォメーション

住 京都府京都市左京区銀閣寺町２ 電 075-771-5725 時 8:30～17:00（12～2月9:00～16:30） 料 500円 休 なし 交 JR京都駅から京都市バス(5系統)で42分、銀閣寺道下車、徒歩6分／JR京都駅から地下鉄烏丸線で10分、今出川駅下車、京都市バス(203系統)に乗り換え15分、銀閣寺道下車、徒歩6分 駐 なし

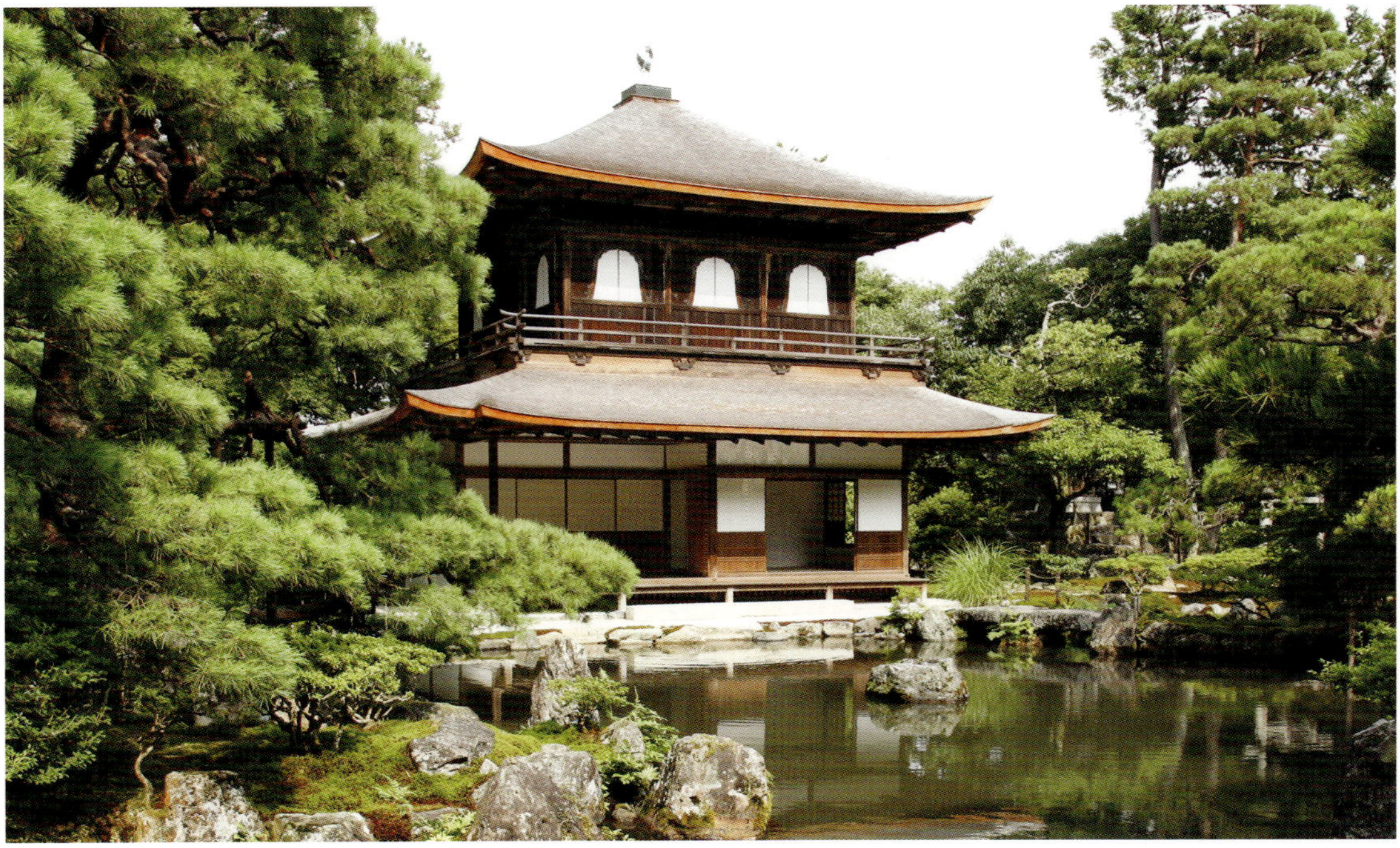
観音堂(銀閣)。1階を和様、2階を唐様とした重層の仏殿。庭園の全体的な構成やデザインは足利義政が幾度も訪れていた西芳寺をモデルにしている　写真　慈照寺

天龍寺

嵐山を代表する禅の巨刹

足利尊氏が、後醍醐天皇の菩提を弔うため、夢窓疎石を開山として創建した。かつての寺域は嵐山一帯におよび、京都五山第一位の格式を誇った。臨済宗天龍寺派の大本山。山号は霊亀山《れいぎざん》。

庭園から見た大方丈は、1899年の再建。本尊は釈迦如来坐像　写真　天龍寺

天龍寺の最大の見どころは、何といっても禅宗庭園の最高峰とされる曹源池庭園だ。国の特別名勝である、池泉回遊式の曹源池と百花苑《ひゃっかえん》を散策したうえで、300円の参拝料を追加して大《おお》方丈《ほうじょう》に上がろう。大方丈の縁側に座り、曹源池と庭、借景《しゃっけい》としての嵐山・亀山《かめやま》を一望する雄大な庭園美をじっくり観賞しよう。

禅寺を訪ねる楽しみの一つは、法堂《はっとう》の天井に描かれた雲龍図《うんりゅうず》の鑑賞だが、なかでも、ここ天龍寺の加山又造《かやままたぞう》筆の「雲龍図」はダイナミックだ。公開日には、ぜひ法堂も見学したい。天井が低いので、なおさら迫ってくる感じがする。

門前から渡月橋《とげつきょう》にかけては京都で最も観光客の多い人気スポットの一つで、土産物店や喫茶店が立ち並ぶ。時間があれば、北西の山中に向かって続く常寂光寺《じょうじゃっこうじ》、二尊院《にそんいん》、あだし野念仏《のねんぶつ》寺《じ》などの古刹《こさつ》・名刹も訪ねたい。

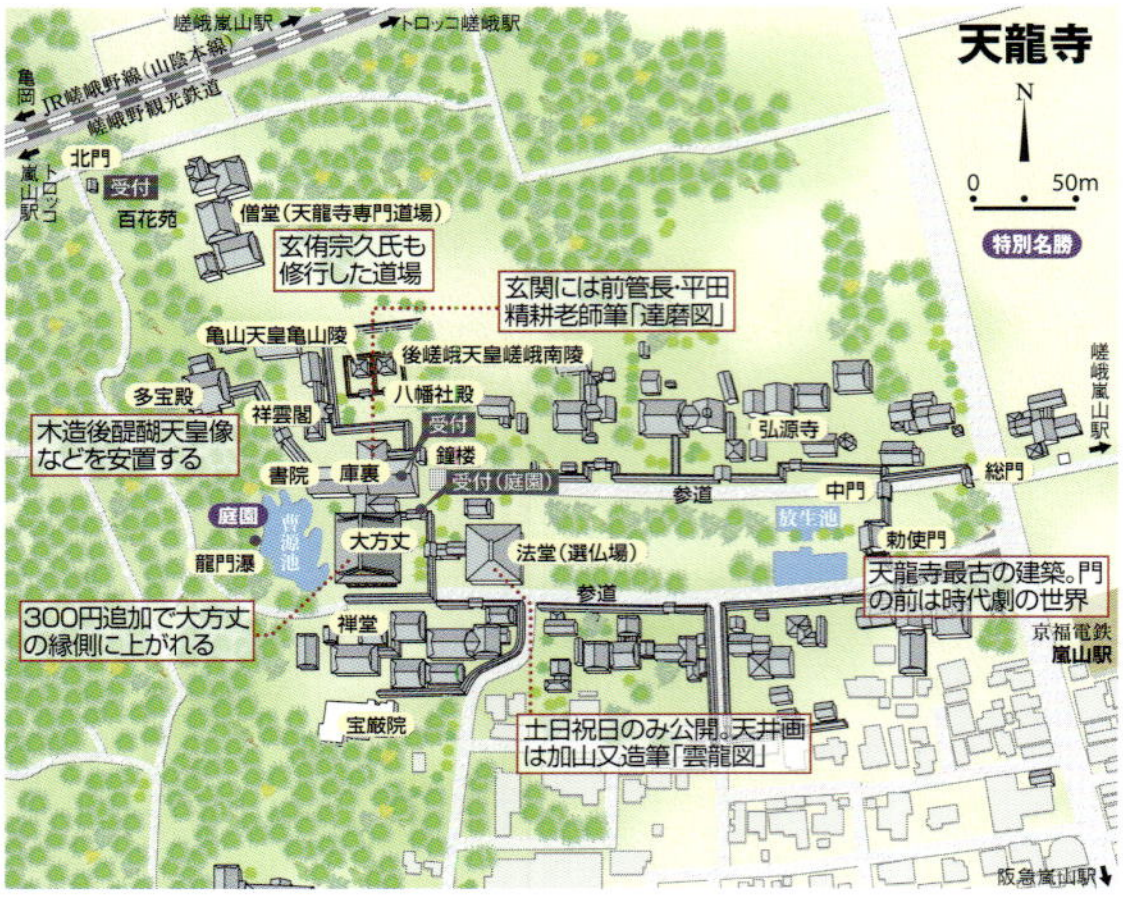

インフォメーション

住 京都府京都市右京区嵯峨天龍寺芒ノ馬場町68　電 075-881-1235　時 庭園8:30～17:00（最終受付10分前）　料 庭園500円（諸堂別途300円）　休 なし　交 京都駅からJR嵯峨野線で18分、嵯峨嵐山駅下車、徒歩15分／京都駅前から京都市バス（28系統）で38分、嵐山天龍寺前下車すぐ　駐 あり

日本初の作庭家とされる、天龍寺開山の禅僧・夢窓疎石が整備した曹源池庭園　写真　PIXTA

御所庭園でいただける季節の切り絵御朱印は1体1300円　写真　仁和寺

御室桜は遅咲きで、背丈が低いのが特徴　写真　PIXTA

仁和寺

代々皇族が入山した真言宗の門跡寺院

9世紀後半、光孝天皇と宇多天皇によって造営され、年号にちなんで仁和寺と号した。宇多天皇が出家後ここを住まいとしたことから御室御所とも呼ばれた。真言宗御室派の総本山。

インフォメーション

住 京都府京都市右京区御室大内33　電 075-461-1155　時 9:00～17:00（12～2月～16:30）※最終受付30分前　料 800円（御室桜開花時期は特別入山料500円、霊宝館（期間限定）500円）　休 なし　交 京都駅前から京都市バス（26系統）で37分、御室仁和寺下車すぐ／京都駅前からJRバス高雄・京北線で38分、御室仁和寺下車すぐ　駐 あり

境内は「御室桜《おむろざくら》」の名で知られる桜の名所で、桜の開花期を除き参拝は自由。国宝・重要文化財の建造物群のほとんどを、そばに寄ってじっくり鑑賞できる。もともと御所の建物だった金堂《こんどう》と御影堂《みえどう》は、仏堂風に改造されているが、御所の要素を残し、普通の寺の仏堂とはかなり違う。

金堂内部は通常非公開だが、節《せつ》分会《ぶんえ》など特別の法要のときだけ開扉され、一般人も参拝できる。

本坊《ほんぼう》表門から入る御殿と庭園は近代のもの。最奥の

霊明殿《れいめいでん》には木造薬師如来《やくしにょらい》坐像（国宝・秘仏）のお前立《まえだち》を安置している。

霊宝館《れいほうかん》では、春と秋の特別公開期間に平安時代中期の阿弥陀三尊《あみださんぞん》像（国宝）や、時期を限って「御室相承記像」（国宝）などの宝物が公開される。平安から江戸末期までの約1000年間、皇室出身者が住職を務めた雅な寺だ。

方丈庭園。15個の石が白砂に浮かぶ枯山水の石庭。1975年に来日した英国のエリザベス女王も絶賛　写真　PIXTA(P144)

龍安寺

枯山水の庭園と植物園のような境内

大雲山龍安寺。臨済宗妙心寺派十刹の一つ。方丈の石庭があまりにも有名だが、実はそれは境内のほんの一部で、四季折々の風情が楽しめる広い庭園があることはあまり知られていない。

受付の山門をくぐるとすぐに分かれ道。左に行くと鏡容池《きょうようち》、まっすぐ上れば石庭《せきてい》入り口の庫裏《くり》への近道だ。石庭と庭と、どちらを先に見るか。まずはまっすぐ石庭へ。

方丈に上がって、縁側で石庭を鑑賞する。龍安寺の石庭は作者も年代も謎に包まれている。その分、解釈は自由。世界遺産の他の庭園にはない、想像力が必要とされる枯山水《かれさんすい》の世界だ。

方丈の裏側には有名な蹲踞《つくばい》がある。気づかずに通り過ぎてしまう人も多そうだが、禅寺ならではのユーモアがある。

庭園は、6~7月に鏡容池いっぱいに花開く睡蓮《すいれん》、春だけ公開される桜苑の400本の桜、侘助椿《わびすけつばき》の道、庫裏に上がる道沿いの楓《かえで》など、どの季節でも楽しめる。ほっとするような阿弥陀如来坐像《あみだにょらいざぞう》の石仏もある。

山門の手前に売店がある他、境内には、湯豆腐が名物の塔頭《たっちゅう》(西源院《せいげんいん》)などもある。

鏡容池は京都三大池に数えられ、鏡のような水面が春の桜や秋の紅葉を美しく映し出す

インフォメーション

住 京都府京都市右京区龍安寺御陵ノ下町13　電 075-463-2216　時 8:00～17:00(12～2月8:30～16:30)　料 600円　休 なし　交 JR京都駅から京都市バス(50系統)で36分、立命館大学前下車、徒歩7分／四条大宮から京都市バス(52･55系統)で25分、立命館大学前下車、徒歩7分／三条京阪前から京都市バス(59系統)で40分、龍安寺前下車すぐ　駐 あり

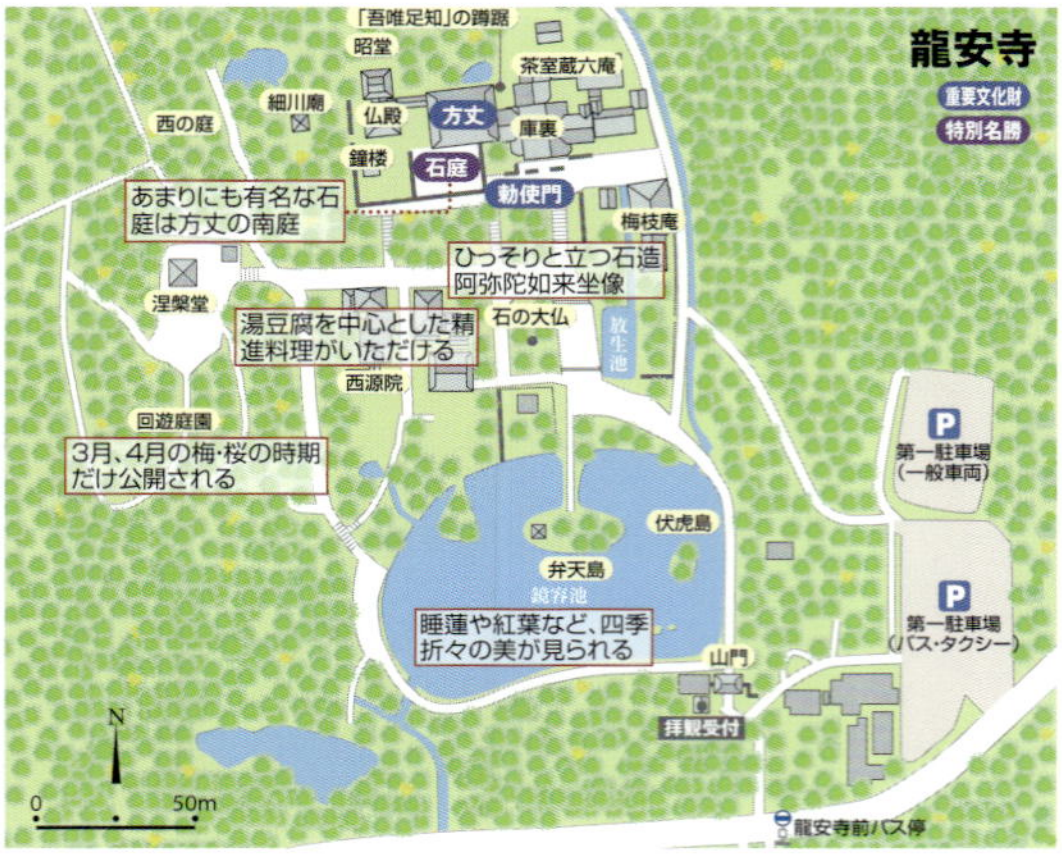

高山寺

栂尾の山中で明恵上人《みょうえしょうにん》を偲ぶ

栂尾山《とがのおさん》高山寺。1206（建永1）年、明恵上人が後鳥羽上皇の勅願で再興、上人ゆかりの寺として知られる。多数の国宝・重要文化財を所蔵。現在は真言宗の単立寺院。

麓から細い裏参道を上ると、石水《せきすい》院《いん》の入り口に受付がある。明恵上人時代につくられた、国宝・石水院の縁側で明恵上人に思いを馳せよう。広縁の善財童子《ぜんざいどうじ》像や、上人が愛玩していたといわれる子犬像の模刻などがなごませてくれる。

山肌に広がる境内には重要文化財の如法経《にょほうきょう》塔《とう》・宝篋印塔《ほうきょういんとう》の他、開《かい》山堂《さんどう》、金堂《こんどう》などがある。「鳥獣人物戯画《ちょうじゅうじんぶつぎが》」「華厳《けごん》宗祖師絵伝《しゅうそしえでん》」「仏眼仏母《ぶつげんぶつも》像《ぞう》」など数多くの国宝を所蔵しているが、そのほとんどは京都・東京の国立博物館に寄託されていて、寺を訪れても本物を見ることはできない（「鳥獣人物戯画」は一部複製あり）。

高山寺は日本で初めて茶が作られた場所で、宇治抹茶の祖とも伝わる。栄西が宋から茶を持ち帰り明恵に伝えたところ、眠りを覚ます効果があるとわかり広まった。今でも11月に明恵に新茶を献上する献茶式を行う。

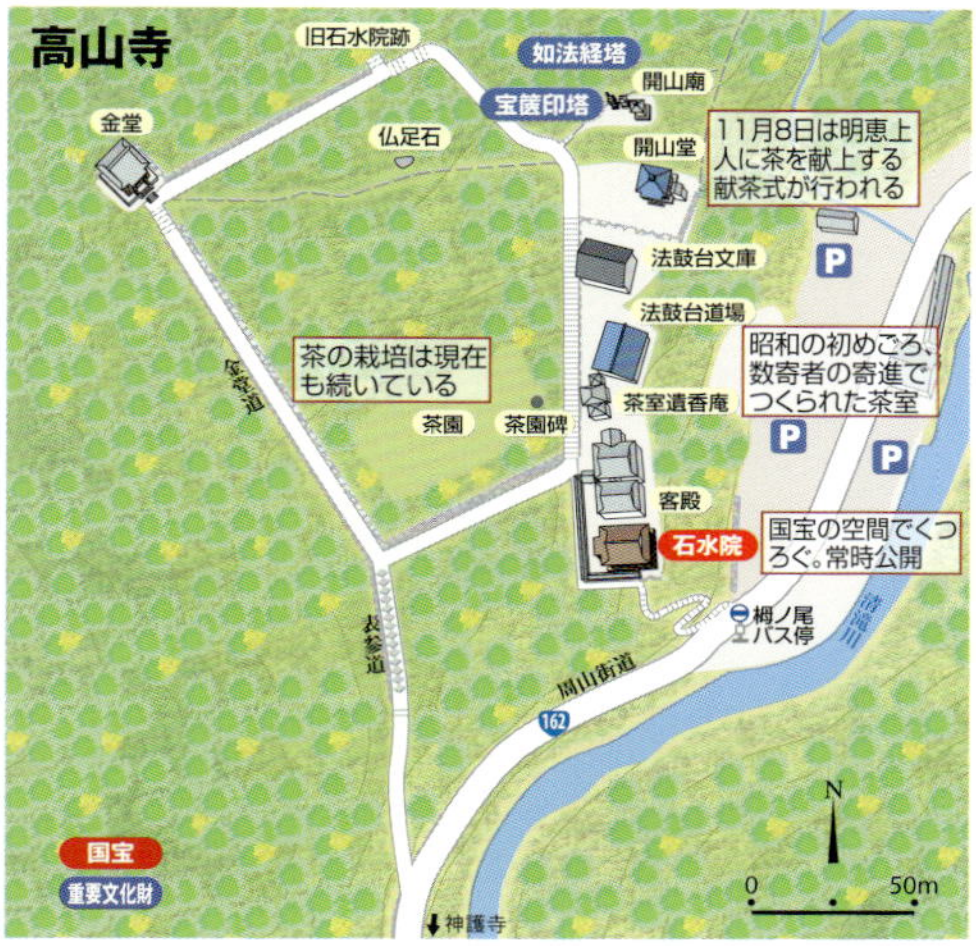

インフォメーション

住 京都府京都市右京区梅ケ畑栂尾町8
電 075-861-4204　時 参拝自由（石水院8:30～17:00）　料 石水院1000円（秋期別途500円）　休 なし　交 JR京都駅からJRバス高雄・京北線栂ノ尾・周山行きで55分、栂ノ尾下車、徒歩5分／地下鉄四条駅から京都市バス（8系統）で50分、栂ノ尾下車、徒歩5分　駐 あり

石水院の南縁側の前には、秋になると紅葉の景色が美しく広がる　写真　石水院

修学旅行の定番と大人向けの古刹

二条城、西本願寺、清水寺は京都駅から近く、気軽に訪ねられる。バス便も多くて便利だ。醍醐寺はJRや地下鉄を使って醍醐駅から徒歩で回る半日コース。

二条城

徳川家の威光を示す17世紀初頭の名城

正式名称は元離宮二条城。徳川家康の征夷大将軍就任に合わせて造営。3代将軍家光が、後水尾天皇の行幸を迎えるにあたり、大造営された。

古都京都の文化財17件のうち、神社仏閣でないのは二条城だけ。天守は江戸時代中期に焼失して以来ないままだが、立派な城だ。

観光のメインとなるのは、江戸初期につくられた、国宝の二の丸御殿。建物面積は3300平方メートル、部屋数は33、畳は800畳余り。観光客は部屋をつなぐ廊下に沿って一周する。狩野山楽作「松鷹図」など狩野派の障壁画や欄間彫刻、飾金具によって装飾されている。幕末には15代将軍徳川慶喜《よしのぶ》が政務を執り、大政奉還の意思を表明した舞台にもなった。大広間には、将軍と諸大名の対面が復元されている。

二の丸御殿の西にゆったりと広がる特別名勝の二の丸庭園や明治期の本丸庭園、昭和の清流園《せいりゅうえん》を彩る四季折々の花木。不定期公開の「二の丸御殿障壁画 展示収蔵館」なども見どころだ。

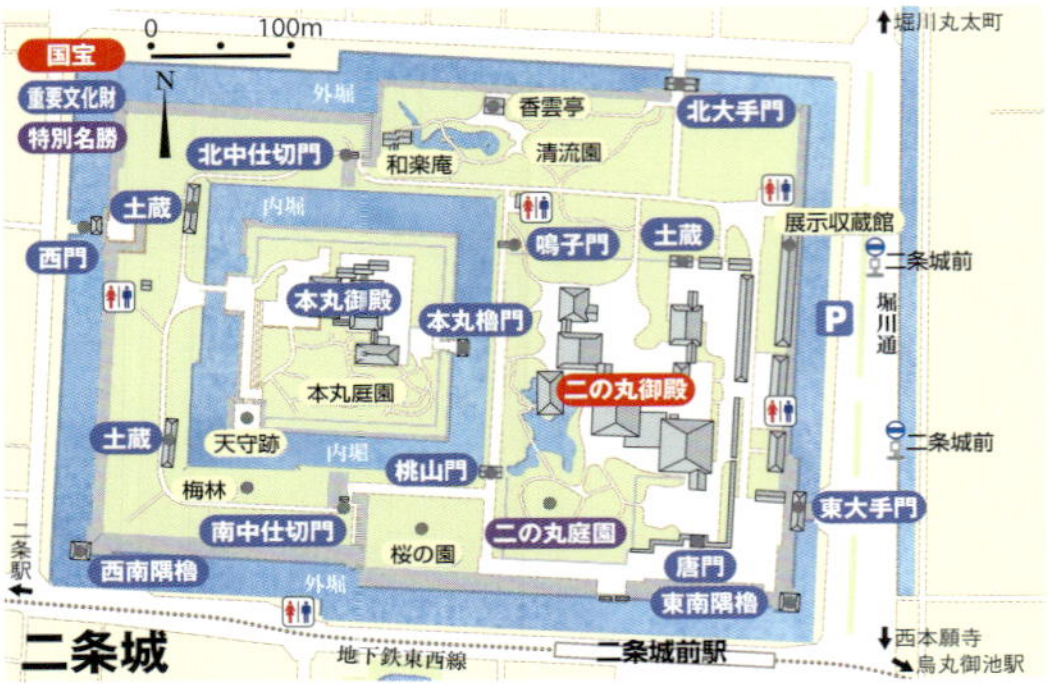

インフォメーション

住 京都府京都市中京区二条通堀川西入二条城町541 電 075-841-0096 時 8:45～17:00（最終入城1時間前） 料 1300円（入場料＋二の丸御殿観覧券） 休 二の丸御殿1・7・8・12月の火曜（休日の場合は翌日） 交 京都駅から地下鉄烏丸線で5分、烏丸御池駅下車、地下鉄東西線に乗り換え2分、二条城前駅下車すぐ／京都駅前から京都市バス（9・50系統）で15分、二条城前下車すぐ 駐 あり

二の丸御殿車寄。全6棟からなる二の丸御殿は国内の城郭に残る唯一の御殿群　写真　二条城

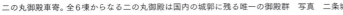

本堂の檜皮屋根の曲線と錦雲渓に張り出す懸造舞台がつくる造形美に注目　写真　清水寺

清水寺

観音霊場として老若男女に人気

山号は音羽山。778（宝亀9）年、延鎮上人が開創、坂上田村麻呂の寄進により、伽藍が拡充された。西国三十三所観音霊場第十六番札所。現在は北法相宗の単立寺院。

古来、観音霊場として庶民の篤《あつ》い信仰に支えられてきた清水寺には、たくさんの見どころがある。

音羽の滝の人気は変わらず、本堂周りには出世大黒天《だいこくてん》像や弁慶の錫杖《しゃくじょう》と高下駄などがあり、随求堂《ずいぐどう》では胎内めぐりができる。清水寺境内を通って行く地主《じしゅ》神社（別法人、修復工事のため閉門中）は、縁結びにご利益があるパワースポットとして人気を集めている。

政治や仏教史の表舞台には登場しない代わりに、伝説や文学作品とは縁が深く、『枕草子《まくらのそうし》』から『東海《とうかい》道中膝栗毛《どうちゅうひざくりげ》』に登場する。坂上田村麻呂に降伏して都に連れてこられた蝦夷《えみし》の首長アテルイや、幕末の動乱のなかで非業の死を遂げた僧・月照《げっしょう》の碑もある。千日詣りの日には、本堂の内々陣《ないないじん》を拝観でき、お前立《まえだち》の千手観音菩薩立像《せんじゅかんのんぼさつりゅうぞう》、二十八部《にじゅうはちぶ》衆《しゅう》、風神《ふうじん》・雷神《らいじん》像などが参拝できる。

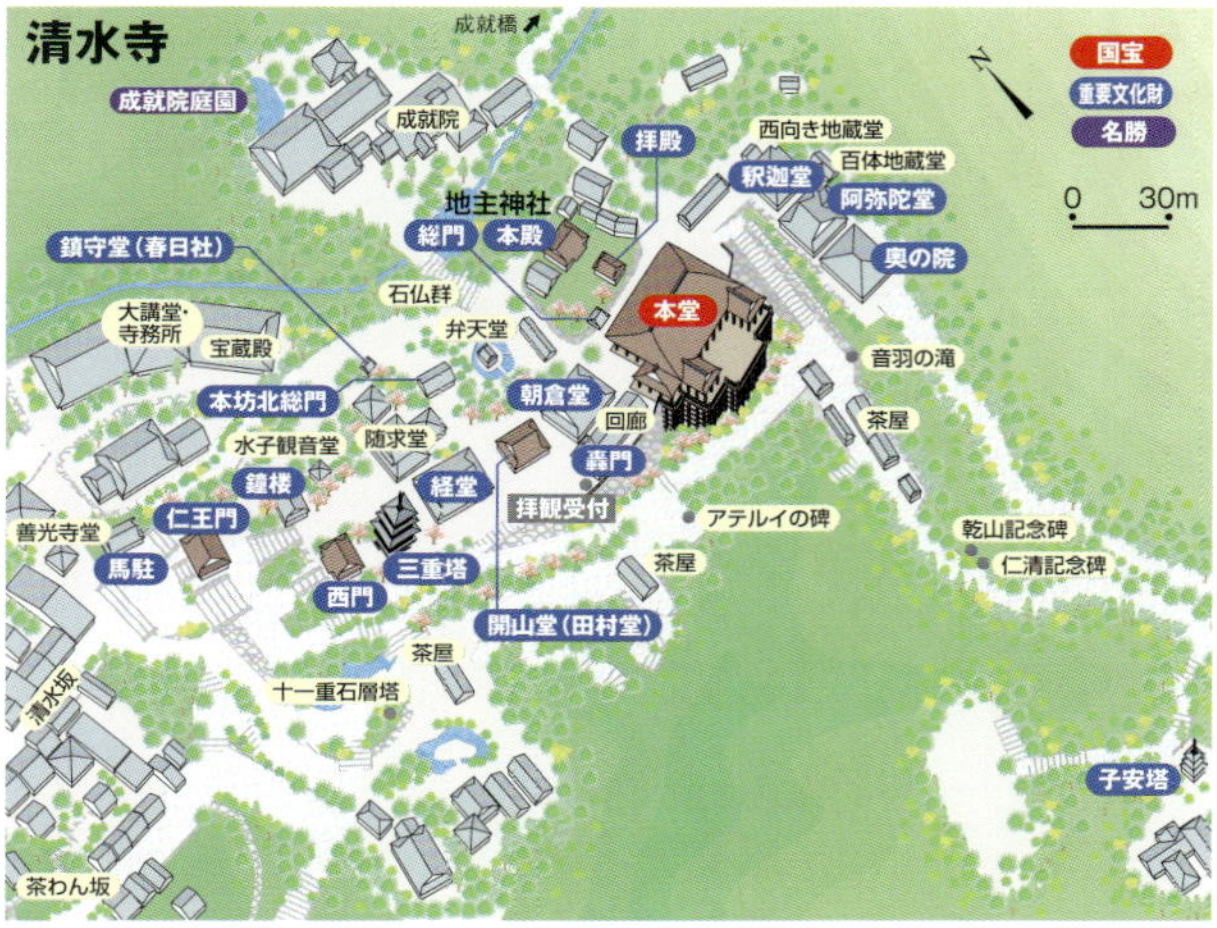
清水寺
成就橋
国宝
重要文化財
名勝
0　30m
成就院庭園
成就院
拝殿
西向き地蔵堂
百体地蔵堂
釈迦堂
阿弥陀堂
地主神社
総門
本殿
奥の院
鎮守堂（春日社）
石仏群
本堂
大講堂・寺務所
宝蔵殿
弁天堂
音羽の滝
本坊北総門
朝倉堂
回廊
茶屋
水子観音堂
随求堂
轟門
鐘楼
経堂
拝観受付
仁王門
アテルイの碑
善光寺堂
乾山記念碑
馬駐
三重塔
仁清記念碑
西門
開山堂（田村堂）
茶屋
茶屋
十一重石層塔
清水坂
子安塔
茶わん坂

インフォメーション

住 京都府京都市東山区清水1-294　電 075-551-1234　時 6:00～18:00（季節により変動あり）　料 500円　休 なし　交 京都駅前から京都市バス（206系統）で15分、五条坂下車、徒歩10分　駐 なし

宗祖・親鸞像を安置する御影堂（左）と阿弥陀如来を本尊とする阿弥陀堂（右）　写真　熊谷武二

西本願寺

巨大な仏堂が並ぶ浄土真宗の本山

正式名称は龍谷山本願寺。1591（天正19）年、豊臣秀吉から現在地を与えられた。17世紀中ごろにかけてつくられた御殿群など多数の国宝を所蔵する。

もともと現在の京都駅北側一帯は、東西本願寺の門前町。今も仏具関係の店が並ぶなど、その雰囲気を色濃く残している。西本願寺へは京都駅烏丸口から歩いても15分余り。

国宝建築が並ぶ奥向きの空間は通常非公開だが、信仰の空間である阿弥陀堂と御影堂は自由に参拝できる。どちらも江戸時代に再建され国宝である。阿弥陀堂には阿弥陀如来の他、法然と聖徳太子の影像がある。

門徒のための聞法《もんぼう》会館は一般人の宿泊も可能。

堀《ほり》川《かわ》通《どおり》を挟んで東側にある龍谷《りゅうこく》ミュージアムは仏教美術専門の美術館で、親《しん》鸞《らん》と浄土真宗を理解するための文化財の宝庫でもある。周囲には龍谷大学本館（重文）や、伝道院など本願寺派に関係する施設が多い。

インフォメーション

住 京都府京都市下京区堀川通花屋町下る本願寺門前町　電 075-371-5181　時 5:30～17:00　料 参拝自由　休 なし　交 JR京都駅から徒歩15分／京都駅前から京都市バス（9・28・75系統）で6分、西本願寺前下車すぐ　駐 あり

庭園・滴翠園の奥に立つ3層こけら葺きの楼閣、飛雲閣。池に面して舟の出入り口も設けられている　写真　本願寺

醍醐寺

平安から近世までの国宝建築群

真言僧聖宝が874（貞観16）年に笠取山（現在の上醍醐）に草庵を設けたのが始まり。907（延喜7）年、醍醐天皇の御願寺となった。真言宗醍醐派総本山。

醍醐駅から東へ10分ほど歩いて総門をくぐると、正面に仁王門が見える。そこから先は伽藍エリア（有料）で、京都府最古の木造建築である五重塔《ごじゅうのとう》や金堂《こんどう》などの国宝建築がある。

醍醐山の山上にある上《かみ》醍醐の山上《さんじょう》伽藍《がらん》までは、片道約1時間かかるが、国宝の薬師堂《やくしどう》・清瀧宮《せいりゅうぐう》拝殿、五大堂、遠く大阪市街までの眺望など、登るだけの価値はある。西国三十三所の第十一番札所《ふだしょ》は上醍醐の准胝堂《じゅんていどう》だったが、2011年からは下伽藍《しもがらん》に准胝観音菩薩像を安置して札所としている。

一方、歴代の座主《ざす》が居住した醍醐寺の本坊的存在である三宝院《さんぼういん》では、豊臣秀吉が造営した桃山時代の建築と庭園が参観できる。本尊は快慶《かいけい》作の非常に端正な弥勒菩薩《みろくぼさつ》坐像。また霊宝館（宝《ほう》聚院《じゅいん》）は、寺が運営する宝物館として非常に充実しており、春と秋に特別展が行われる。開館情報や公開内容は事前にチェックして行こう。

また「花の醍醐」ともいわれるほど桜の花も有名で、境内にはしだれ桜や八重桜など約700本が咲く。

五重塔は京都府最古の建造物。曼荼羅や真言祖師像が描かれた内部の壁画は日本密教絵画の源流をなすものといわれている。国宝　写真　熊谷武二（P149）

三宝院唐門。豊臣秀吉が「醍醐の花見」を催した翌年1599（慶長4）年建立。国宝

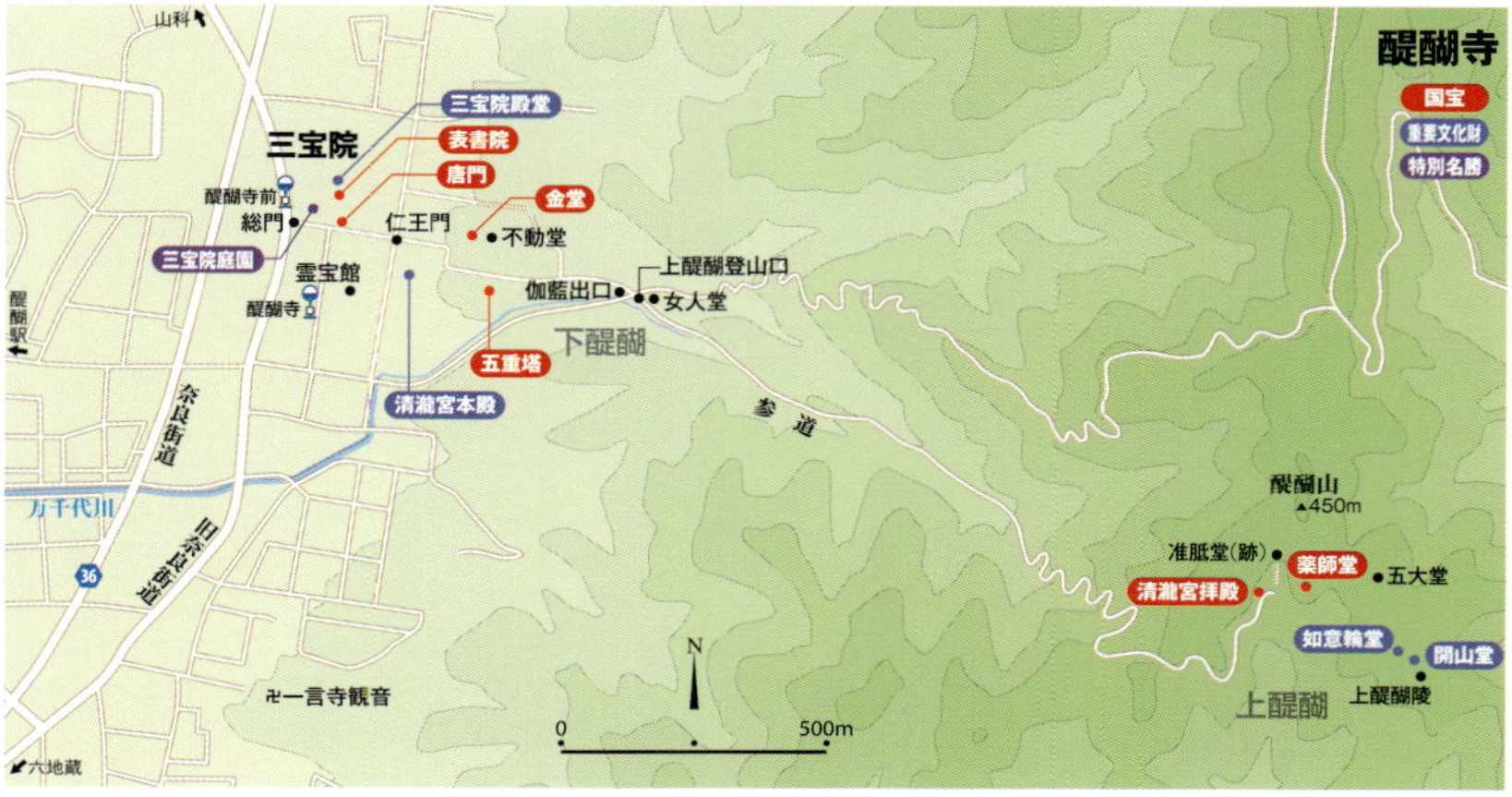

インフォメーション

住 京都府京都市伏見区醍醐東大路町22
電 075-571-0002　時 9:00～17:00（12月第1日曜の翌日～2月末日～16:30）※最終受付30分前　料 1000円（3月20日～5月GW最終日1500円）　休 なし　交 京都駅八条口から直通路線バス301（京都醍醐寺ライン）で33分、醍醐寺下車すぐ／山科駅から地下鉄東西線で9分、醍醐駅下車、徒歩10分　駐 あり

最盛期の二条城

見てわかる！

徳川3代将軍家光の時代に、後水尾天皇の行幸《ぎょうこう》を迎えるために本丸御殿などを造営した、最盛期の二条城と周辺を描いた。その後は機能に合わせて徐々に簡素化していく。文◉福田敬朗／イラスト◉黒澤達矢

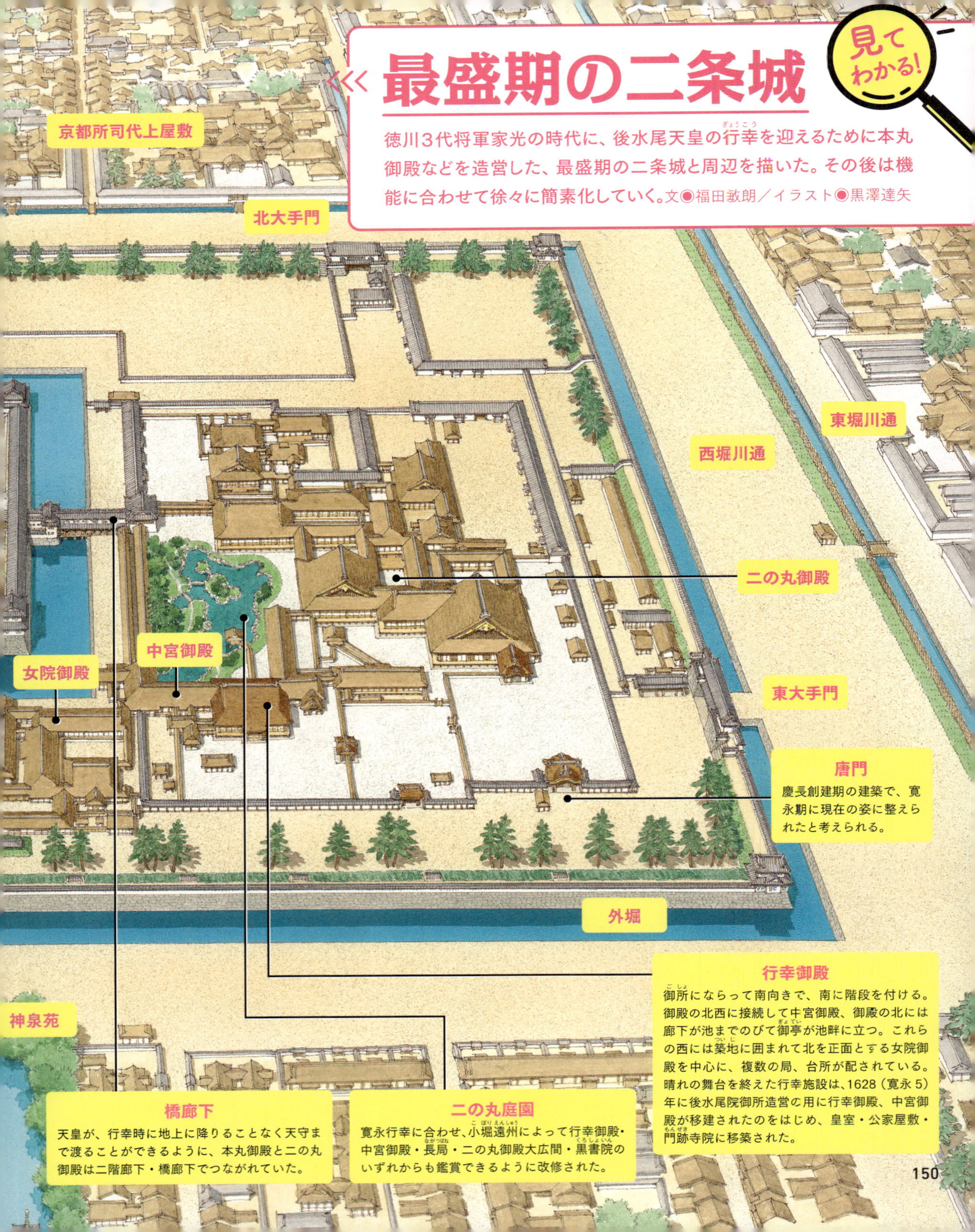
京都所司代上屋敷
北大手門
東堀川通
西堀川通
二の丸御殿
中宮御殿
女院御殿
東大手門
外堀
神泉苑

唐門

慶長創建期の建築で、寛永期に現在の姿に整えられたと考えられる。

行幸御殿

御所《ごしょ》にならって南向きで、南に階段を付ける。御殿の北西に接続して中宮御殿、御殿の北には廊下が池までのびて御亭《ぎょてい》が池畔に立つ。これらの西には築地《ついじ》に囲まれて北を正面とする女院御殿を中心に、複数の局、台所が配されている。晴れの舞台を終えた行幸施設は、1628（寛永5）年に後水尾院御所造営の用に行幸御殿、中宮御殿が移建されたのをはじめ、皇室・公家屋敷・門跡《もんぜき》寺院に移築された。

橋廊下

天皇が、行幸時に地上に降りることなく天守まで渡ることができるように、本丸御殿と二の丸御殿は二階廊下・橋廊下でつながれていた。

二の丸庭園

寛永行幸に合わせ、小堀遠州《こぼりえんしゅう》によって行幸御殿・中宮御殿・長局《ながつぼね》・二の丸御殿大広間・黒書院《くろしょいん》のいずれからも鑑賞できるように改修された。

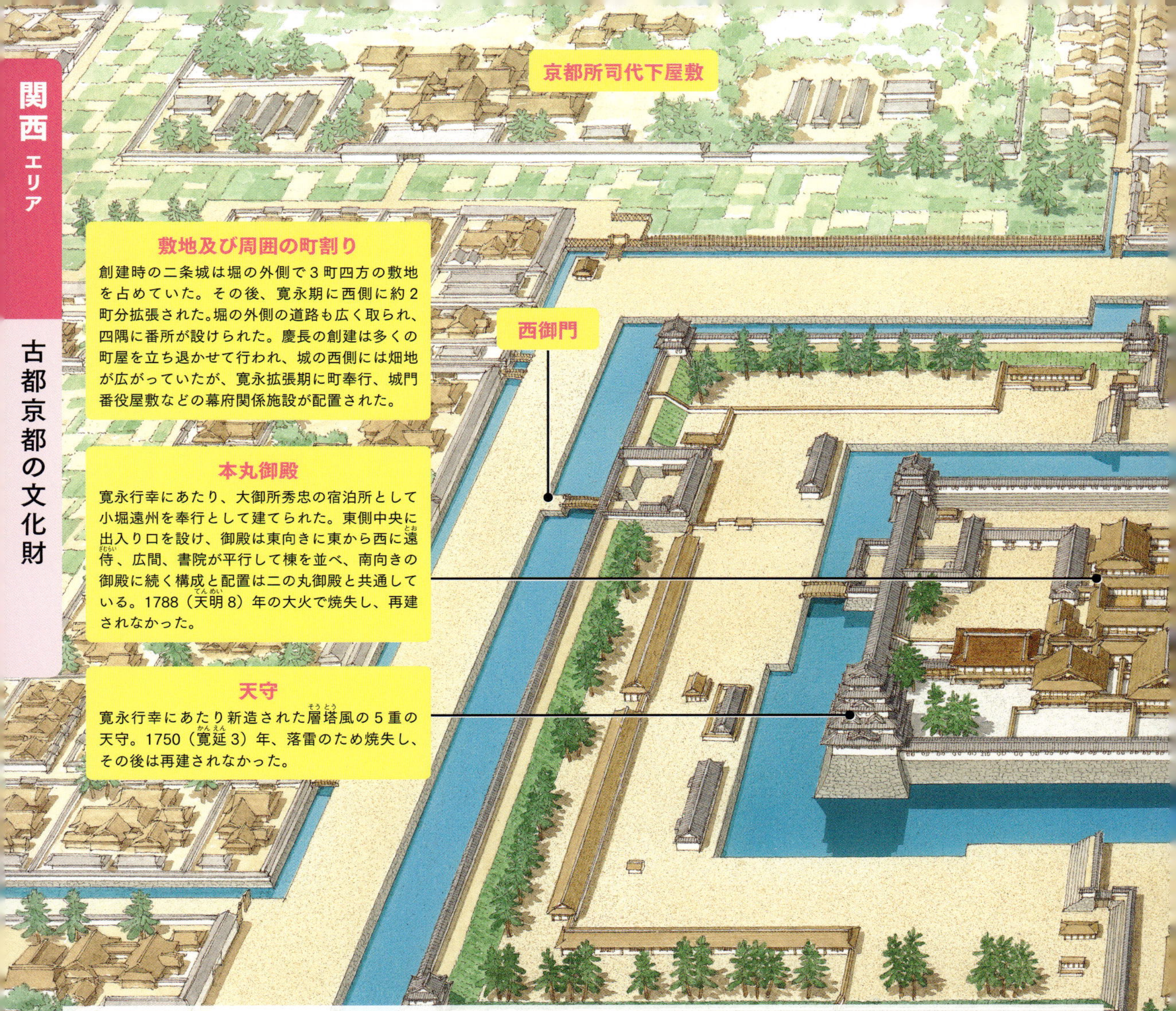
京都所司代下屋敷
敷地及び周囲の町割り
創建時の二条城は堀の外側で3町四方の敷地を占めていた。その後、寛永期に西側に約2町分拡張された。堀の外側の道路も広く取られ、四隅に番所が設けられた。慶長の創建は多くの町屋を立ち退かせて行われ、城の西側には畑地が広がっていたが、寛永拡張期に町奉行、城門番役屋敷などの幕府関係施設が配置された。
西御門
本丸御殿
寛永行幸にあたり、大御所秀忠の宿泊所として小堀遠州を奉行として建てられた。東側中央に出入り口を設け、御殿は東向きに東から西に遠《とお》侍《ざむらい》、広間、書院が平行して棟を並べ、南向きの御殿に続く構成と配置は二の丸御殿と共通している。1788（天明《てんめい》8）年の大火で焼失し、再建されなかった。
天守
寛永行幸にあたり新造された層塔《そうとう》風の5重の天守。1750（寛延《かんえん》3）年、落雷のため焼失し、その後は再建されなかった。

1626（寛永3）年9月、徳川3代将軍家光と大御所秀忠は、後水尾天皇や中宮、女院たちを二条城に迎える。室町時代に足利義満が後小松天皇を自邸室町殿に迎え、豊臣秀吉が後陽成天皇を聚楽第に迎えた例にならい、徳川家の京都宿舎に天皇を迎えることで、自らの権威を天下に示し、戦国の世が終わり、新しい支配が確立したことを表現する舞台装置である。

家康が整えた二の丸御殿には、遠侍《とおざむらい》、式台、大広間、黒書院、白書院が雁行《がんこう》し、背面に御清所、台所が配置された。訪れる者を迎えるのは正面妻面を金色の錺《かざり》金具で豪華に装飾した遠侍。対面、接客の場である大広間と黒書院の内部は、欄間に極彩色の丸彫り彫刻をはめ込み、障子や障壁を建て込んだ壁面は、各々を一つの画面と見立てて金碧濃彩画が、折上げ格天井《ごうてんじょう》も極彩色の文様が描かれるという豪華絢爛さである。これらの障壁画は、狩野探幽・尚信兄弟をはじめとする狩野派の絵師集団の手になる。

その二の丸御殿の西側に、本丸御殿を置いている。敷地規模は二の丸の2分の1ほどで、天守が西南隅に立ち、他の三方に櫓をつくり、各櫓を多門櫓が結ぶ。

同じような構成をもつ建物群が本丸と二の丸に重複してつくられたのは、行幸の期間に秀忠、家光親子が二条城を宿舎とする必要があったためである。大御所秀忠は本丸に、現職の将軍である家光は施設の充実した二の丸に入る。将軍が上洛したときに利用する宿舎なので、夫人や女中衆のための建物がつくられていないのも大きな特徴である。

◉ふくだ　としろう　元京都建築専門学校校長

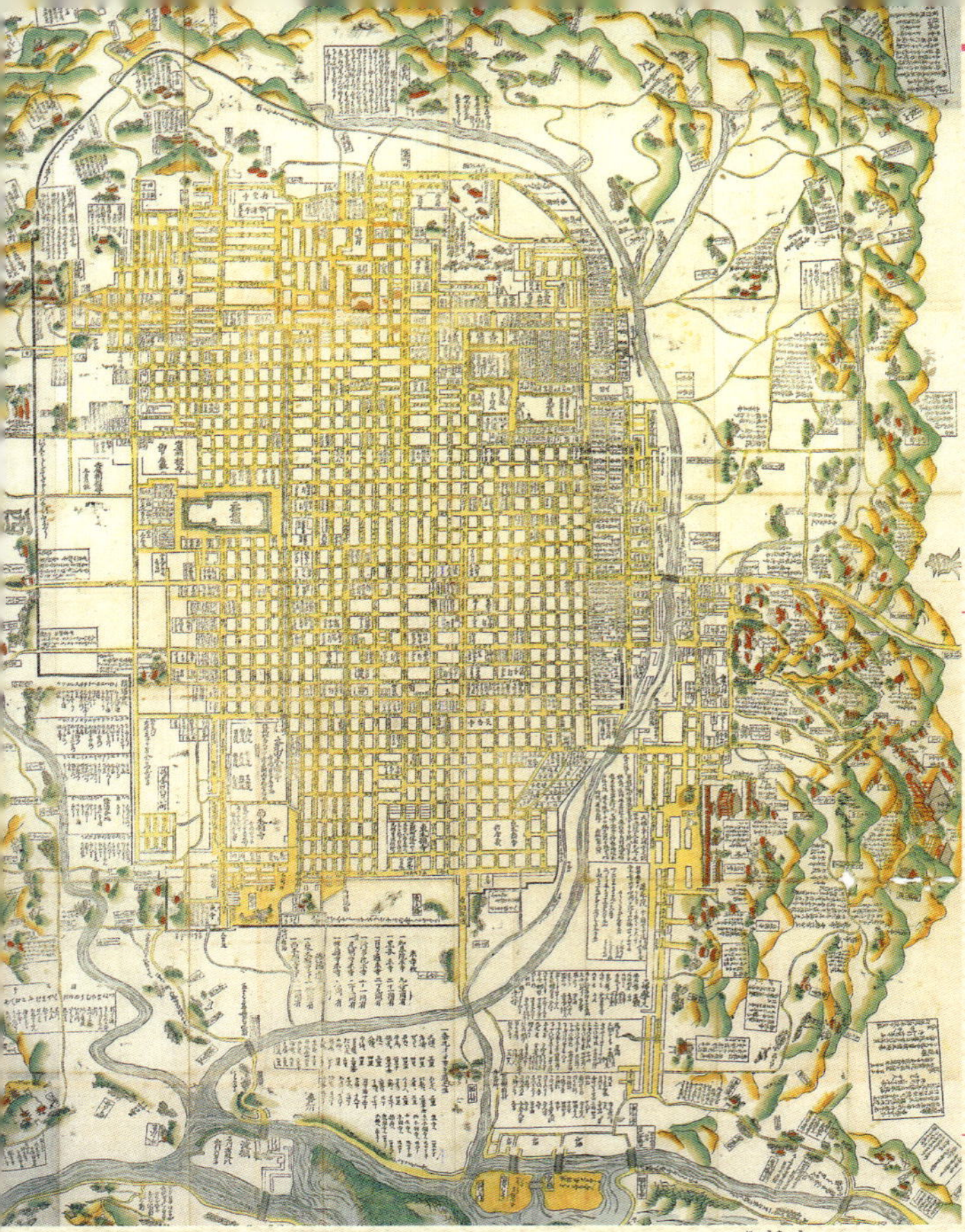

山河に囲まれた小宇宙を表しているかのような京都図の例。1686(貞享《じょうきょう》3)年
京都大学附属図書館蔵

もっと知りたい!

交通の便と山河の美で選ばれた都

桓武天皇は、政治一新のために奈良の地を捨て、京都盆地に新都を造営した。帝はそこに何を求めたのだろうか。

文◉金田章裕

桓武天皇は、781(天応《てんおう》1)年に即位すると、新都・長岡京造営のために藤原小黒麻呂《おぐろまろ》・藤原種継《たねつぐ》らを「山背《やましろ》国乙訓《おとくに》郡長岡《ながおか》村」に派遣した。

新政権の新都を定めるに際し、『続日本紀《しょくにほんぎ》』には他の候補地であった難波《なにわ》宮に蝦蟇《がまがえる》2万ばかりが出たことを記しており、遷都の背後に政争があったことを暗示している。

京都盆地の北部は、東山・北山・西山で三方が囲まれ、南には宇治《うじ》川・木津《きづ》川が流れ込む巨椋《おぐらいけ》池の水面が広がっていた。長岡京は、淀川の支流の桂《かつら》(葛野《かどの》)川の西岸に位置し、その支流小畑《おばた》川が貫流していた。桓武帝は、「朕《ちん》水陸の便なるを以て」と、「三国川」(淀川下流の分流・神崎川)に連なる水路整備と、「山崎《やまざき》橋」の築造による陸路・南海道の整備を命じた。平城京からは北西にのびる山陰道が通じており、長岡京への転用資材の輸送にも使用されたであろう。造都には平城京の諸門が運ばれ、難波宮の瓦も運ばれたことが発掘調査の結果わかっている。

長岡京遷都の翌年、藤原種継が暗殺された。それに関連して桓武天皇の同母弟・早良《さわら》親王が幽閉され、憤死するという事態になった。この一連の事件に加え、洪水による水害にも襲われたとみられる。

このためか翌年正月には、藤原小黒麻呂らを「山背国葛野郡宇太《うだ》村」に派遣し、794(延暦《えんりゃく》13)年3月には長岡京を捨て新都造営を開始し、10月には平安京に遷都したのである。

平安京は鴨川・桂川間に位置し、『日本紀略《きりゃく》』には「葛野の大宮地《おおみやち》は、山河も麗しく、四方国の百姓《ひゃくせい》の参り出て来る事も便」とあり、さらに「此国山河《このくにさんが》襟帯《きんたい》、自然城を作り云々」とあって山背国を山城国としたことが記されている。つまり、交通の便に加え、周囲をとり巻いている山河の美しさを選定理由としているのである。平安京では、防鴨川使《ぼうかもがわし》・防葛野川使《ぼうかどのがわし》を設置して治水事業にあたらせた。

山河に囲まれた小宇宙

平城京は、708(和銅《わどう》1)年の詔《みことのり》に「平城の地、四禽図《しきんず》に叶《かな》ひ、三山鎮《さんざんしずめ》を作《な》し、亀筮《きぜい》並びに従ふ。都邑《とゆう》を建つべし」(『続日本紀』)とあり、四神相応《しじんそうおう》の地たることが強調された。これに対して、長岡京と平安京の場合は水陸交通の便と山河に囲まれた美しさを特筆している。平安京の場合は、むしろ『万葉集』の国ぼめ歌に近い感じさえある。

平城京と長岡京・平安京の違いを単純には解釈すべきではないであろうが、街路計画・条坊《じょうぼう》呼称など、他の要素も含めて、その差異も大きい。京都盆地が美しい山河に囲まれた、いわば小宇宙をなしたとの認識は、近世に何種類も作られて人気を博した京都図にも表現されている。

◉きんだ　あきひろ　京都大学名誉教授・元人間文化研究機構機構長

中部エリア

Chubu area

- 白川郷・五箇山の合掌造り集落
- 富士山—信仰の対象と芸術の源泉
- 佐渡島の金山（P08～13に掲載）

白川郷　写真　PIXTA

中部 エリア

白川郷・五箇山の合掌造り

白川郷・五箇山の合掌造り集落

雪の降り積もった白川郷、夜の合掌造り集落
写真　PIXTA

世界遺産登録年 1995年
構成資産 白川村荻町集落、南砺市相倉集落、南砺市菅沼集落

解　説 豪雪地帯である、岐阜県・白川郷と、富山県・五箇山の集落は、合掌造りの大型木造民家群で構成されている。1階は広い居室空間、屋根裏ともいえる２階より上は、養蚕のための作業部屋として使われていた。江戸時代は、この地区は江戸幕府の直轄支配下にあり、住民の多くは農耕を中心に山林の伐採・搬出や養蚕を生業としていた。住民たちの間にあった相互扶助組織「結」によって屋根の葺き替えなどの作業を共同して行っていた。

能登半島
羽咋市
富山県
南砺市
伝統的建造物
合掌造り家屋20棟
合掌造り家屋を改造した家屋5棟
非合掌造り家屋7棟
付属建物29棟（便所8棟、板倉6棟、土蔵12棟、その他3棟）
宗教建築5棟
工作物（社標、石橋、石鳥居など）5
環境物件（街道、石垣、水路、雪持林など）8
村上家
※構成資産には含まれない
五箇山･菅沼集落
（南砺市菅沼集落）
五箇山･相倉集落
（南砺市相倉集落）
五箇山 IC
五箇山
五箇山和紙の里
道の駅たいら
伝統的建造物
合掌造り家屋9棟
非合掌造り家屋3棟
付属建物14棟（板倉10棟、土蔵3棟、水車小屋1棟）
宗教建築2棟
工作物（石鳥居、石狛犬）2
環境物件（社叢、湧水池）2
156
庄川
富山県
南砺市
羽馬家
※構成資産には含まれない
▲1236.8
マルツンボリ山
倉山
▲1764
三ヶ辻山
小芦倉谷
牛首峠
1084
新潟県
富山
富山県
金沢
石川県
五箇山
白川郷
飛騨
長野県
福井
福井県
岐阜県

Pick Up! 遺産まるわかりMAP

白川郷・五箇山

伝統的建造物

合掌造り家屋59棟
合掌造り家屋を改造した家屋1棟
非合掌造り家屋7棟
付属建物46棟(ハサ小屋〈*1〉7棟、便所10棟、板倉25棟、唐臼小屋〈*2〉3棟、茶室1棟)
宗教建築4棟
工作物(鳥居、灯籠、石垣など)11
環境物件(社叢〈*3〉、生垣、水路など)8

*1 刈り取った稗や稲などを干して乾燥させる小屋
*2 水の力を利用した天秤式の臼で米や雑穀を精する小屋
*3 神社の森

めざせ!全踏破

LET'S WALK

白川郷の見どころをめぐる

国内外から年間約170万人もの観光客が訪れる白川郷。合掌造りの見学はもちろん、花々が咲き誇る春、緑のまぶしい夏、紅葉の美しい秋、雪に覆われた冬と、季節ごとに趣のある景色が楽しめる。

荻町《おぎまち》集落

山懐に抱かれて立ち並ぶ合掌造り

岐阜県西北部の山中に位置する荻町は、3集落のうち最も規模が大きい。とはいえ、半日もあれば集落内をひと通り回れるので、のんびりと昔ながらの風景を堪能したい。

長瀬家

250年以上続く旧家。現在の建物は1890年に5代目当主が建て替えたもの。初代から3代目までが漢方医だったため、江戸時代の薬箱や秤が展示されている　㊐05769-6-1047　㊋9:00～17:00　㊕400円　㊡不定休

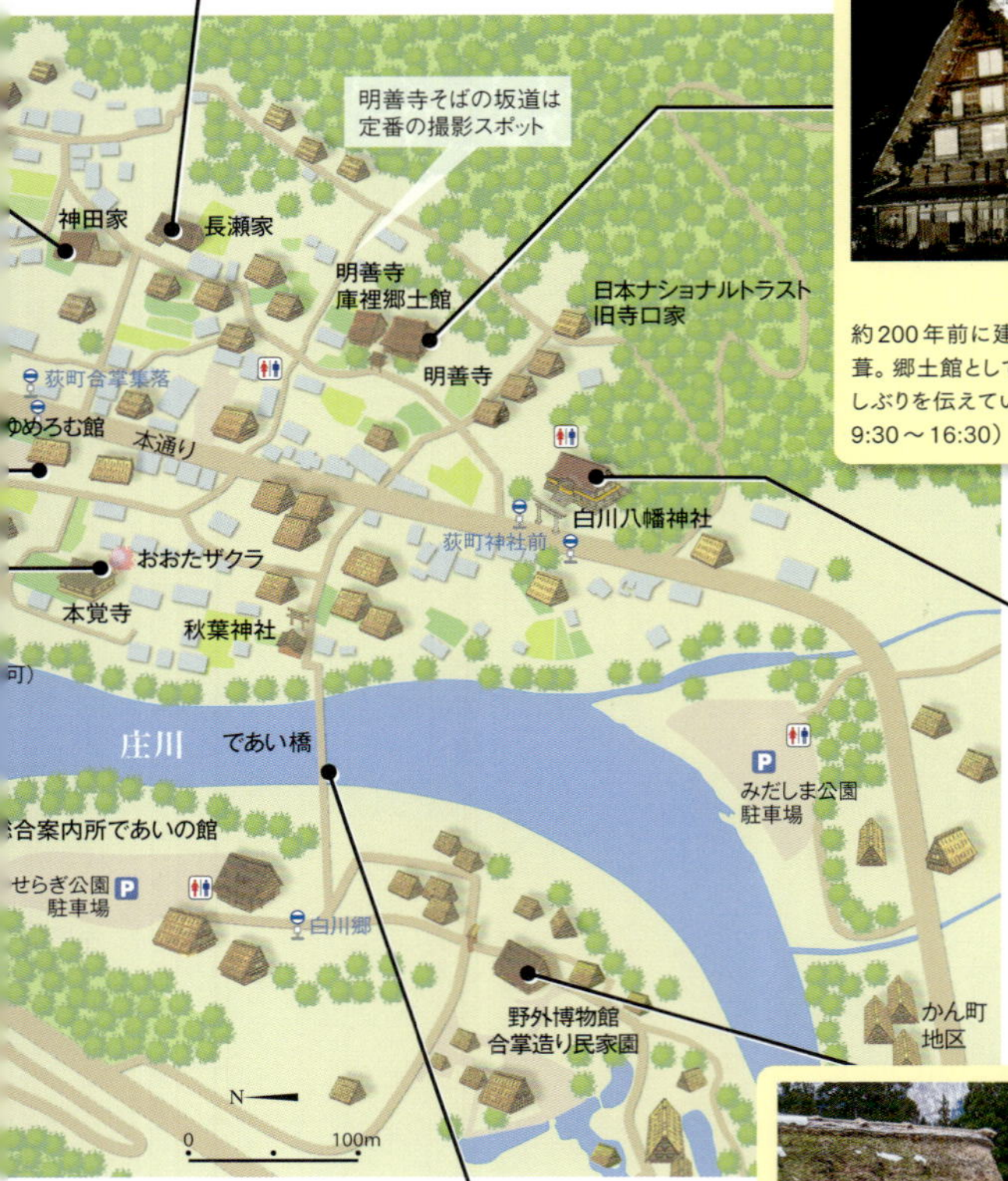

明善寺

約200年前に建立された古刹は、本堂、庫裡《くり》、鐘楼門の屋根が全て茅葺。郷土館として公開されている庫裡には民具が展示され、当時の暮らしぶりを伝えている　㊐05769-6-1009　㊋9:00～17:00（12～3月9:30～16:30）　㊕400円　㊡不定休

白川八幡神社

庄川東岸の南北にのびる白川村荻町・戸ヶ野《とがの》・島地区の産土神《うぶすながみ》。10月14・15日に行われる「どぶろく祭」は多くの来場者でにぎわう

であい橋

せせらぎ公園と荻町集落を結ぶ全長107㍍の吊り橋。四季折々に移り変わる庄川と周辺の山々の風景が楽しめる

野外博物館 合掌造り民家園

県指定の重要文化財9棟を含む25棟の合掌造りを保存、公開する野外博物館。主屋は内部も見学でき、なかでも数少ない18世紀の建築と推定される旧山下陽朗家住宅は必見　㊐05769-6-1231　㊋8:40～17:00（12～2月9:00～16:00）　㊕600円　㊡なし（12～3月木曜）

白川郷・五箇山の合掌造り

荻町城跡展望台
断崖絶壁の上に立っていた荻町城。集落を一望できる絶好の撮影スポットだ。展望台へは、和田家東方から傾斜の緩い歩道を登るか、和田家横からシャトルバスを利用しよう。

和田家
桁行《けたゆき》22.3メートル、梁間《はりま》12.8メートルで内部は3層になっている。江戸末期の建築と見られ、現在も住居として活用しつつ1・2階部分を公開。養蚕用具や民具、古文書、漆器などが展示されている。重文
電05769-6-1058　時9:00～17:00　料400円　休不定休

神田家
文政年間(1818～29年)に和田家より分家し、酒造業を営んだ。酒造りの道具、養蚕や機織りの道具などが展示され、根曲がり材を使った梁や囲炉裏の火を見張る火見窓なども見られる
電05769-6-1072　時10:00～16:00　料400円　休水曜

南

北約1.5キロ、東西最大約350メートルの集落内に、茅葺《かやぶき》屋根の合掌造りの建物が114棟残る荻町集落。高速バスでも加越能バスでも、集落手前の白川郷バスターミナルに停まる。集落へは観光車両(マイカー)の乗り入れが禁止のため、ここからはシャトルバスか徒歩での移動となる。まずは集落全体を見渡せる荻町城跡展望台を目指そう。シャトルバスに乗れば、10分弱で展望台に着く。歩いて登っても15分ほどだ。展望台からは四季折々の集落の表情が楽しめ、晴れていれば遠く白《はく》山《さん》連峰の山々も望むことができる。

展望台遊歩道は約500メートルの坂道だが、7~8分で本通りまで下りられるので、南下しながら集落内を歩いていくと効率よく回れる。国指定の重要文化財の和田家、江戸時代末期に建てられたという神田家、5層構造で総床面積600坪もの規模を誇る長瀬家などが内部を公開しているので、合掌造りの構造をじっくり見てみよう。屋根裏には養蚕《ようさん》の道具などが並べられており、作業場として利用されていたことがよくわかる。明善寺《みょうぜんじ》は合掌造りの庫《く》裡《り》、本堂、鐘楼門などの屋根が全て茅葺という珍しい寺院だ。

和銅《わどう》年間(708~715年)に創建されたと伝わる白川八幡神社では、毎年10月14・15日に「どぶろく祭」が行われる。五穀豊穣や里の平和を山の神様に祈願する祭で、1月から造り込まれた「どぶろく」が神酒として使われる。

合掌造り民家園には白川村を離村した地区の特徴ある建物25棟が移築展示されており、見ごたえがある。集落内には食事処や土産店なども多く、そぞろ歩きも楽しい。

写真　白川村役場

美然《びねん》 ゆめろむ館
2010年に40年ぶりの屋根の葺き替えと老朽化した部分の修理を経て内部を公開。地元で活躍した板谷峰止氏の彫刻や絵画などを展示している　電05769-6-1226　時10:00～16:00　料400円　休不定休

写真　白川村役場

おおたザクラ
本覚寺の境内にある八重桜の一種。花が大きく、花弁が多いと90枚以上、めしべが15～20本もある。開花時期は5月中旬。県指定の天然記念物

写真　PIXTA(P158～165のとくに表記のないもの全て)

見てわかる!

合掌造りの空間とその使われ方

荻町のなかでも最大級の規模をもち、質の高い建築である和田家住宅。合掌造りの空間を見てみよう。

監修◉宮澤智士／文・編集部／イラスト◉青山邦彦

大戸口
建物の正面にある出入り口。入ってすぐの土間はドウジと呼ぶ。家族や使用人が日常的に使用していた
エンノマ
主に接客に使われた部屋
式台
身分の高い人のための出入り口で、客の送迎に使われた。格式の高い家にしかない

白川郷荻町集落にある和田家は、江戸時代末期の建築と推定される、規模の大きな合掌造りである。当主は代々「弥右衛門《やえもん》」を名乗り、江戸時代には牛首口留番所《うしくびくちどめばんしょ》役人や庄屋を務め、名字帯刀を許されたという。また、火薬の原料である塩硝《えんしょう》の取引で繁栄した経緯があり、往時には20人以上が住んでいた。南北に妻側を向けた主屋をはじめ、主屋の手前右側に便所、後方に土蔵が立ち、融雪のための池や石組みの水路を構え、周囲には防風林が配置されている。

和田家には普段の出入り口である大戸口とは別に、特別な客人用の出入り口である式台がある。式台から6畳の玄関の間(ゲンカン)を入ると、続いて長4畳の仏間(ブツマ)があり、仏壇が安置されている。この北側に10畳の次の間(デイ)と、床・棚・書院の座敷飾りを備えた8畳の座敷(オクノデイ)の2室が前後に並び、縁側を伴い、民家の書院座敷として整った続き座敷の形式をとっている。

和田家では、仏間が居室空間の中央にあって重要な位置を占めており、書院座敷は接客座敷として独立している。一般に合掌造りの書院座敷は僧侶の控え室として設けてあるが、和田家の場合は当家の高い地位を考慮すると、高山陣屋《たかやまじんや》の役人を迎えたとき、武家の作法による接客ができるようにしたものと考えられる。

和田家の間取りは明善寺庫裡《みょうぜんじくり》とよく似ており、同じく高山大工の手によるものと考えられる。正面の外壁に板壁ではなく、土壁を用いている点も一般の合掌造りには見られない特徴である。

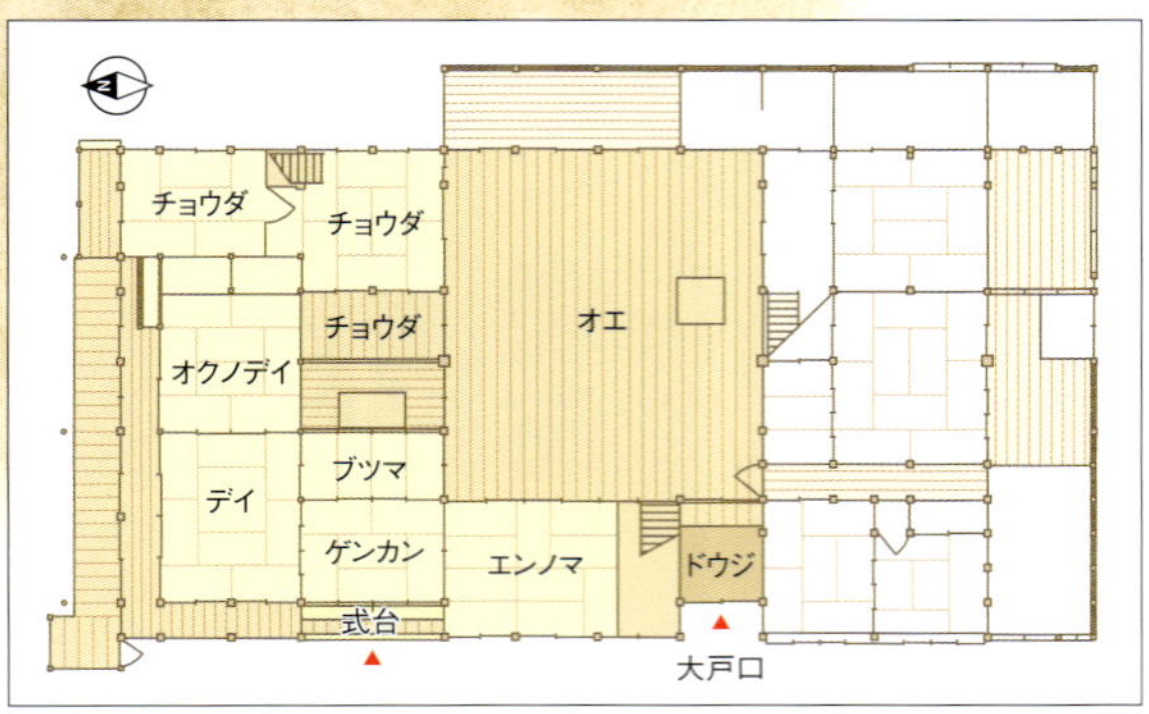
チョウダ
チョウダ
チョウダ
オクノデイ
オエ
ブツマ
デイ
ゲンカン
エンノマ
ドウジ
式台
大戸口

●みやざわ　さとし　元長岡造形大学名誉教授。元文化庁文化財保護部建造物課長

建物とともに土地3583平方㍍（水路、石垣、池を含む）が国の重要文化財に指定されており、現在も住居として使われている

※和田家の平面図や立面図を参考に描いているが、推測に基づいている箇所もあり、実際の建物とは異なることがある。2012年時点の原稿。

めざせ！全踏破

LET'S WALK

五箇山の合掌造り集落を歩く

富山県の南西部に位置する五箇山には平坦部はほとんどなく、庄川沿いの斜面を利用した集落が点在している。のどかな田園風景のなかを歩き、合掌造りの家屋を見学すれば、独自の文化や歴史に触れることができる。

相倉集落

素朴な山里の情緒を楽しむ

庄川から少し離れた段丘上の、細長い台地に広がる相倉集落。ブナやトチなどの林に囲まれた風情ある光景に心が癒される。人々の生活の匂いを感じられるのも魅力だ。

相倉は菅沼より規模が大きく、32戸の住宅のうち20棟が合掌造り家屋だ。多くは100～200年前に建てられたが、古いものは築350年にもなる。駐車場の隅にある茅葺の財団事務所の横から石段を上り、石垣で仕切られた棚田の間の小道を通り抜け、坂道を上がっていく。7～8分で「相倉集落全景撮影スポット」と呼ばれる展望所に着き、集落と周囲の自然環境とが織りなす絶景を目の当たりにできる。

集落の中心部にある原始合掌造りの建物は、1階部分がなく屋根が地面に接している。江戸時代にはこのような建物も家屋として用いられており、合掌造りの原型とする説があるという。

大きな杉に囲まれ、凛とした空気が漂う地主《じぬし》神社では、獅子舞《ししまい》が奉納される春祭りなどが行われる。今上天皇が皇太子時代に訪れたことがあり、神社の右側に御歌碑が立つ。神社手前にある廿日石《はつかいし》は、どんな大雪の年でも旧節句である4月3日にこの岩が見えれば、あと20日で集落内の雪が全て消えるといわれている。

集落の奥には相倉民俗館があり、1号館（休館中）には生活用具や農具など、2号館には和紙・塩硝《えんしょう》に関する資料などが展示されている。口頭伝承によって多くの民謡が歌い継がれる五箇山は「民謡の宝庫」ともいわれ、国の無形民俗文化財である「こきりこ節」や「麦屋節《むぎやぶし》」などを映像と音で楽しむことができる。

集落内に民宿は6軒あり、全てが合掌造りの宿だ。囲炉裏《いろり》を囲んで宿の主人たちと語り合いながら、名物の五箇山豆腐や山菜などを味わうのも楽しみの一つといえる。

山道沿いにある相倉集落全景撮影スポットから集落のほぼ全体を一望することができる

原始合掌造りの建物は物置小屋となっているが、かつては住居として使われていたという

相倉民俗館。かつてこの地域の人々が使用していた生活用具や農具などを展示する1号館と、紙漉《かみす》きや塩硝、養蚕《ようさん》などの家内手工業に関する道具を集めた2号館がある。それぞれのビデオ放映コーナーでは五箇山の四季や民謡を紹介する映像も見られる。 ※1号館休館中

あちこちに季節の花が咲き、合掌造りのある風景に彩りを添えている

地主神社は、信仰の場として親しまれ、折々の行事を通じて人々の精神的結び付きを深めている

菅沼集落

静かな山村の雰囲気を満喫

大きく回り込んだ庄川流域にせり出した河岸段丘にある菅沼集落。点在する合掌造りの建物と、背後の雪持林や茅場などが、昔ながらの懐かしい風景をつくり出している。

集落南の国道沿いや菅沼展望広場駐車場からは集落全体を見下ろせる

菅沼集落へは菅沼バス停から坂道を下って約2分。車の場合は菅沼展望広場駐車場からエレベーターで降り、トンネルを抜ければ3分ほど。高台にある展望広場駐車場は、集落の全景が一望できるビューポイントとなっている。

菅沼集落は12棟の家屋のうち9棟が合掌造りの小さな集落。江戸時代末期につくられたものが2棟、明治時代に建てられたものが6棟で、1925年に建てられた1棟が最も新しい。合掌造りの多くは飲食店や土産店であるが、観光地然とはしていない。170年ほど前の建物を利用した五箇山民俗館と塩硝作りの仕組みを紹介する塩硝の館も合掌造りの施設だ。五箇山民俗館の裏側を奥に進むと、杉林に囲まれた小高い場所に神明社が鎮座している。集落内を一周するだけなら10分程度。施設を見学したり、神社に参拝したりしても、1時間ほどで回れる。

こぢんまりとした集落で、のどかな田園風景のなかに身を置くと、まるで時間が止まったような不思議な感覚が味わえる。

塩硝の館　加賀藩政時代に盛んに製造された火薬の原料「塩硝」に関する資料や道具を展示。塩硝作りの過程が、人形や影絵などを使ってわかりやすく解説されている

電0763-67-3262　時9:00～16:30(12～3月～16:00)　料400円(2館共通)　休なし

田植えのあとには水面に映る「逆さ合掌」が見られる

五箇山民俗館　塩硝作りや養蚕、紙《かみ》漉《す》きなどの道具や農機具、衣類、カンジキなどの生活用具が200点余り並び、山村で暮らす人々の生活ぶりを垣間見ることができる。 電0763-67-3652 時9:00～16:30（12～3月～16:00） 料400円（2館共通）

五箇山民俗館奥の杉林に囲まれた地に鎮座する神明社。国道建設時、集落の北に移築されたという

富士山
——信仰の対象と芸術の源泉

富士山を山梨県側から眺望
写真　PIXTA

解説　標高3776メートル、日本を代表する名山・富士山は、奈良時代には信仰の対象であったとされる。激しく噴火を繰り返してきた平安時代、仏教や神仙思想などが習合し修験道が成立し、富士は「畏れ」の対象だった。さらに江戸時代には「富士講」が組織され、庶民の間で登拝活動が盛んになる。信仰の象徴ともなった富士山はその一方で、文学や絵画など芸術の分野でも注目され、世界的に評価されるようになった。

世界遺産登録年 2013年
構成資産 富士山域(山頂の信仰遺跡群、大宮・村山口登山道、須山口登山道、須走口登山道、吉田口登山道、北口本宮冨士浅間神社、西湖、精進湖、本栖湖)、富士山本宮浅間大社、山宮浅間神社、村山浅間神社、須山浅間神社、冨士浅間神社(須走浅間神社)、河口浅間神社、冨士御室浅間神社、御師住宅(旧外川家住宅)、御師住宅(小佐野家住宅)、山中湖、河口湖、忍野八海(出口池)、忍野八海(お釜池)、忍野八海(底抜池)、忍野八海(銚子池)、忍野八海(湧池)、忍野八海(濁池)、忍野八海(鏡池)、忍野八海(菖蒲池)、船津胎内樹型、吉田胎内樹型、人穴富士講遺跡、白糸ノ滝、三保松原

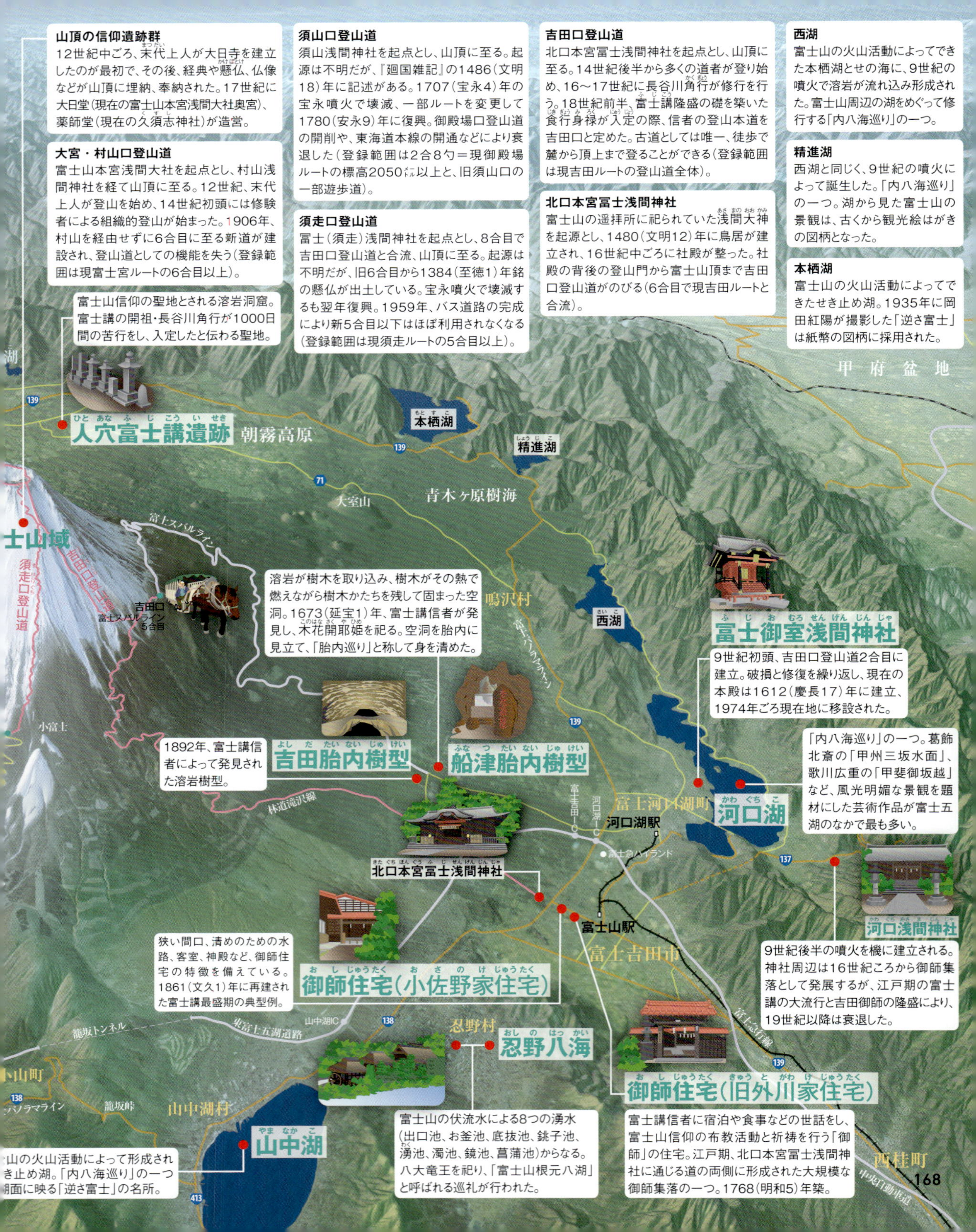
山頂の信仰遺跡群
12世紀中ごろ、末代《まつだい》上人が大日寺を建立したのが最初で、その後、経典や懸仏《かけぼとけ》、仏像などが山頂に埋納、奉納された。17世紀に大日堂(現在の富士山本宮浅間大社奥宮)、薬師堂(現在の久須志《くすし》神社)が造営。
大宮・村山口登山道
富士山本宮浅間大社を起点とし、村山浅間神社を経て山頂に至る。12世紀、末代上人が登山を始め、14世紀初頭には修験者による組織的登山が始まった。1906年、村山を経由せずに6合目に至る新道が建設され、登山道としての機能を失う(登録範囲は現富士宮ルートの6合目以上)。
須山口登山道
須山浅間神社を起点とし、山頂に至る。起源は不明だが、『廻国雑記』の1486(文明18)年に記述がある。1707(宝永4)年の宝永噴火で壊滅、一部ルートを変更して1780(安永9)年に復興。御殿場口登山道の開削や、東海道本線の開通などにより衰退した(登録範囲は2合8勺=現御殿場ルートの標高2050㍍以上と、旧須山口の一部遊歩道)。
須走口登山道
冨士(須走)浅間神社を起点とし、8合目で吉田口登山道と合流、山頂に至る。起源は不明だが、旧6合目から1384(至徳1)年銘の懸仏が出土している。宝永噴火で壊滅するも翌年復興。1959年、バス道路の完成により新5合目以下はほぼ利用されなくなる(登録範囲は現須走ルートの5合目以上)。
吉田口登山道
北口本宮冨士浅間神社を起点とし、山頂に至る。14世紀後半から多くの道者が登り始め、16～17世紀に長谷川角行《かくぎょう》が修行を行う。18世紀前半、富士講《ふじこう》隆盛の礎を築いた食行身禄《じきぎょうみろく》が入定《にゅうじょう》の際、信者の登山本道を吉田口と定めた。古道としては唯一、徒歩で麓から頂上まで登ることができる(登録範囲は現吉田ルートの登山道全体)。
北口本宮冨士浅間神社
富士山の遥拝所に祀られていた浅間大神《あさまのおおかみ》を起源とし、1480(文明12)年に鳥居が建立され、16世紀中ごろに社殿が整った。社殿の背後の登山門から富士山頂まで吉田口登山道がのびる(6合目で現吉田ルートと合流)。
西湖
富士山の火山活動によってできた本栖湖とせの海に、9世紀の噴火で溶岩が流れ込み形成された。富士山周辺の湖をめぐって修行する「内八海巡り」の一つ。
精進湖
西湖と同じく、9世紀の噴火によって誕生した。「内八海巡り」の一つ。湖から見た富士山の景観は、古くから観光絵はがきの図柄となった。
本栖湖
富士山の火山活動によってできたせき止め湖。1935年に岡田紅陽が撮影した「逆さ富士」は紙幣の図柄に採用された。
富士山信仰の聖地とされる溶岩洞窟。富士講の開祖・長谷川角行が1000日間の苦行をし、入定したと伝わる聖地。
湖
甲府盆地
139
人穴富士講遺跡《ひとあなふじこういせき》
朝霧高原
本栖湖《もとすこ》
精進湖《しょうじこ》
71
大室山
青木ヶ原樹海
士山域
須走口登山道
吉田口登山道
富士スバルライン
吉田口
富士スバルライン
5合目
溶岩が樹木を取り込み、樹木がその熱で燃えながら樹木かたちを残して固まった空洞。1673(延宝1)年、富士講信者が発見し、木花開耶姫《このはなさくやひめ》を祀る。空洞を胎内に見立て、「胎内巡り」と称して身を清めた。
鳴沢村
富士パノラマライン
西湖《さいこ》
冨士御室浅間神社《ふじおむろせんげんじんじゃ》
9世紀初頭、吉田口登山道2合目に建立。破損と修復を繰り返し、現在の本殿は1612(慶長17)年に建立、1974年ごろ現在地に移設された。
小富士
1892年、富士講信者によって発見された溶岩樹型。
吉田胎内樹型《よしだたいないじゅけい》
船津胎内樹型《ふなつたいないじゅけい》
139
林道滝沢線
富士吉田IC
河口湖IC
富士河口湖町
河口湖駅
河口湖《かわぐちこ》
「内八海巡り」の一つ。葛飾北斎の「甲州三坂水面」、歌川広重の「甲斐御坂越」など、風光明媚な景観を題材にした芸術作品が富士五湖のなかで最も多い。
富士急ハイランド
137
北口本宮冨士浅間神社《きたぐちほんぐうふじせんげんじんじゃ》
河口浅間神社《かわぐちあさまじんじゃ》
富士山駅
富士吉田市
9世紀後半の噴火を機に建立される。神社周辺は16世紀ころから御師集落として発展するが、江戸期の富士講の大流行と吉田御師の隆盛により、19世紀以降は衰退した。
狭い間口、清めのための水路、客室、神殿など、御師住宅の特徴を備えている。1861(文久1)年に再建された富士講最盛期の典型例。
御師住宅《おしじゅうたく》(小佐野家住宅《おさのけじゅうたく》)
籠坂トンネル
東富士五湖道路
山中湖IC
138
忍野村
忍野八海《おしのはっかい》
富士急行線
139
御師住宅《おしじゅうたく》(旧外川家住宅《きゅうとがわけじゅうたく》)
山町
138
パノラマライン
籠坂峠
山中湖村
山中湖《やまなかこ》
山の火山活動によって形成され
き止め湖。「内八海巡り」の一つ
湖面に映る「逆さ富士」の名所。
413
富士山の伏流水による8つの湧水(出口池、お釜池、底抜池、銚子池、湧《わく》池、濁池、鏡池、菖蒲池)からなる。八大竜王を祀り、「富士山根元八湖」と呼ばれる巡礼が行われた。
富士講信者に宿泊や食事などの世話をし、富士山信仰の布教活動と祈祷を行う「御師」の住宅。江戸期、北口本宮冨士浅間神社に通じる道の両側に形成された大規模な御師集落の一つ。1768(明和5)年築。
西桂町
中央自動車道

遺産まるわかりMAP

富士山

Pick Up!

長野県
埼玉県
山梨県
東京都
甲府
新宿
富士山
神奈川県
横浜
箱根
相模湾
静岡県
静岡
駿河湾
伊豆半島
大島
有料道路
国道
主要道
新幹線
JR
私鉄
登録されている範囲
北
清水港
富士川
新富士駅
富士駅
富士市
富士宮駅
富士宮市
駿河湾
田子の浦
西富士道路
東名高速道路
新東名高速道路
JR東海道本線
JR東海道新幹線
JR身延線
沼津市
十里木高原
愛鷹山
富士サファリパーク
裾野市
水ヶ塚公園駐車場
須山口登山歩道
須山口登山道
御殿場口登山道
御殿場口
新5合目
5合目
富士山スカイライン
東富士演

緑太字：構成資産

三保松原《みほのまつばら》

富士山頂の南西約45キロに位置する、長さ約7キロの砂嘴《さし》上の松原。富士山を望む景勝地で、その構図は歌川広重の作品などで海外にも広く知られている。

富士山本宮浅間大社《ふじさんほんぐうせんげんたいしゃ》

紀元前27年、富士山の噴火を鎮めるため浅間大神を祀ったのが起源とされる。806（大同1）年、坂上田村麻呂《さかのうえのたむらまろ》が社殿を建て、山宮浅間神社から遷宮。15世紀に大宮・村山口登山道の起点となる。1604（慶長9）年には徳川家康の庇護のもと、本殿が造営される。

山宮浅間神社《やまみやせんげんじんじゃ》

創建は神話時代と伝わるが、不詳。社殿はなく、石列で区分された遥拝所《ようはいじょ》があるだけという、古代からの富士山祭祀のかたちをとどめている。

白糸ノ《しらいと》

富士山の湧水が1日平均15～16万立
湧出し、数百条の白糸が垂れるように見え
角行が水行を行った地とされ、富士講信
巡礼、修行の場となる。

村山浅間神社《むらやませんげんじんじゃ》

12世紀前半～中ごろ、末代上人により創建。14世紀初頭には富士山の修験道の中心地となった。かつては興法《こうほう》寺（神仏習合の宗教施設）と呼ばれたが、1868年の神仏分離令により村山浅間神社と大日堂に分離される。

須山浅間神社《すやませんげんじんじゃ》

創建は神話時代と伝わるが、不詳。須山口登山道の起点で、富士山南東麓の信仰登山活動の役を担っていた。

富士浅間神《ふじせんげんじん》
（須走《すばしり》浅間神

807（大同2）年造営、須走口登山道の起
なる。社殿は1707（宝永4）年の宝永噴
崩壊するが、1718（享保3）年に再建され

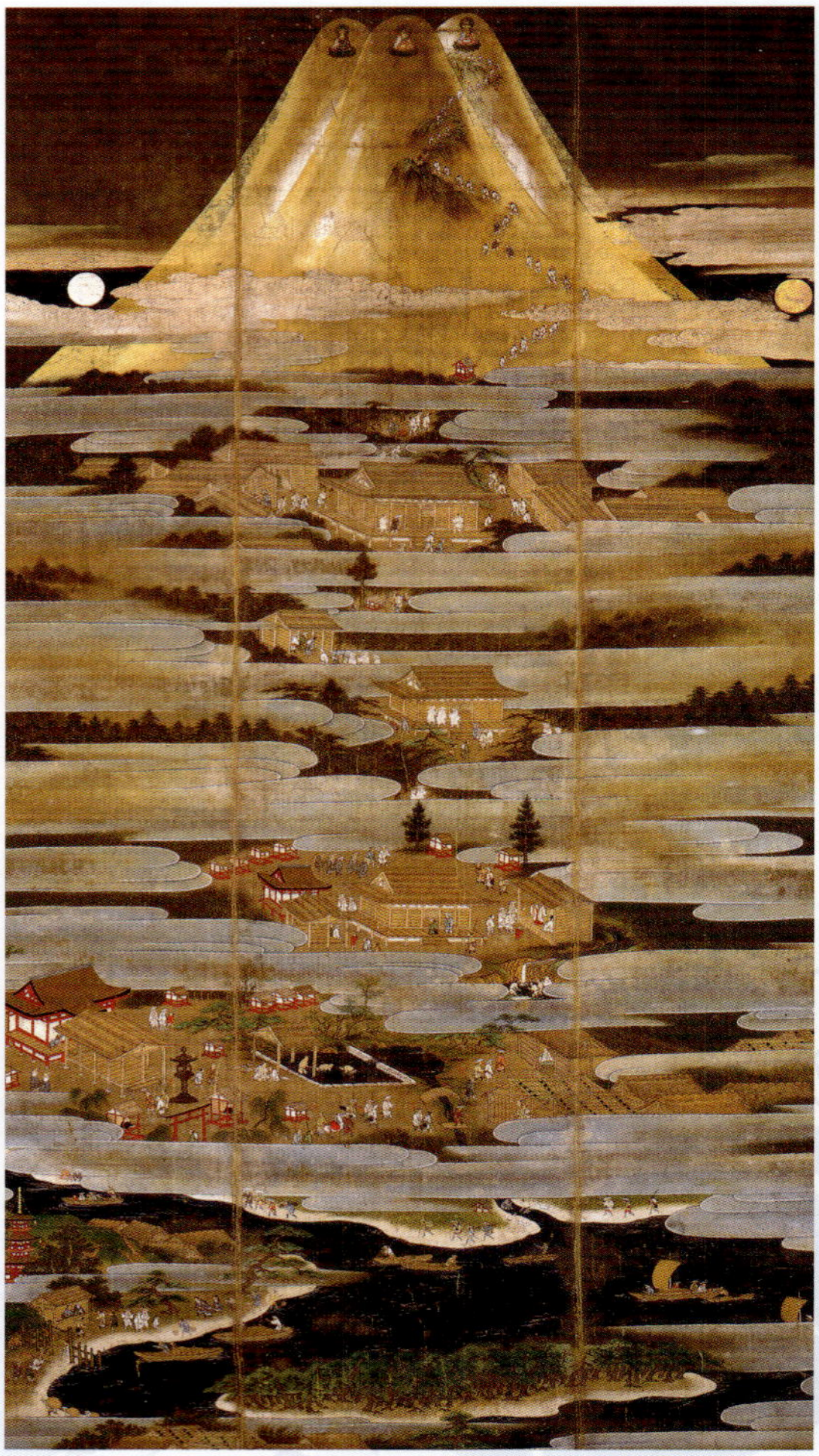

狩野元信「絹本著色富士曼荼羅図」
室町時代。頂上に三尊が存在する
富士山本宮浅間大社蔵

葛飾北斎
「冨嶽三十六景～神奈川沖浪裏」
出典：ColBase

古からの芸術の泉

文学や絵画など、富士山ほど数多くの芸術のモチーフとなった山はない。その表現形式は実に様々で、なかには1000年近く遡る作品も現存する。

天高く聳える高峰に対する「畏れ」、繰り返す噴火が吐き出す溶岩への「恐れ」から「神宿る山」として信仰されてきた。この山はまた、和歌、絵画、物語、能、俳句などの多くの芸術家たちに様々なインスピレーションを与えてきた。

まず和歌の世界。奈良時代に編まれた日本最古の歌集『万葉集』には、約4500首のなかに11首の富士を詠んだ歌がある。

山部赤人は

天地の　分れし時ゆ　神さびて
高く貴き　駿河なる　布士の高嶺を…

(天と地が分かれた時から、崇高で貴い駿河国の富士の高嶺を…)

と詠み、富士山の荘厳な美しさと神々しさを称えた。

絵画の世界では、文献によると、すでに平安前期に描かれた屛風絵があったというが、作品が残っていな

歌川広重「名所江戸百景〜するがてふ」
東京藝術大学蔵

横山大観「富士山」
静岡県立美術館蔵

いため詳細は不明である。現存する最古のものとしては、平安時代に秦致貞による「聖徳太子絵伝」がある。鎌倉時代には「一遍聖絵」「遊行上人縁起絵」といった絵巻物に富士が描かれた。さらに富士登拝が大衆化し始めた室町時代に雪舟が描いたとされる水墨画「富士清見寺図」には、富士とともに三保松原が描かれている。江戸時代には、登拝作法やルートを絵解きした「富士曼荼羅図」が描かれる。

その後、葛飾北斎の「冨嶽三十六景」や歌川広重の「東海道五拾三次」のように、富士は浮世絵の題材として頻繁に描かれるようになった。北斎の「神奈川沖浪裏」などは、欧州のマネやゴッホ、ゴーガンら印象派の画家たちや彫刻家カミーユ・クローデルらに多大な影響を与えた。

明治以降も、横山大観や松岡映丘、梅原龍三郎ら多くの画家たちによって富士は描かれた。

能の世界では、三保松原を舞台に羽衣伝説を作品化した謡曲「羽衣」がよく知られている。

そして、俳句。松尾芭蕉は

霧しぐれ富士を見ぬ日ぞ面白き

さらに与謝蕪村は

不二ひとつうづみのこして若葉哉

小林一茶は

なの花のとつぱづれ也ふじの山

と、それぞれ富士を詠んだ。また俳句の季語には、富士に関連した「五月富士」「赤富士」「富士の初雪」などがある。

古くから、芸術の泉ともいえた富士山だが、これほど数多くの芸術家たちを刺激した山はないだろう。

LET'S WALK

富士山のパワースポットめぐり

めざせ！全踏破

富士信仰において、登山道は修行の場、山頂は神仏に出会える場だった。山麓各所の浅間神社、かつて富士講が信仰の場とした富士五湖などは全てが聖域である。

吉田ルート

登山者数No.1のビギナーコース

首都圏からのアクセスがよく、富士山登山者の約6割が利用する。スタート地点となる富士スバルライン5合目はレストランなどの施設が充実し、登山道もよく整備されている。富士登山4ルート中、最も山小屋の数が多く、要所に緊急避難所や救護所があるので初心者やファミリーでも安心だ。北東斜面を登るため、ほぼどこからでもご来光を拝めるのが嬉しい。

一歩一歩ゆっくりと。上に見えるのは7合目の東洋館

富士スバルライン5合目に鎮座する小御嶽神社。937（承平7）年創建。木花開耶姫の姉・磐長姫命などを祭神とする

◉富士スバルライン5合目までのアクセス

【バス】新宿駅西口ターミナルから高速バスで2時間30分／富士急河口湖駅から55分

【車】中央自動車道河口湖ICから約30㌔

インフォメーション

【時間】登り約6時間、下り約4時間　【標高】5合目2305㍍、頂上3710㍍　【標高差】1405㍍　【距離】登り約6.8㌔、下り約7.0㌔　【山小屋の数】16軒　【難易度】★

※★の数が多いほど難度が高い

山梨県側・登山ルール

◉吉田ルート　【開山期間】7月上旬～9月中旬【通行規制】ゲート閉鎖時間：16:00～翌日3:00（山小屋に宿泊予約済みの場合は通行可能）【登下山道通行料】2000円（必須）＋富士山保全協力金1000円（任意）※使用料支払者にはリストバンドを配布※入山料徴収予定【ゲート設置場所（通行料支払い場所）】「5合目の登山道入り口ゲート」または「6合目登下山道」

写真　朝日新聞出版 写真部（松永卓也、P172～175のとくに表記のないもの全て）

朝日を浴びた富士山の影が「雲のスクリーン」に映る「影富士」。右は剣ヶ峰と馬の背

富士宮ルート

頂上まで最短！
影富士展望コース

標高2400メートルから出発する最短コース。頂上には浅間大社奥宮や日本一標高の高い郵便局があり、最高地点・剣ヶ峰(3776メートル)も近い。ご来光は頂上と8合目～9合5勺の間でしか望めないが、「影富士」は朝夕の2回見ることができる。

富士山頂郵便局で購入した登山証明書(はがき仕様)をポストに投函する。山頂郵便局の開設期間は夏の約1カ月間

◉富士宮口5合目までのアクセス

【バス】JR東海道新幹線新富士駅から2時間15分／同三島駅から2時間5分／JR身延線富士宮駅から1時間40分

【車】東名高速道路富士ICから約40キロ／同御殿場ICから約36キロ

インフォメーション

【時間】登り約5時間、下り約3時間 【標高】5合目2400メートル、頂上3720メートル 【標高差】1320メートル 【距離】登り・下りとも約4.3キロ 【山小屋の数】8軒 【難易度】★★

※★の数が多いほど難度が高い

静岡県側・登山ルール

◉須走ルート、御殿場ルート、富士宮ルート

【開山期間】7月中旬～9月中旬【通行規制】16:00以降(現地で山小屋宿泊予約を確認)【入山管理】Webによる登山計画等の事前登録を要請【富士山保全協力会】1000円※入山料徴収予定

※ルールやマナーを守って、安全な登山を

登山の初心者には最適といわれる「須走ルート」だが、樹林帯を抜けると砂礫地になり砂ぼこりが舞い上がる　写真　PIXTA

須走ルート

樹林帯と砂走りのバラエティーコース

4 ルート中唯一、樹林帯のなかを歩く。6合目付近までコメツガやカンバが見られる。樹林帯を抜けると岩と砂礫の道。登山者は少なく、8合目の吉田ルートとの合流地点までマイペースで登れる。東斜面のため、樹林帯を抜ければほぼどこからでもご来光が見られる。下りの砂走りは7合目から。転倒しないように気をつけよう。小富士に寄ることも可能だ。

インフォメーション

【時間】登り約6時間30分、下り約3時間　【標高】5合目2000㍍、頂上3710㍍　【標高差】1710㍍　【距離】登り約6.9㌔、下り約6.2㌔　【山小屋の数】12軒　【難易度】★★★

※★の数が多いほど難易度が高い

◉須走口5合目までのアクセス

【バス】ＪＲ御殿場線御殿場駅から1時間／小田急線新松田駅から1時間30分

【車】東名高速道路御殿場ICから約24㌔（通行規制期間あり）

御殿場ルート

大砂走りを駆け下りる健脚コース

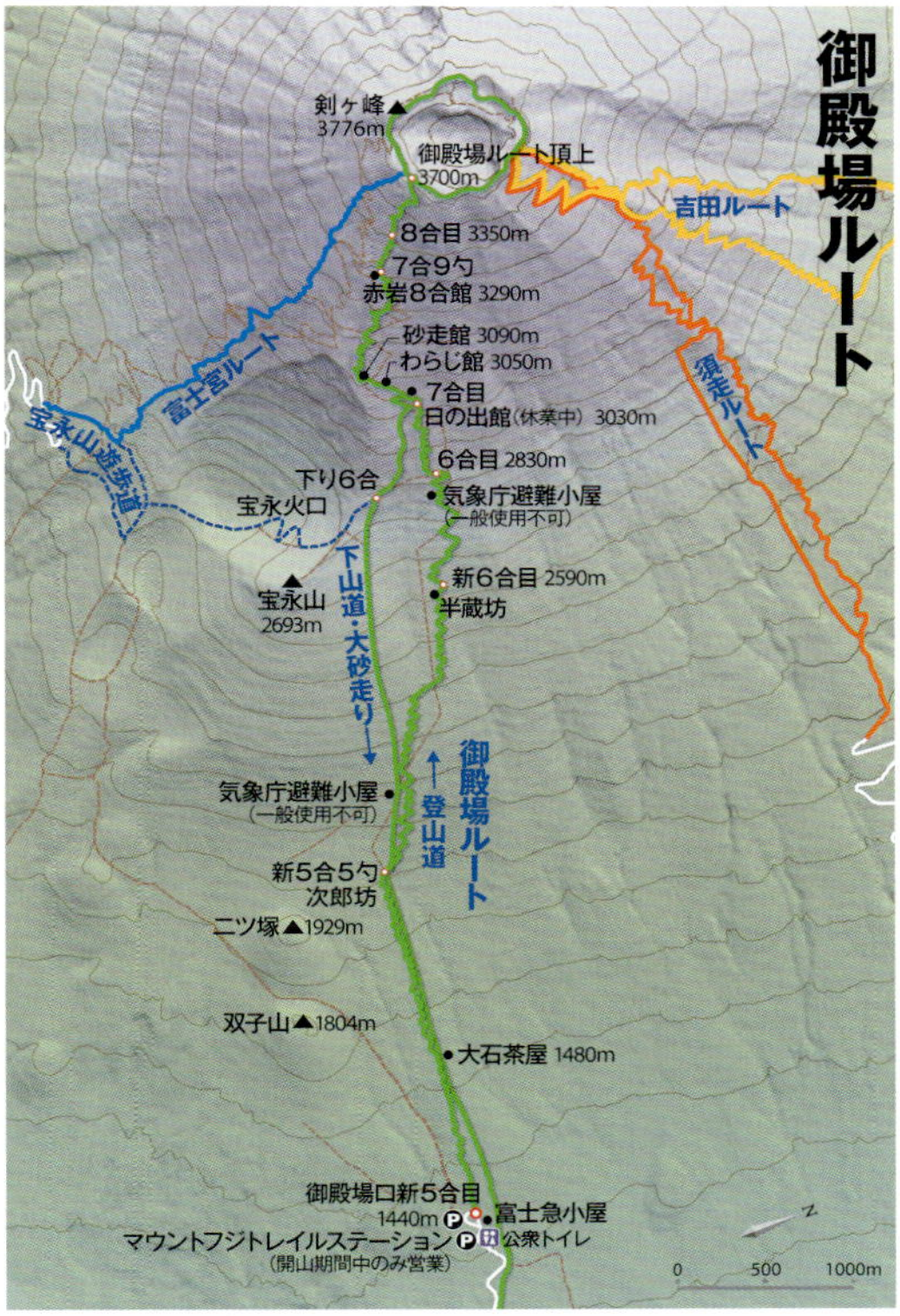

◉御殿場口新5合目までのアクセス
【バス】ＪＲ御殿場線御殿場駅から40分
【車】東名高速道路御殿場ICから約19㌔

インフォメーション

【時間】登り約8～9時間、下り約4時間 【標高】新5合目1440㍍、頂上3700㍍ 【標高差】2260㍍ 【距離】登り約11㌔、下り約8.5㌔ 【山小屋の数】5軒 【難易度】★★★★

※★の数が多いほど難度が高い

標高差、距離とも4ルート中最大。スタートは緩やかだが、次郎坊（標高約1900㍍）から上は荒涼とした砂礫の道が延々続く。山小屋は7～8合目まで行かないとないので、飲食物は事前に準備を。陽を遮るものもないので体調管理に注意しよう。つらい登りに比べ、下りの大砂走りは大人気。厚い火山灰地では面白いように足が進む。下りだけ御殿場ルートを利用する人も多い。

ダイナミックな宝永火口。宝永山遊歩道は富士宮ルートに通じている

大砂走りではサングラスとマスクがあると良い。飛ぶように駆け下りる

見てわかる!

富士山いきもの図鑑

富士山の草原や溶岩地帯の景色は一見すると単調な印象である。しかし実は、様々な種類のいきものが暮らす、生物多様性のホットスポットなのである。

文・監修◉渡邊通人
イラスト◉上村一樹

富士山の豊かな自然を育む要素は3つある。1つは、「地質による多様性」だ。富士山は約10万年前に愛鷹・小御岳両火山の間から噴火して以来、大きく分けて4つの噴火期によって、複雑な地質がつくられた。今の生物相は、もっとも古い時代につくられていた周辺の山地から入ってきてできたと考えられ、高山帯から低地帯までの垂直的多様性が生まれている。現在も様々な生物が周辺から進出し、多様性はさらに増している。

2つ目は、「水平的多様性」。コニーデ火山である富士山は裾野がとても広い。また、新富士火山になってからも、青木ヶ原、剣丸尾《けんまるび》、鷹丸尾《たかまるび》など様々な溶岩流によって、多様な地質の場所ができ、そこに特徴的な生物相が生まれた。これらが

水平的多様性を育んでいるのだ。

３つ目は、「気候変動による多様性」である。気候の温暖化によって、富士山周辺でも、これまで見られなかった種が南方から進出してきたり、山地帯の森林域や里山域を主な生活圏としていた動物が亜高山帯まで進出したりして、生物多様性が増大していると同時に、ニホンジカの分布拡大による生態系のバランスの変化が危惧されている。

このように富士山の素晴らしい自然は、辛うじて生物多様性を維持している状況だ。とくに、里山環境の減少や変質にともない、絶滅が危惧される動植物も多くなっていて、数年先はわからないのが現状だ。さらには、ガビチョウ、ソウシチョウ、アライグマ、アレチウリといった外来の動植物も入り始め、富士山の生物環境に変化をもたらしている。

今こそ、富士山の自然の素晴らしさを見直し、これからを真剣に考えなければならないときになっている。

●わたなべ　みちひと　富士山生物多様性研究室代表・元都留文科大学非常勤講師・元NPO法人富士山自然保護センター理事長

富士山いきものデータ

富士山に暮らす哺乳類は、特別天然記念物のニホンカモシカの他ツキノワグマ、コウモリ類など40種以上。また、富士山は日本列島のほぼ中央に位置するため、野鳥が多く集まる。オオルリやキビタキなど山麓《さんろく》で繁殖している鳥は100種前後、季節移動するものを含めると約180種が確認されている。植物は、種子植物とシダ植物を合わせると2000種余り。昆虫は1500種以上が確認されている。一方、水辺は少ないが、両生類は14種、爬虫《はちゅう》類も11種確認されている。

富士塚、もう一つの富士山信仰

富士山は一生に一度登れるかどうかの山。もっと身近なものにとの願いから、江戸時代に誕生したのが、ミニチュアの富士 —— 富士塚である。

文・写真・イラスト◉有坂蓉子

想像力と創造力。昔の人はすごかった。富士山信仰が生んだ「富士塚」は、魅力満載のミニ富士だ。現存するのは関東一円に約300。東京都内にも70以上ある。その多くは、何度壊されても再築され、現代でもまだ姿を変えつつ存在する。日本人にとって、それほど富士山の存在は特別なのだ。

東京都中央区にある鐵砲洲稲荷神社内の鐵砲洲富士

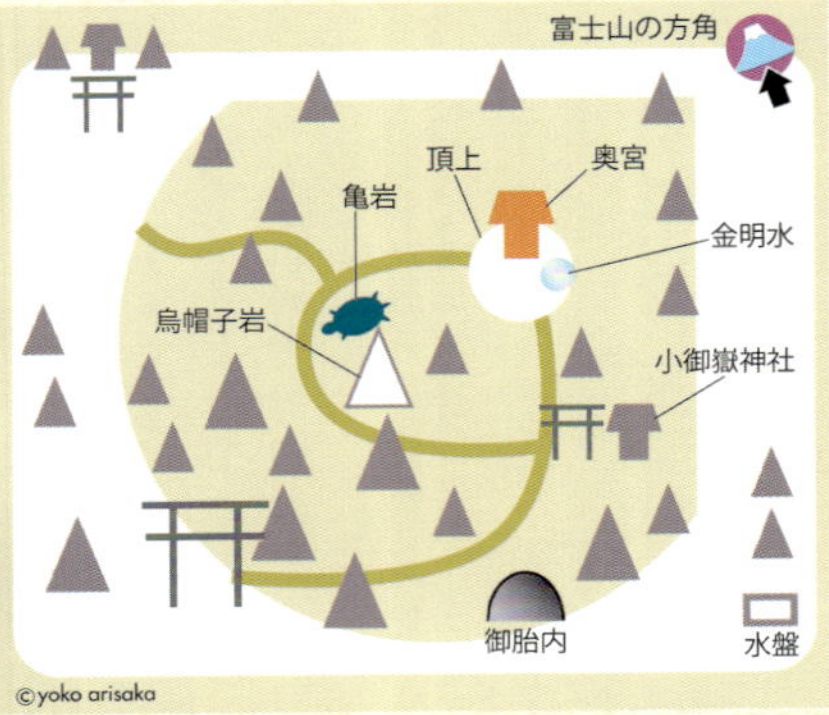

鐵砲洲富士の見取り図。麓の御胎内、中腹の烏帽子岩と亀岩、そして頂上にある金明水が特徴的。数多い石碑の中には「志ん橋」などの地名も読めて興味深い

初代歌川広重「名所江戸百景～目黒新富士」。富士塚の頂上から富士山を遥拝する人が描かれている
出典：ColBase

富士塚は富士講以前から存在していたが、ブームは高田富士に端を発する。築造者は、食行身禄《じきぎょうみろく》の弟子にあたる高田藤四郎。庭師だった彼は師匠を敬い、スキルを駆使して、戸塚村（現・東京都新宿区西早稲田一丁目）に模造富士をつくった。完成は1779（安永《あんえい》8）年、そのユニークな存在感と独特な構造が江戸人を驚かせ、その後次々に富士塚がつくられた。

一般に富士塚の山肌は富士山から運ばれた溶岩で覆われている。「奥宮」「小御嶽《こみたけ》神社」「胎内」といった信仰の証を纏《まと》い、「釈迦の割れ石」「亀岩」などの名所岩、登山道、中道もつくられた。ミニチュア富士に登ることが、いつしか「富士山に登ったのと同じ御利益がある」と広まり、老若男女が登拝した。図らずも富士塚は、庶民の信仰心と遊興欲を満たすものとして、富士講の広告塔となったのだ。

人の想いがつくった「聖地」

時代によって特徴は異なるが、逸品も多い。東京都中央区にある鐵砲洲《てっぽうず》富士は、過去4回の移築を経て、今も急峻な石積み姿が際立っている（現在は登拝禁止）。白い烏帽子《えぼし》岩、青い亀岩も美しく、登山道はスリリング。ゴツゴツ感は本物の富士山そのものである。しかもビルとビルに挟まれて、そこだけ異界の趣だ。都心の塚は、とかく周囲の建物とのコントラストが面白い。新宿・歌舞伎町のド真ん中にある西大久保富士も異彩を放っている。

ゆったりした土地に鎮座する、大型富士塚も訪れたい。埼玉県春日部市、江戸川沿いの西宝珠花《にしほうしゅばな》富士はまるでモン・サン・ミシェル。美しいシルエットは、三人の庭師の競演による。1合目、2合目と道標をたどる楽しさ、次第に開ける視界、そして頂上からの富士山の眺めもたまらない。

富士塚は、富士山の神を宿した「聖地」であり、それ自体が浅間神社でもある。人の想いがつくった塚と言えるだろう。

美しいだけの富士山でなく、日本人を支え続けた信仰の山として、想いをはせてみてはどうだろうか。それこそ富士山の御利益がありそうだ。

●ありさか　ようこ　美術家。1998年から富士塚めぐりを開始。富士塚の調査をもとに書籍執筆やSNS配信、富士塚ツアーを催行。作品も富士塚モチーフが多い

高さ約9㍍の堂々とした西宝珠花富士。トレイル（登山道）が迷路のように複雑で、何度でも登拝したくなる

関東エリア

Kanto area

富岡製糸場　写真 PIXTA

- ル・コルビュジエの建築作品
  ―近代建築運動への顕著な貢献―
- 日光の社寺
- 富岡製糸場と絹産業遺産群

ル・コルビュジエの建築作品 ―近代建築運動への顕著な貢献―

国立西洋美術館。東京・上野恩賜公園内に立つ、主にルネサンスから20世紀半ばまでの西洋の絵画、彫刻、版画、素描などを所蔵する西洋美術専門の美術館

写真 PIXTA（P180～183）

解説 ミース・ファン・デル・ローエ、フランク・ロイド・ライトと並ぶ近代建築三大巨匠の一人、ル・コルビュジエの作品のなかから、フランス、ドイツ、スイス、ベルギー、アルゼンチン、インド、そして日本に所在する17資産で構成。どれも社会的、人間的ニーズに対応したものばかりで、20世紀以降の建築へ大きな影響を与えた。

世界遺産登録年 2016年

構成資産《フランス(10資産)》ラ・ロッシュ＝ジャンヌレ邸、サヴォア邸と庭師小屋、ペサックの集合住宅、カップ・マルタンの休暇小屋、ポルト・モリトーの集合住宅、マルセイユのユニテ・ダビタシオン、ロンシャンの礼拝堂、ラ・トゥーレットの修道院、サン・ディエの工場、フィルミニの文化の家、《日本(1資産)》国立西洋美術館、《ドイツ(1資産)》ヴァイセンホフ・ジードルングの住宅、《スイス(2資産)》レマン湖畔の小さな家、イムーブル・クラルテ、《ベルギー(1資産)》ギエット邸、《アルゼンチン(1資産)》クルチェット邸、《インド(1資産)》チャンディガールのキャピトル・コンプレックス

もっと知りたい!

ともに登録されたル・コルビュジエ建築

国立西洋美術館以外にも、世界各地のル・コルビュジエの建築作品全17件が世界遺産に登録された。

文◉編集部

近代建築運動において多大な功績を残した建築家ル・コルビュジエは、フランス・パリを中心に世界各地で活躍した。このコルビュジエの建築作品群は2016年、トルコのイスタンブールで開かれた第40回世界遺産委員会で世界遺産に登録された。国立西洋美術館の日本を始め、代表推薦国のフランス、そしてドイツ、ベルギー、スイス、アルゼンチン、インドの計7カ国による共同推薦で、大陸をまたいだこのケースのような遺産は「トランスコンチネンタル・サイト」としても注目された。

ロンシャンの礼拝堂。カトリック・ドミニコ会の巡礼地だったところに建てられた礼拝堂

レマン湖畔の小さな家。コルビュジエが両親のために設計した家で「母の家」とも「湖の家」とも呼ばれる

チャンディガールのキャピトル・コンプレックス。ヒマラヤ山脈の麓の地チャンディガールで都市計画に携わったコルビュジエが実現させた建造物のうちの1つ

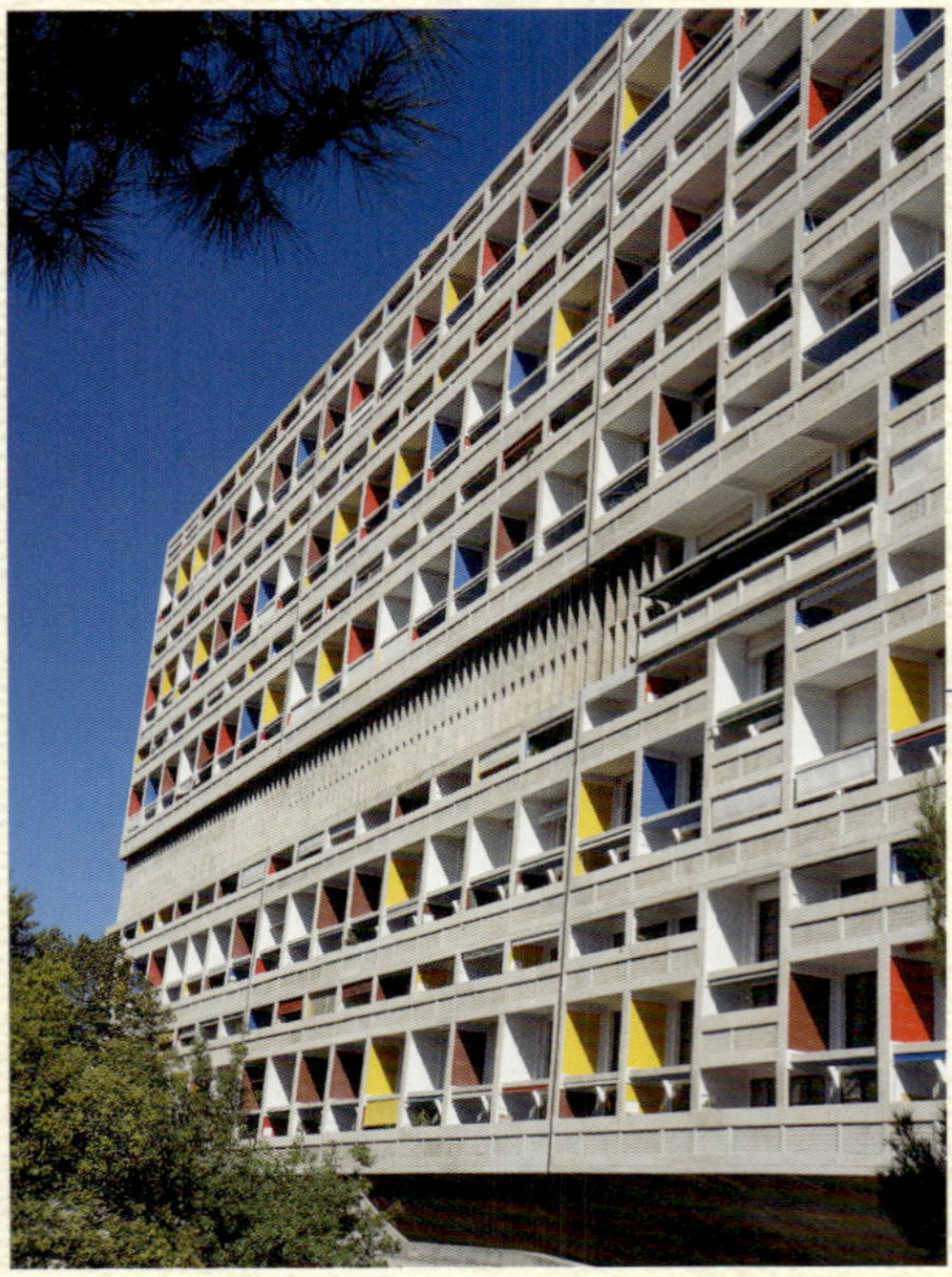

マルセイユのユニテ・ダビタシオン。「住居の統一体」と「住居の単位」という2つの意味を持った集合住宅

ラ・ロッシュ＝ジャンヌレ邸。彼が構想した5原則・ピロティ、屋上庭園、水平連続窓、自由な平面構成、自由なファサードが全て揃う住宅

ラ・トゥーレットの修道院。打ちっぱなしのコンクリートで、丘の斜面に沿うように建てられた

フィルミニの文化の家。フィルミニ市の開発に伴い建築した4つうちの1つ

サヴォア邸。セーヌ川を見下ろす丘に建てられたコルビュジエの代表作

ペサックの集合住宅。製糖工場の従業員向けに建てられた46戸の住宅。カラフルな壁の色が特徴

ル・コルビュジエの建築作品

1. 国立西洋美術館（日本・1955年）
2. ラ・ロッシュ＝ジャンヌレ邸（フランス・1923年）
3. マルセイユのユニテ・ダビタシオン（フランス・1945年）
4. ラ・トゥーレットの修道院（フランス・1953年）
5. サヴォア邸と庭師小屋（フランス・1928年）
6. ペサックの集合住宅（フランス・1924年）
7. カップ・マルタンの休暇小屋（フランス・1951年）
8. ポルト・モリトーの集合住宅（フランス・1931年）
9. ロンシャンの礼拝堂（フランス・1950年）
10. サン・ディエの工場（フランス・1946年）
11. フィルミニの文化の家（フランス・1965年）
12. レマン湖畔の小さな家（スイス・1923年）
13. イムーブル・クラルテ（スイス・1930年）
14. ヴァイセンホフ・ジードルングの住宅（ドイツ・1927年）
15. ギエット邸（ベルギー・1926年）
16. クルチェット邸（アルゼンチン・1949年）
17. チャンディガールのキャピトル・コンプレックス（インド・1952年）

日光の社寺

世界遺産登録年 1999年
構成資産 東照宮、二荒山《ふたらさん》神社、輪王寺、遺跡（文化的景観）

解　説 日光の地は、８世紀以来、男体山を中心とする山岳信仰の聖地で、山麓や中禅寺湖畔に早くから社寺が営まれていた。徳川家康を祀る神社、東照宮が造営されたのは1616（元和２）年。以来、日光は徳川幕府の聖地となった。1653（承応２）年には３代将軍家光の霊廟、大猷院も造営された。なお、輪王寺と二荒山神社は東照宮が造営される前からある。建造物と周囲の自然が調和した景観に神道思想が表れていると評価された。

日光東照宮陽明門。空間全てを埋め尽くすように、陽明門だけでも人物・動物・植物など508体の彫刻が施されている

写真　PIXTA

【輪王寺】

❶ **開山堂《かいさんどう》** 日光を開山した勝道上人を祀る霊廟。唐様の重層宝《じゅうそうほう》形造《ぎょうづくり》、総弁柄《そうべんがら》朱漆塗の建物で、江戸時代中期の建立といわれる。

❷ **小《こ》(児)玉堂《だまどう》** 820(弘仁11)年、弘法大師空海が滝尾で修行をしたとき、八葉蓮華池《はちようれんげいけ》のなかから大小2つの玉が飛び出た。空海は、小さい玉・天補星《てんぽせい》を虚空蔵菩薩《こくうぞうぼさつ》の本尊として小玉堂を建てて祀ったという。なお大きい玉・妙見尊星《みょうけんそんしょう》(妙見菩薩)は、中禅寺に妙見堂を建立して納めたという伝説が残されている。

❸ **三重塔《さんじゅうのとう》** 約6㍍四方の3層の塔。源実朝《みなもとのさねとも》が現在の日光東照宮の地に寄進したと伝えられる。1684年に焼失したが、1713年に再建された。2007年に修復工事が行われ、現在の姿となった。

❹ **観音堂《かんのんどう》** 8世紀後半、勝道上人がこの地に草庵をつくり紫雲《しうん》立寺《りゅうじ》とし、のちに音が似ているので四本龍寺《しほんりゅうじ》となったと伝えられる、日光発祥の地。

❺ **本堂《ほんどう》(三仏堂《さんぶつどう》)** 輪王寺の中心をなす大本堂。平安期に創建されたと伝えられる。現在の建物は寛永年間に建立されたが、神仏分離令により1881年、現在の地に移された。

❻ **相輪樘《そうりんとう》** 経典を納めた高さ13.2㍍の銅製の塔。

❼ **黒門** 輪王寺旧本坊の表門。皇族を門主《もんしゅ》と仰ぐ門跡寺院《もんぜきじいん》の格式を示す門でもある。

❽ **護法天堂《ごほうてんどう》** 毘沙門天《びしゃもんてん》、弁財天《べんざいてん》、大黒天《だいこくてん》の福徳・開運の三天を祀っていた堂宇。現在、三天は大護摩堂《だいごまどう》に移されている。

❾ **常行堂《じょうぎょうどう》・法華堂《ほっけどう》・常行堂法華堂渡廊《わたりろう》** 常行堂は阿弥陀如来像を、法華堂は普賢菩薩《ふげんぼさつ》像を安置する。この2つの堂宇を屋根付きの廊下が結んでいる。

❿ **慈眼堂《じげんどう》** 徳川家康の遺言を執行した天海《てんかい》の墓である廟塔《びょうどう》がある。拝殿、経蔵、鐘楼、阿弥陀堂《あみだどう》も登録建造物。

【輪王寺大猷院】

⓫ **大猷院霊廟仁王門《たいゆういんれいびょうにおうもん》** 大猷院霊廟の入り口の第一の門。密迹《みっしゃく》金剛《こんごう》と那羅延金剛《ならえんこんごう》の2体の仁王像が門を守っている。

⓬ **大猷院霊廟水屋** 12本の御影石の柱に支えられた、極彩色の組物をもつ建物。天井に描かれた龍の墨絵が、水盤に映る工夫がされていた。現在は損傷が激しく、水鏡の龍は見られない。

⓭ **大猷院霊廟宝庫** 朱漆塗、高床の校倉造倉庫。

⓮ **大猷院霊廟二天門《にてんもん》** 日光山内で最も大きいとされる楼門。後《ご》水尾《みずのお》上皇の筆による「大猷院」の額が掲げられている。

⓯ **大猷院霊廟西浄《さいじょう》** 仏様用の不浄(トイレ)。実際には使用されない。

⓰ **大猷院霊廟鐘楼・鼓楼** 夜叉門に向かって右が梵鐘を納める鐘楼。左が太鼓を納める鼓楼。

⓱ **大猷院霊廟夜叉門《やしゃもん》** 大猷院霊廟の第三の門。霊廟を鎮護するため4体の夜叉が置かれていることからこの名が付いた。左右の廻廊も登録建造物。

⓲ **大猷院霊廟唐門** 拝殿前に立つ大猷院のなかで最も小さな門。その分、精巧な細工が施されている。霊廟本殿などを囲む屋根付きの格子と透かしの付いた瑞垣《みずがき》と、その門である掖門《わきもん》も登録建造物。

⓳ **大猷院霊廟御供所《ごくしょ》** 霊前に供える御供を調理するための建物。本殿と御供所をつなぐ渡廊も登録建造物。

⓴ **大猷院霊廟本殿・相の間・拝殿** 徳川家光を祀る、権現造の建物。全体に黒漆塗と金箔押しが施された豪華な造り。

㉑ **大猷院霊廟皇嘉門《こうかもん》** 家光の墓所である奥院の入り口に立つ、中国明朝様式の門。「竜宮門」とも称される。

㉒ **大猷院霊廟奥院《おくのいん》** 宝塔には家光の遺骸が納められている。奥院は、登録建造物の拝殿、鋳抜門《いぬきもん》からなる(非公開)。

【㈶日光社寺文化財保存会管理】

❶ **本地堂《ほんじどう》(薬師堂)** 通称「鳴竜《なきりゅう》」といわれる天井画が、内陣天井に描かれている。

❷ **経蔵《きょうぞう》(輪蔵《りんぞう》)** 一切経1456部、6325巻が納められていた経蔵(内部は非公開)。

【日光東照宮】

御旅所《おたびしょ》 1620(元和6)年に存在が確認できるが、1684(貞享1)年に焼失し、翌年に再建された。東照宮の春と秋の渡御祭《とぎょさい》輿が渡御し、本殿に納められる。拝殿、神饌所《しんせんじょ》も重要文化財(非公開)。

仮殿本殿・仮殿相の間・仮殿拝殿 仮殿は、本殿修理の際に東照宮神霊を一時的に祀り礼拝するための神殿。本社《ほんしゃ》と同じ権現《ごんげん》、華麗な装飾や彫刻が施されている。仮殿唐門、仮殿掖門及び透塀、仮殿鳥居、仮殿鐘楼も重要文化財。

石鳥居 1618(元和4)年に福岡藩主黒田筑前守長政《はんしゅくろだちくぜんのかみながまさ》が奉納した石造の鳥居。高さ9.2㍍、幅13.2㍍。筑前(福岡県)産の岩15個を使用し、耐震を考慮した構造になっている。江戸時代に建てられた石造の鳥居としては日本最大。

旧奥社唐門・鳥居 初めは奥社に木造で建築。1640～41(寛永17～18)年に石造に替えられたが、2度の地震で倒壊し銅製となっ 石造のものは奥社裏山に埋蔵されたが、1967年に発掘、復元された。江戸初期の石造美術を伝えている。

五重塔《ごじゅうのとう》 1650(慶安3)年、小浜《おばま》藩主酒井忠勝《さかいただかつ》が奉納したが、1815(文化12)年に焼失。1818(文政1)年に子孫の忠進《ただゆき》が再建した。の動物彫刻は、十二支で方位を示している。

表門 東照宮第一の門。正面左右に「阿吽《あうん》」の仁王像を安置している。

神厩 1636(寛永13)年造営、神馬をつなぐ厩舎。長押《なげし》の上に「見ざる、言わざる、聞かざる」の三猿の彫刻が掲げられている。

水屋 1636(寛永13)年造営。水盤の水を滝尾神社付近から引き、水の圧力で噴き上がる仕組みを取り入れるなど、当時の最新技術が取り入れられている。

下神庫・中神庫《なか》・上神庫《かみ》 表門を入ると下神庫、中神庫、上神庫の順に棟が並ぶ。渡御祭(百物揃千人武者行列《ひゃくものぞろえせんにんむしゃぎょうれつ》)の装束などめる校倉造《あぜくらづくり》風の倉庫。

鼓楼 太鼓を納めるための建物。

鐘楼 梵鐘を納めるための建物。

神輿舎 中央に東照宮の主祭神・徳川家康《とくがわいえやす》、向かって右に配祀神《はいしじん》の豊臣秀吉、左に同じく配祀神の源頼朝の神輿が納められている。

神楽殿《かぐらでん》 神楽を奏する建物。

上社務所 江戸時代はここで日光門主(輪王寺宮《りんのうじのみや》)が護摩を焚いて天下泰平を祈願したという。現在は祈禱殿《きとうでん》として使用されている。

陽明門 東照宮第二の門。1636年建立の東照宮を象徴する装飾華美な楼門。当時の装飾工芸の粋を集めた彫刻に覆われている。

東西廻廊《かいろう》 陽明門から東西にのびて本殿などをコの字に囲む屋根付きの廻廊。総延長220㍍。東廻廊に、左甚五郎作と伝えられる猫」の彫刻がある。

東西透塀《すきべい》 正面唐門から左右にのび、本殿・石の間・拝殿を囲んでいる。総延長160㍍。塀のなかが透かして見えることからこの名ある。

正面及び背面唐門《からもん》 唐破風を用いていることから「唐門」の名が付いたといわれる。正面唐門の彫刻に、徳川幕府の政治理念や思想が表されている。

本殿・石の間・拝殿 本殿は東照大権現《とうしょうだいごんげん》(徳川家康の神霊)を祀る神殿。本殿と拝殿をつなぐ石の間で祭礼が行われ、拝殿は神霊拝するための建物。

坂下門 奥社への参道入り口。飾金具に七宝焼《しっぽうやき》を用いるなど、優れた技巧が見られる。将軍の社参のとき以外は閉じられおり、「開の門」とも呼ばれた。

奥社 東照宮の主祭神・徳川家康の墓所。家康の神柩《しんきゅう》を納めた宝塔《ほうとう》、石玉垣《いしたまがき》、唐門、拝殿、銅神庫《どうじんこ》、鳥居、石柵《せきさく》が重要文化財。

赤字：国宝、青字：重要文化財

Pick Up!

遺産まるわかりMAP

日光の社寺

紫太字：構成資産

【二荒山神社】

❶ **別宮滝尾神社《べつぐうたきのおじんじゃ》**　二荒山神社の別宮。820（弘仁11）年、弘法大師空海《こうぼうだいしくうかい》の創建。本社（新宮）、本宮とともに日光三社権現《さんじゃごんげん》の一つで、田心姫命《たごりひめのみこと》を祀る。現在の建物は江戸時代初期のもの。本殿、唐門、拝殿、楼門、鳥居が登録建造物。

❷ **別宮本宮神社《ほんぐうじんじゃ》**　二荒山神社の別宮。790（延暦9）年、二荒山神社発祥の地に勝道上人《しょうどうしょうにん》が建立。味耜高彦根命《あじすきたかひこねのみこと》を祀る。たびたび焼失したが、現在の本殿、拝殿は1685（貞享2）年に再建された。唐門及び透塀《すきべい》、鳥居も登録建造物。

❸ **神橋《しんきょう》**　大谷川《だいやがわ》に架かる幅7メートル、長さ28メートルの総体漆塗《そうたいうるしぬり》の木造反橋。現在の橋形は1636（寛永13）年のもので、修理、架け替えが行われてきたが、1902年に流失し、2年後に旧様式にしたがい再建。その後、老朽化が著しいため大改修され、2005年に完成した。

❹ **本殿《ほんでん》**　1619（元和5）年造営。大己貴命《おおなむちのみこと》を主祭神とする日光の山々の神を祀る。諸社堂造営に伴いわずかに移転。各部分の華やかな彩色、塗装、彫刻などの装飾は創建当時の建築様式を表している。唐門、掖門《わきもん》及び透塀も登録建造物。

❺ **拝殿《はいでん》**　神霊《しんれい》を礼拝するための建物。1619（元和5）年に造営、1645（正保《しょうほう》2）年に再建。建具が黒漆塗で要所に飾金具が付くが、彫刻や文様などがまったくない朱色の建物は、堂々とした迫力。

❻ **末社朋友神社本殿《まっしゃみともじんじゃほんでん》**　知恵の神、少彦名命《すくなびこなのみこと》を祀る。造営年代は不明。建物の形式から江戸中期のものと思われる。

❼ **大国殿《だいこくでん》**　祭神は大己貴命で、別名は大国主命《おおくにぬしのみこと》。これが仏教の大黒天《だいこくてん》と同一視され、福の神として祀られている。

❽ **神輿舎《しんよしゃ》**　日光の社殿のなかでも数少ない素木《しらき》の建造物。内部に4月に行われる弥生祭《やよいさい》で渡御《とぎょ》する神輿3基が納められている。1617（慶長19）年に東照宮の仮殿の拝殿として建てられ、寛永年間（1624～44年）に現在の位置に移し替えられた。

❾ **末社日枝神社本殿《まっしゃひえじんじゃほんでん》**　848（嘉祥1）年に慈覚大師円仁《じかくだいしえんにん》によって、比叡山《ひえいざん》に鎮座する神を分けて祀られたとされる。

❿ **鳥居《とりい》**　参道に立つ銅製の鳥居。両柱の下部に蓮が施されている。

日光東照宮を歩こう

LET'S WALK

めざせ！全踏破

世界にその名を知られる日光東照宮。1万5000坪の境内に国宝8棟を含む重要文化財、建造物が55棟ある。崇高な空気に満ちた境内を歩き、濃密な美に浸ってみよう。

日光東照宮本社。正面唐門から左右にのびる透塀に囲まれた、東照宮のなかでも最も荘厳な建物　写真　日光東照宮

「見ざる言わざる聞かざる」の彫刻「三猿」がある、神厩の先の右手の石段を上ると、国宝の陽明門が現れる。わが国の建築物のなかでも屈指の美しさで有名なこの門は、見ていて時の経つのも忘れるほど見目麗しいことから「日暮の門」とも呼ばれた。

陽明門の手前左奥の本地堂(薬師堂)の天井一面には、通称「日光の鳴竜」と呼ばれる竜の絵が描かれている。

陽明門の先にあるのが唐門。透塀に囲まれた御本社に御神体が祀られた本殿・石の間・拝殿がある。本殿を囲む廻廊のうち東廻廊の蟇股《かえるまた》にある彫刻は名匠・左甚五郎が彫ったとされる「眠り猫」だ。

坂下門を出て207段の石段を上った先にある奥社が徳川家康の墓所だ。

インフォメーション

住 栃木県日光市山内2301　電 0288-54-0560　時 9:00～17:00(11～3月～16:00)※最終受付30分前　料 1600円　休 なし　交 JR・東武日光駅から東武バス中禅寺温泉行きか湯元温泉行きで7分、神橋下車、徒歩8分、または表参道下車、徒歩2分、または西参道下車、徒歩10分　駐 あり

家康の本地仏である薬師如来を安置する、本地堂(輪王寺では薬師堂とも呼ばれる)。天井に描かれた通称「鳴竜」の下で係員が拍子木を打つと、天井と床が共鳴し鈴のような音が響く

三猿。神厩(馬屋)の欄間に施された彫刻、猿には馬を守るという信仰がある

写真　染谷 學(P188～189のとくに表記のないもの全て)

めざせ！全踏破

二荒山神社・輪王寺・輪王寺大猷院をめぐる

1200年以上の歴史を誇る日光山。東照宮よりはるかに長い歴史がある二荒山神社や輪王寺、その別院の大猷院をめぐり、日本古来の神仏習合の歴史をたどってみよう。

二荒山神社

古くから下野国《しもつけのくに》（栃木県）の一の宮として信仰される

インフォメーション

住 栃木県日光市山内2307　電 0288-54-0535　時 8:00～17:00（11～3月9:00～16:00）※最終受付30分前　料 神苑300円、神橋300円　休 なし　交 JR・東武日光駅から東武バス中禅寺温泉行きか湯元温泉行きで15分、西参道入口下車、徒歩7分　駐 あり

二荒山神社へ行くには、日光の表玄関ともいえる神橋から。神橋の先、東照宮を右に見て下新道を進むと二荒山神社にたどり着く。大鳥居の先、石段を上がり神門を抜けたところにあるのが拝殿と本殿、その横の塀に囲まれたエリアに末社の神苑がある。

❶ 本殿（右）・拝殿（左）

2代将軍徳川秀忠が寄進した本殿は八棟造。神苑から見ることができる

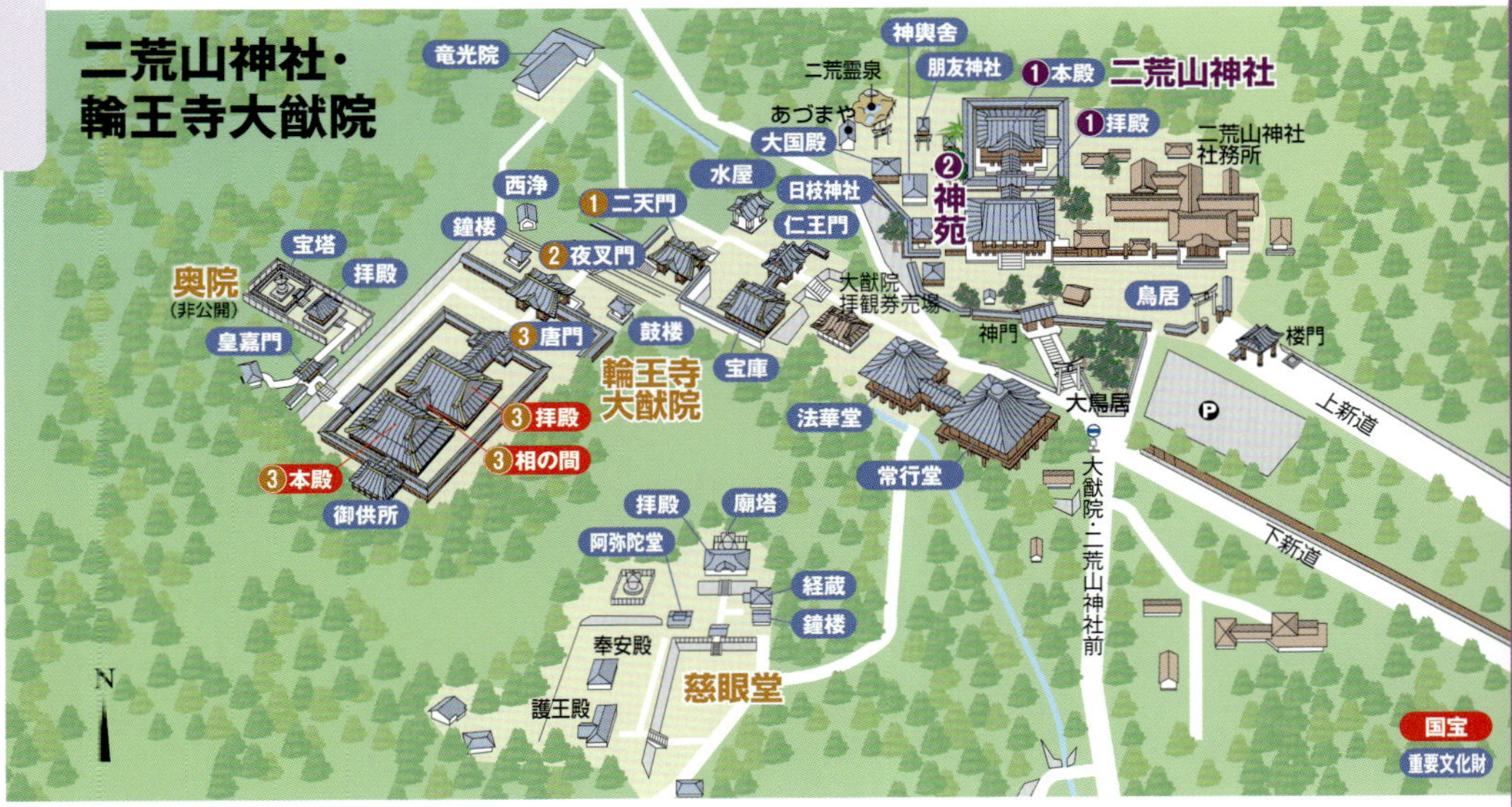
二荒山神社・
輪王寺大猷院
竜光院
神輿舎
二荒霊泉
朋友神社
❶本殿
二荒山神社
あづまや
❶拝殿
大国殿
❷神苑
二荒山神社
社務所
西浄
水屋
❶二天門
日枝神社
鐘楼
仁王門
宝塔
❷夜叉門
奥院
（非公開）
拝殿
大猷院
拝観券売場
鳥居
❸唐門
鼓楼
神門
楼門
皇嘉門
輪王寺
大猷院
宝庫
❸拝殿
法華堂
大鳥居
上新道
❸相の間
❸本殿
常行堂
御供所
大猷院・二荒山神社前
拝殿
廟塔
阿弥陀堂
下新道
経蔵
鐘楼
奉安殿
慈眼堂
護王殿
N
国宝
重要文化財

❷ 神苑《しんえん》

拝殿、本殿横の塀に囲まれたエリアは神苑と呼ばれ、二荒山神社の末社を参拝できる。本社、滝尾、本宮三社の神輿を安置する神輿舎もある。1617（元和3）年築造で、山内最古の建物

神輿舎は1617（元和《げんな》3）年の建物

神橋《しんきょう》

神事・将軍社参・勅使・幣帛供進使などが参向のときのみ使用された

輪王寺大猷院

3代将軍・徳川家光の廟所

祖父・家康を崇拝していた家光の霊廟である輪王寺大猷院は、日光東照宮の方角を向いて造営されている。東照宮と比べて華やかさは抑えられてはいるものの、目立たない部分に技巧が凝らされている。国宝の本殿・相の間・拝殿など見どころは多い。「大猷院」とは徳川家光の諡号。

❶ 二天門《にてんもん》

正面に四天王の持国天と増長天が祀られている

❷ 夜叉門《やしゃもん》

法華経《ほけきょう》に説かれる仏教を守護する4体の夜叉が祀られていることからこの名が付いた。全ての装飾が牡丹《ぼたん》唐草で飾られ、「牡丹門」とも呼ばれる

❸ 本殿・相の間・拝殿・唐門

大猷院の核心部、金箔押しと黒漆塗・朱漆塗のコントラストと精緻な細工が見事

インフォメーション

住 栃木県日光市山内2300 電 0288-54-0531 時 8:00～17:00（11～3月～16:00）※最終受付30分前 料 550円 休 なし

写真　日光山輪王寺（P190～191）

輪王寺

日光開山の祖・勝道上人が創建

インフォメーション
住 栃木県日光市山内2300　電 0288-54-0531　時 8:00～17:00（11～3月～16:00）※最終受付30分前　料 施設により異なる　休 なし

奈良時代に創建された輪王寺。本堂「三仏堂」は東日本最大級の木造建造物である。堂内に、その名の由来でもある千手観音、阿弥陀如来、馬頭観音の3体の本尊が祀られている。桜の咲く季節ともなると、三仏堂前にある樹齢500年ともいわれる金剛桜が、秋は紅葉が参拝者の目を楽しませてくれる。

❶ 相輪樘《そうりんとう》

天海大僧正によって世界の平和と繁栄を願って建立されたもの

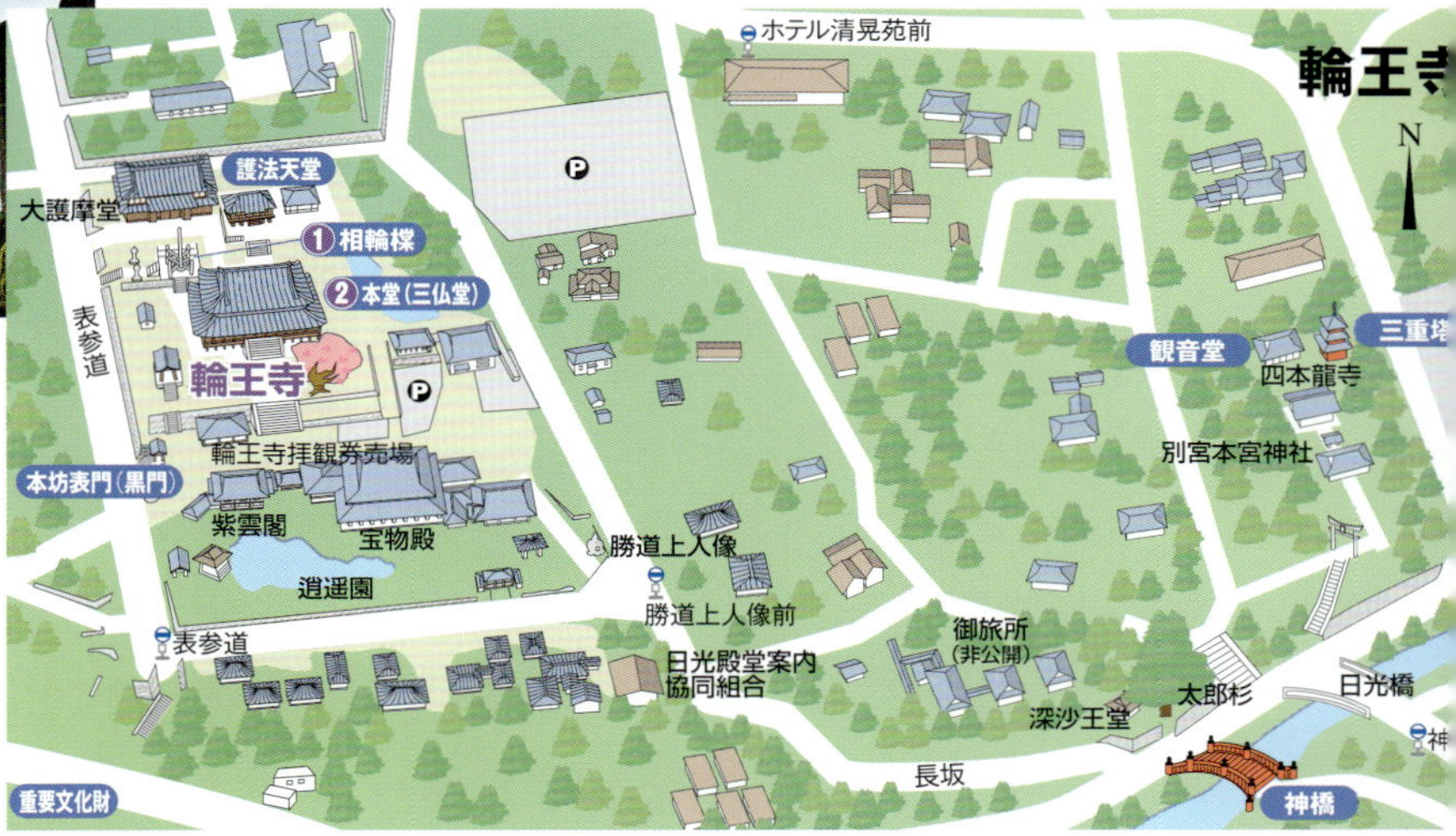

❷ 本堂（三仏堂《さんぶつどう》）

輪王寺の中心となる日光山内最大の建物

富岡製糸場と絹産業遺産群

世界遺産登録年 2014年
構成資産 富岡製糸場、田島弥平旧宅、高山社跡、荒船風穴

解 説 19世紀後半から20世紀にかけて、富岡製糸場と関連する絹産業遺産群は、良質な繭の増産を支えることで、高品質の生糸の大量生産を実現し、世界中に絹の大衆化をもたらした。この世界遺産は、製糸と養蚕の技術革新の過程を示し、さらに生糸の生産過程を的確に伝えている。

富岡製糸場の繰糸場。長さ140㍍の工場にずらりと繰糸機が並ぶ
写真　富岡市・富岡製糸場

めざせ! 全踏破

LET'S WALK

絹産業遺産をめぐる

江戸時代から養蚕と製糸が盛んに行われてきた「絹の国」群馬には、県内全域に絹産業に関する遺産が数多く残っている。世界遺産に登録された代表的な4件を回ってみよう。

高山社跡《たかやましゃあと》

写真　PIXTA

インフォメーション

㊟群馬県藤岡市高山237　☎0274-23-7248　㊕9:00～17:00（最終入場30分前）　㊎500円　㊋JR八高線群馬藤岡駅から市内バスめぐるんで35分／上信越自動車道藤岡ICから車で20分

田島弥平旧宅《たじまやへいきゅうたく》

写真　伊勢崎市

見学範囲は桑場1階と庭まで。毎月第3日曜は主屋1階上段の間を公開している。団体の場合は要予約。

インフォメーション

㊟群馬県伊勢崎市境島村2243　☎0270-61-5924（田島弥平旧宅案内所）　㊕9:00～16:00　㊎無料　㊋JR高崎線岡部駅から車で15分／関越自動車道本庄児玉ICから車で20分　㊟あり（田島弥平旧宅案内所もしくは島村蚕のふるさと公園を利用）

富岡製糸場《とみおかせいしじょう》

建物外観の見学が中心。約40分のガイドツアーがある(200円)。

インフォメーション

㊟群馬県富岡市富岡1-1 ㊋0274-67-0075 ㊙9:00～17:00(最終入場30分前) ㊔1000円 ㊡上信電鉄上州富岡駅から徒歩15分／上信越自動車道富岡ICから車で10分 ㊞なし(構内駐車不可のため、周辺の駐車場を利用)

写真 富岡市・富岡製糸場

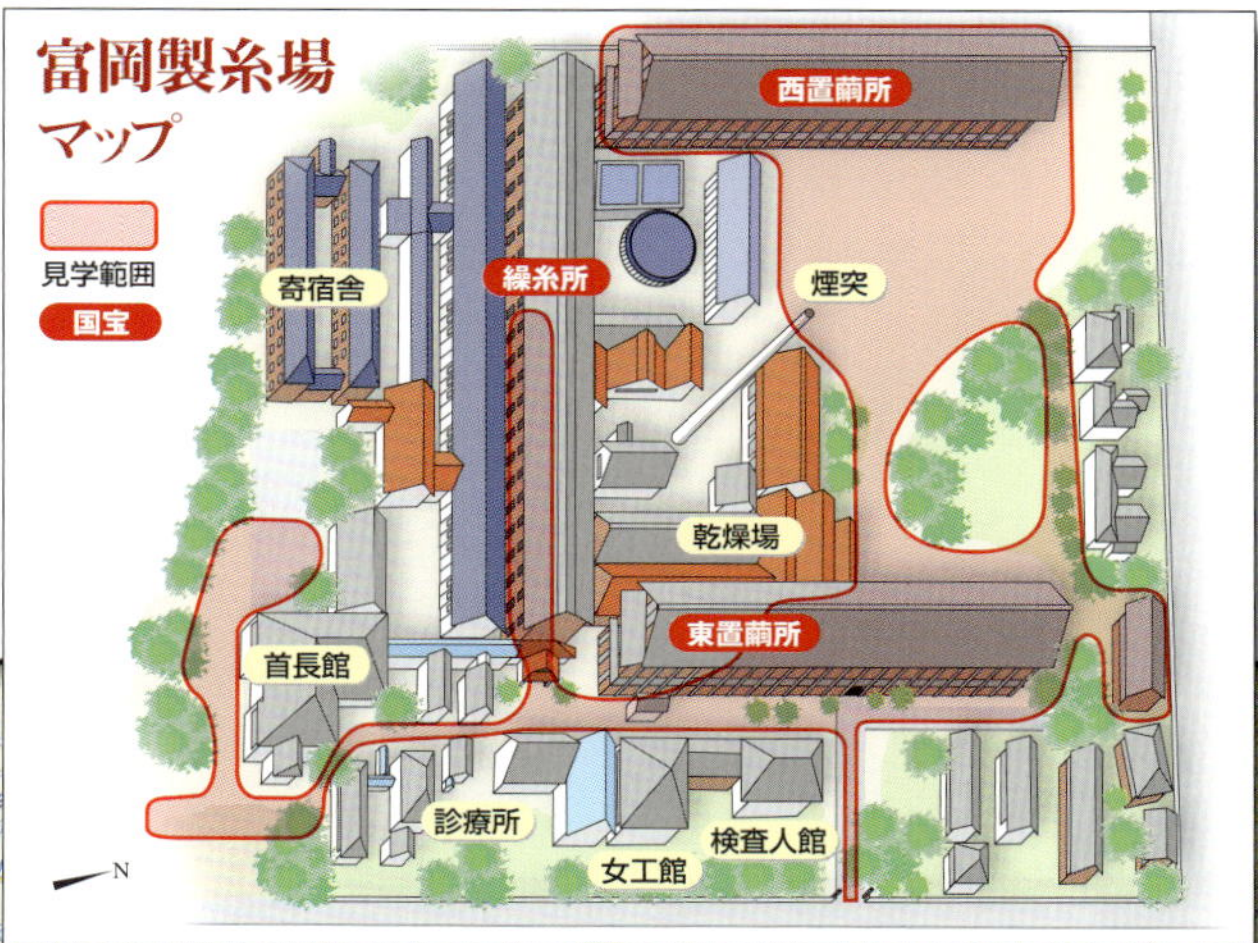

荒船風穴《あらふねふうけつ》

岩の隙間から吹き出す冷気を利用して、蚕種を保管した。国内最大の貯蔵施設で、繭の大量増産に貢献。

インフォメーション

㊟群馬県甘楽郡《かんらぐん》下仁田町南野牧字屋敷 ㊙9:30～16:30 ㊔500円 ㊡12～3月 ㊋上信越自動車道下仁田ICから車で50分 ㊫下仁田町歴史館 0274-82-5345

写真 下仁田町歴史館

もっと知りたい！

富岡製糸場はなぜつくられたか

明治政府が大規模な官営製糸場を建設した理由はどこにあったのか。日本初の近代製糸工場である富岡製糸場誕生の経緯と、産業遺産としての価値を解説する。

文◉鈴木 淳

明治政府は1870年に富岡製糸場の建設に着手し、72年に完成させた。発案者は民部省(のちの大蔵省)に勤務していた渋沢栄一《しぶさわえいいち》で、フランス人ポール・ブリュナが指導を行った。

当時、生糸は日本の主要な輸出品であったが、粗製乱造が目立ったため、横浜の居留地で日本人商人から生糸を買う外国人商人たちは、日本政府にその改善を求め、ヨーロッパ式の工場を設けることを勧めた。彼らは、自分たちで工場を建設したいとの意向も示していたが、明治政府は横浜の商館で検査人を務め、産地の視察も行っていたブリュナを雇い入れ、政府の力で大規模な製糸工場をつくる道を選んだ。外国人商人らを納得させるためにも、立派な工場が必要だった。

工場の設計にあたったのは、フランス海軍の顧問団の指導で建設されていた横須賀製鉄所(のちの横須賀造船所)の船大工兼製図工オーギュスト・バスティアンである。富岡製糸場の工場建築は、骨組みが木で、壁にレンガを用いる木骨レンガ造であるが、これは当時の横須賀製鉄所の工場群と同じで、レンガだけで屋根を支えるレンガ組積《そせき》造《ぞう》より簡易な構造である。レンガの製

明治政府はフランス人技術者のポール・ブリュナ(右上端)を指導者に迎え、富岡製糸場を建設した。他にも多くのフランス人が技術指導や品質管理にあたった　片倉工業㈱所有資料

富岡製糸場をめぐる歴史	
1854(安政1)年	開国。日米和親条約調印
1858(安政5)年	日米修好通商条約調印
1859(安政6)年	横浜港開港。本格的な生糸の輸出が始まる
1868(明治1)年	明治政府成立
1870(明治3)年	政府が官営製糸場設立を決定。ブリュナと雇用契約を結び、建設地を富岡に決定する
1872(明治5)年	政府が「工女募集の議」を可決。富岡製糸場の主要な建物が完成し、操業開始。養蚕の新技法「清涼育」の開発者田島弥平が『養蚕新論』を著す
1875(明治8)年	ブリュナの雇用契約が満了(翌年帰国)
1883(明治16)年	高山長五郎が「清温育」を開発
1893(明治26)年	富岡製糸場が三井家へ払い下げられる
1897(明治30)年	生糸乾燥所、検査人館を設置する
1902(明治35)年	原合名会社に譲渡される
1905(明治38)年	蚕業改良部を新設
1930(昭和5)年	繭生産39万9000トン、生糸輸出量58万1000俵という史上最大の生産量を記録
1938(昭和13)年	富岡製糸所として独立
1939(昭和14)年	片倉製糸紡績に合併される
1987(昭和62)年	操業停止

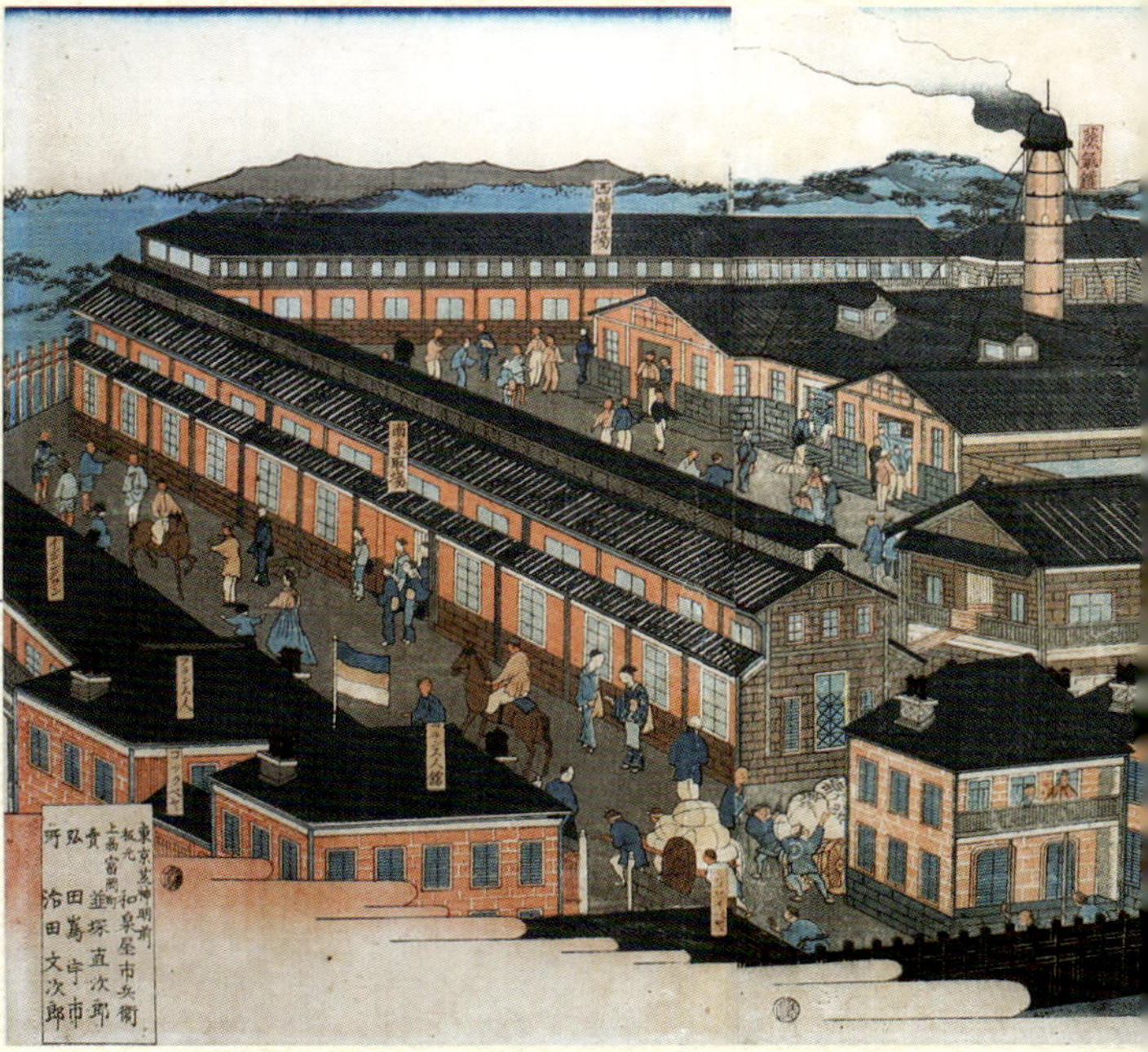

創業時の富岡製糸場の様子が描かれた錦絵。近代的な官営工場であることを内外に示すため、立派な建物や設備・環境が整えられた
一曜齋國輝「上州富岡製糸場」(1872年)　富岡市・富岡製糸場蔵

造や組積の伝統がなく、一方で木材資源や大工などの人的資源は豊富にあった当時の日本には適した建築様式だった。船大工であったバスティアンにとっても木は手慣れた素材であったろう。

明治に始まった日本の産業革命期には女性の工場労働者が多く、その大半が工場内の寄宿舎で暮らした。このような寄宿舎も、全国から製糸を学びに集まった士族や農民の娘たちを住まわせた富岡製糸場の寄宿舎が最初である。和風建築であった当初の寄宿舎は往時の姿をとどめてはいないが、後年の建物によって、富岡製糸場が従業員の生活の場でもあったという重要な一面が示されている。

現存する建物と機械が大正と昭和も物語る

富岡製糸場は1893年に三井《みつい》家に払い下げられ、ついで横浜の生糸商・原《はら》合名会社、さらに片倉《かたくら》製糸紡績(現・片倉工業)の経営となり、明治初めの

富岡製糸場では主に士族の娘たちが工女として働いた。工女はここで近代的な製糸技術を覚え、のちに故郷で技術指導者になることが期待されていた
一曜齋國輝「上州富岡製糸場之図」(1872年)　国立国会図書館蔵

建物は、木を骨組みとし、壁にレンガを積んだ「木骨レンガ造」というそれまでの日本にはない工法で建てられた。レンガのつくり方は、フランス人技術者が日本の瓦職人に教えた　写真　富岡市・富岡製糸場

建物をそのままの姿で守りつつ、1987年まで操業された。明治以降に建てられた建物も多いが、後年の建物は、木骨レンガ造ではなく、簡単な木造である。実は、富岡製糸場に続いた日本の製糸工場はほぼ全てが木造であった。富岡に残る大正期の工場は、現在ではほとんど失われてしまった、日本各地の多くの製糸工場の代表でもある。

また、富岡製糸場に現存する機械は昭和期のものであり、昭和末期の工場としての価値もきわめて高い。

産業遺産に大切なのは、それが機能していたありさまを理解できるように、完全な形で建物や設備が残されていることである。その点で富岡製糸場は、明治期のみならず、大正、昭和期の遺産としても価値を有しているのである。

●すずき　じゅん　東京大学文学部教授。専門は日本近代史

女性労働者のための寄宿舎も富岡製糸場から始まった
写真　富岡市・富岡製糸場

工女は将来の技術指導者として、確実な技術修得を求められていた。朝孝「富岡製糸場工女勉強之図」(1926年)
富岡市・富岡製糸場蔵

東北・北海道エリア

Tohoku & Hokkaido area

- 平泉—仏国土（浄土）を表す建築・庭園及び考古学的遺跡群—
- 北海道・北東北の縄文遺跡群

三内丸山遺跡　写真 PIXTA

中尊寺金色堂の覆堂
写真　中尊寺（P200～201）

奥州藤原氏初代の藤原清衡《きよひら》が建立した中尊寺金色堂。堂及び室内諸像が国宝

平泉
―仏国土(浄土)を表す建築・庭園及び考古学的遺跡群―

世界遺産登録年 2011年

構成資産 中尊寺、毛越寺《もうつうじ》、観自在王院跡、無量光院跡、金鶏山《きんけいさん》

解　説 11～12世紀、奥州藤原氏は金や馬の産地である平泉に政治の拠点を築いた。阿弥陀如来の極楽浄土を表現している中尊寺金色堂など、仏国土を現世にあらわすことを目指し仏堂や庭園をつくった。大陸との交流もあったとされ、京の都と比べられるほど繁栄していたが源頼朝によって滅ぼされた。

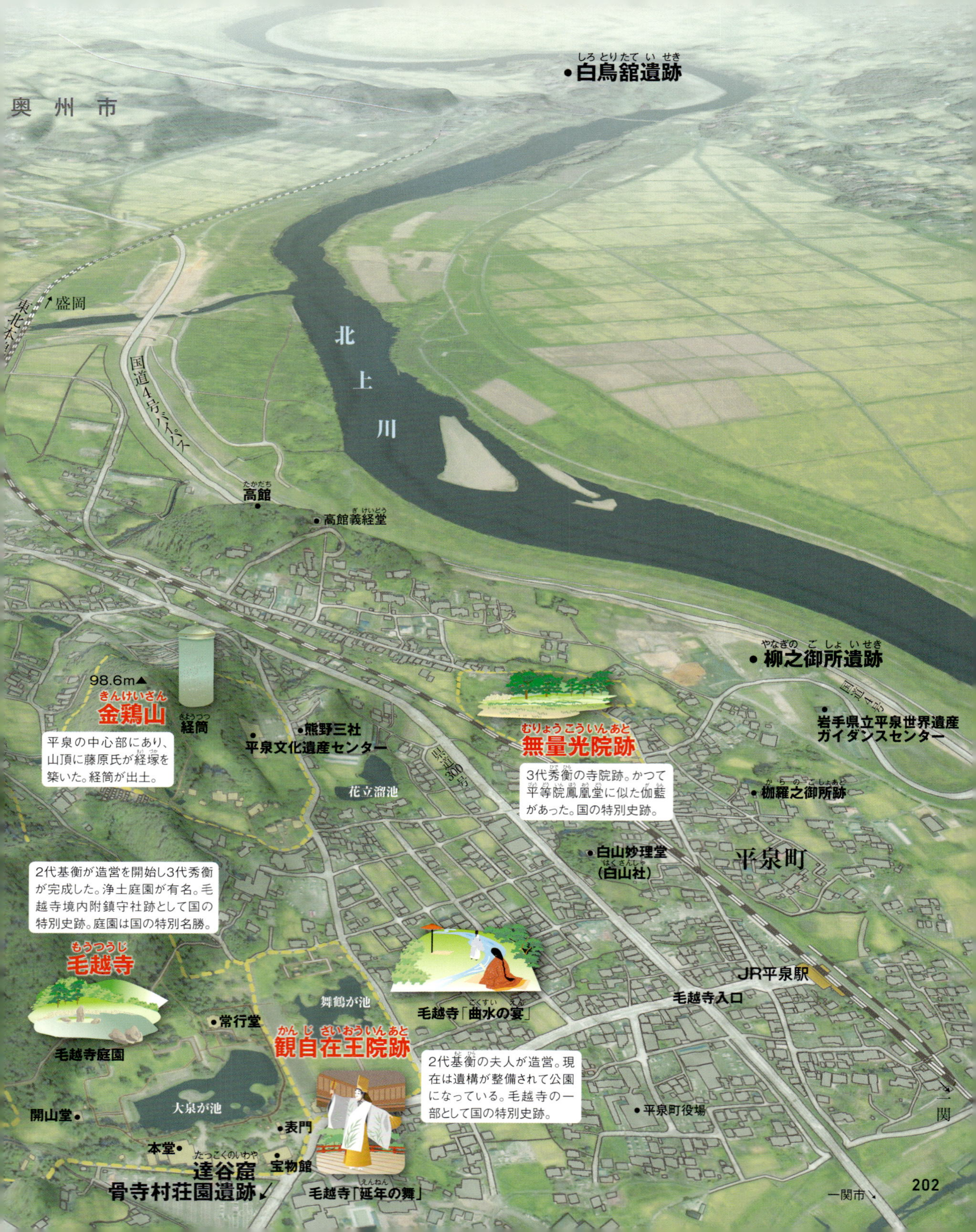

白鳥舘遺跡《しろとりたていせき》
奥州市
↑盛岡
東北本
国道4号バイパス
北上川
高館《たかだち》
高館義経堂《ぎけいどう》
柳之御所遺跡《やなぎのごしょいせき》
国道4号
岩手県立平泉世界遺産ガイダンスセンター
98.6m▲
金鶏山《きんけいさん》
経筒《きょうづつ》
平泉の中心部にあり、山頂に藤原氏が経塚《きょうづか》を築いた。経筒が出土。
熊野三社
平泉文化遺産センター
県道300号
花立溜池
無量光院跡《むりょうこういんあと》
3代秀衡《ひでひら》の寺院跡。かつて平等院鳳凰堂《びょうどういんほうおうどう》に似た伽藍《がらん》があった。国の特別史跡。
伽羅之御所跡《からのごしょあと》
白山妙理堂
(白山社《はくさんしゃ》)
平泉町
2代基衡が造営を開始し3代秀衡が完成した。浄土庭園が有名。毛越寺境内附鎮守社跡として国の特別史跡。庭園は国の特別名勝。
毛越寺《もうつうじ》
毛越寺庭園
常行堂
舞鶴が池
毛越寺「曲水《ごくすい》の宴《えん》」
JR平泉駅
毛越寺入口
観自在王院跡《かんじざいおういんあと》
2代基衡《もとひら》の夫人が造営。現在は遺構が整備されて公園になっている。毛越寺の一部として国の特別史跡。
大泉が池
開山堂
表門
本堂
宝物館
達谷窟《たっこくのいわや》
骨寺村荘園遺跡↙
毛越寺「延年《えんねん》の舞」
平泉町役場
→一関
一関市↘

赤太字：構成資産
黒太字：追加登録をめざす遺産
赤字：国宝、青字：重要文化財

Pick Up!

遺産まるわかりMAP

平泉 仏国土建築

めざせ！
全踏破

LET'S WALK

自転車で回る平泉の世界遺産

平泉観光の起点は、車や貸切バスを除けばJR平泉駅。初めてであれば、月見坂を登る体力が必要な中尊寺を前半に、自分のペースでゆっくり散策できる毛越寺庭園を後半にもってくるのがおすすめだ。

金色堂内陣中央壇。3つの須弥壇のうち、中央壇に藤原清衡の遺体が安置されている　写真　中尊寺

無量光院跡・中尊寺

金色堂を目指して遺跡をゆく

起点はJR東北本線平泉駅。世界遺産登録を機に、震災の復旧も兼ねてリニューアルした。世界遺産を1日で全部回るには自転車が便利だ。中尊寺と毛越寺周辺だけを回るならバスで移動するのもいいし、気候のよい季節なら徒歩で回るのもいいだろう。ここでは、レンタサイクルで平泉を一周してみることにしよう。

駅前で自転車を借りて出発。まずは旧奥州街道(県道300号線)を通って無量光院跡へ。古道の面影が感じられるひなびた道を行く。

無量光院跡は、4月下旬～11月下旬ごろまで水張りをしている。小島の遺構と礎石《そせき》の上に、想像力で、平等院《びょうどういん》鳳凰堂《ほうおうどう》そっくりの建物を建ててみよう。金鶏山もよく見える。

無量光院跡から東に坂を下りたところに、柳之御所《やなぎのごしょ》遺跡がある。1980年代末からの長期的な調査の結果、堀・園池・建物などの遺構が発見され、平泉の政庁《せいちょう》跡だったことがはっきりしてきた。岩手県立平泉世界遺産ガイダンスセンターで、CGによる建物の復元や重要文化財の出土品を見学。

次は、北上川を見下ろす高館義経堂《たかだちぎけいどう》へ。拝観は有料。丘に登ると北上川の左岸の開けた土地が見える。今では水田が広がっているが、藤原氏の時代にはまだ開発されておらず、どこまでも荒れ地が続いていただろう。

いよいよ中尊寺へ。なだらかな坂を進んで麓の駐車場に自転車を置く。月《つき》見坂《みざか》の入り口からは金色堂までどのくらいあるか見えない。しかし10分ほども登ると展望台があり、そこからは茶屋あり、お堂あり、飽きることはない。

本堂を過ぎて少し開けた場所に出ると、いよいよ金色堂の入り口がある。讃衡蔵《さんこうぞう》の入り口で、「金色堂と讃衡蔵」の共通拝観券を買う。覆堂のなか、音声解説を聞きながら、ガラス越しに金

中尊寺裏山から毛越寺庭園までウォーキング・トレイルが整備されている。金色堂から森のなかを歩いて、毛越寺の表門まで約3.2キロのルートだ。所要時間60分

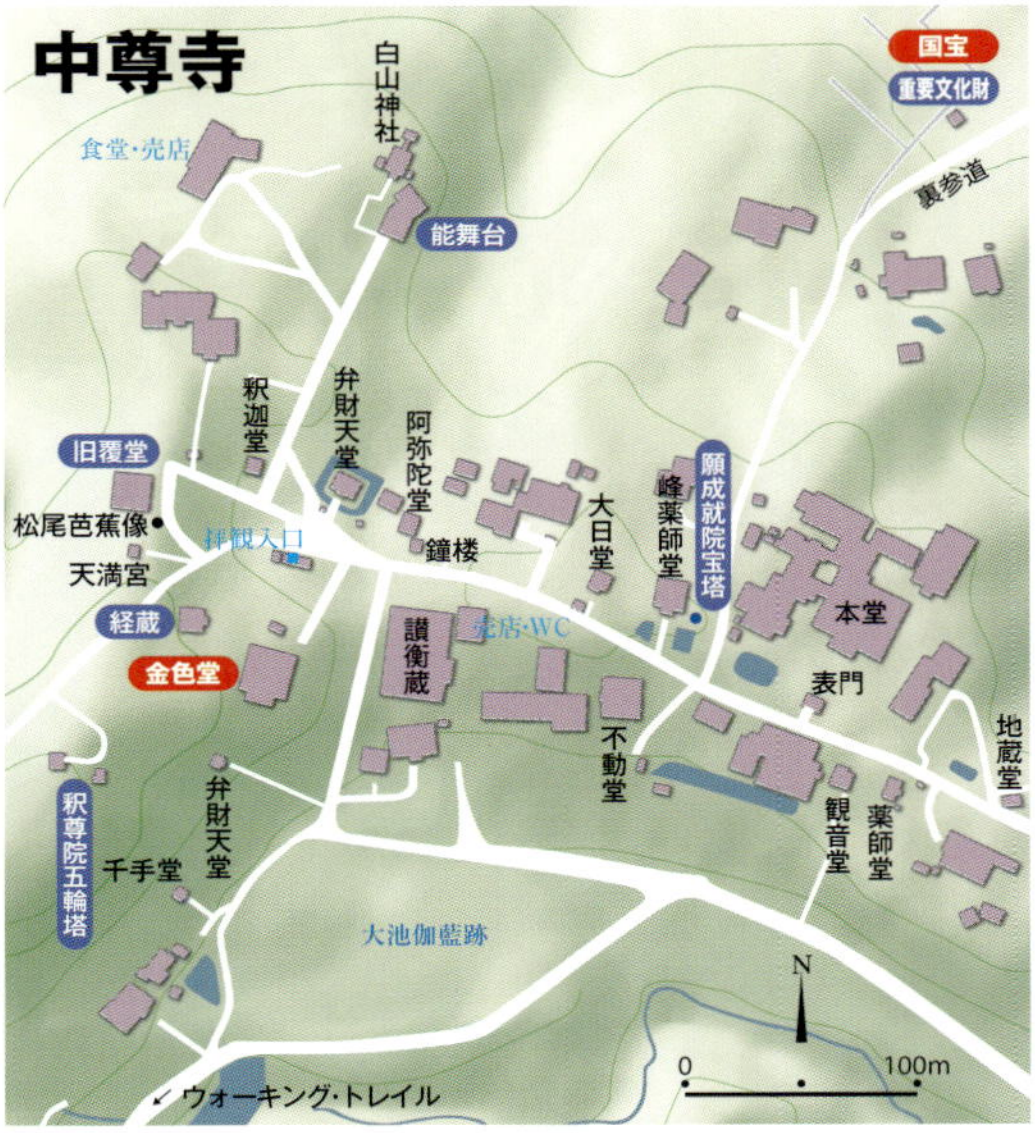

インフォメーション

◉中尊寺 住岩手県西磐井郡平泉町平泉衣関202 電0191-46-2211 時8:30～17:00（11月4日～2月末日～16:30）※最終受付閉館10分前 料1000円 休なし 交JR平泉駅から徒歩20分／JR平泉駅から平泉町巡回バス「るんるん」（土日祝日のみ運行、冬季運休）で4分、中尊寺下車すぐ 駐あり

◉無量光院跡 住岩手県西磐井郡平泉町平泉花立 電0191-46-4012（平泉文化遺産センター） 時見学自由 料無料 休なし 交JR平泉駅から徒歩8分 駐なし

無量光院跡は春から秋にかけて水張りされている
写真　平泉文化遺産センター

色堂を見る。
讃衡蔵では、東日本最大の仏教美術の宝庫である中尊寺の国宝や重要文化財多数が拝観できる。その他境内には、経蔵《きょうぞう》や旧覆堂《きゅうおおいどう》、白山《はくさん》神社能舞台などの文化財がある。

観自在王院跡・毛越寺

広々とした浄土庭園を散策する楽しみ

月

見坂の麓の駐車場から南へ、毛越寺方面に向かう。おおむね緩やかな下り坂だが、平泉文化遺産センターに行くには花立交差点を右に折れて少し坂を登る。

平泉文化遺産センターは、平安時代に京都から勧請《かんじょう》された由緒ある熊野三社と向かい合う坂沿いにある。平泉の歴史と文化財の概略をざっくり理解するにはここが一番。取材日には、関東から「大人の修学旅行」という趣の一団が貸切バスでやってきて、職員の丁寧な説明に耳を傾けていた。実はトイレのなかにまでちょっとした展示があるのだが、それは行ってからのお楽しみだ。

坂を下ると、古代も今も平泉のメインストリートである東西の道に出る。このあたりは、12世紀には蔵が立ち並んで繁栄を極めていた。

毛越寺庭園。毛越寺は２代基衡が造営に着手し、３代秀衡の時代に完成した。庭園は国の特別名勝

毛越寺の東に隣接する観自在王院跡。境内跡は毛越寺の一部として特別史跡に、庭園は旧観自在王院庭園として特別史跡、名勝に登録されている

西方に広がる観自在王院跡《かんじざいおういんあと》は、2代基衡《もとひら》の夫人が建立した寺の跡だが、今は芝生が敷き詰められた広々とした史跡公園になっていて、社寺の面影はほぼない。舞鶴が池の北側にはかつて大阿弥陀堂と小阿弥陀堂が並んでいたが、現在は小さなお堂と、石仏を1体見かけるのみ。石仏は2011年の東日本大震災で頭が落ちてしまったが修復された。

西側の毛越寺との境界に、一見、現代に造られたように見える玉砂利《たまじゃり》の道がある。実は12世紀に造られた百尺(約30メートル)道路跡の「車宿《くるまやどり》」、つまり身分の高い人が乗る牛車《ぎっしゃ》の駐車場の跡である。

毛越寺に入る。まずは正面の本堂にて参拝。毛越寺全体の本尊は瑠璃光浄土《るりこうじょうど》の教主、薬師如来《やくしにょらい》。礎石《そせき》が残る南大門跡を通り、池のほとりへ出る。

庭園は全国の浄土庭園のなかで最も規模が大きい。視界のなかに余計なものは入ってこず、木々や山が池を囲んで、ドーム状の空間が広がる。背後の塔山《どうやま》も、地図から想像される以上に深山の趣を醸し出していて、心地よい清浄感に包まれる。

平等院鳳凰堂のように回廊がのびる金堂(円隆寺《えんりゅうじ》)や嘉祥寺《かしょうじ》(嘉勝寺)の跡では、その礎石の大きさから当時の偉容が偲ばれる。毛越寺で毎年5月に平安時代の宴を再現した「曲水の宴《ごくすいのえん》」が開かれる遺水《やりみず》の遺構も、往時を偲ぶよすがである。

境内には他に、藤原三代の肖像画や国の重要無形民俗文化財の「延年《えんねん》の舞」の装束や楽器などが展示されている宝物館、「夏草や兵《つわもの》どもが夢のあと」の芭蕉句碑、みたらし団子など甘味を楽しめる茶屋などがある。

毛越寺から平泉駅までは約700メートル。まだ時間と体力に余裕があれば、古代の幹線「奥大道《おくのだいどう》」に沿って西へ約5キロ、達谷窟《たっこくのいわや》まで足をのばしてみよう。岩窟と一体化したような赤い毘沙門堂は必見だ。

インフォメーション

◉観自在王院跡 住 岩手県西磐井郡平泉町平泉字志羅山地内 電 0191-46-4012(平泉文化遺産センター) 料 無料 休 なし 交 JR平泉駅から徒歩8分 駐 なし

◉毛越寺 住 岩手県西磐井郡平泉町平泉字大沢58 電 0191-46-2331 時 8:30〜17:00(11月5日〜3月4日〜16:30) 料 700円 休 なし 交 JR平泉駅から徒歩7分 駐 あり

写真 朝日新聞出版 写真部(松永卓也、P206〜209のとくに表記のないもの全て)

もっと知りたい!

追加登録を目指す遺産

「平泉」の世界遺産登録にあたって、当初、登録の前提となる暫定リストに挙げられながら、最終的に外れてしまった文化遺産が5つある。いずれも平泉の歴史を考えるうえで外せない重要な遺跡だ。

文◉編集部

柳之御所遺跡。奥州藤原氏の政庁とされる遺跡。国の史跡

長者ケ原廃寺跡。発掘が続けられていて、そばに史跡事務所がある
写真　奥州市教育委員会

外れてしまった遺産とは、平泉町内で無量光院《むりょうこういん》跡近くの柳之御所《やなぎのごしょ》遺跡、町内西端にある達谷窟《たっこくのいわや》、平泉町に隣接する一関市の骨寺村荘園《ほねでらむらしょうえん》遺跡、奥州市の白鳥舘《しろとりたて》遺跡、長者ケ原廃寺《ちょうじゃがはらはいじ》跡の5つである。

これらの遺産はいずれも、奥州藤原氏の都である平泉と歴史的に密接な関係をもつものばかりだが、現地調査を担うイコモス(国際記念物遺跡会議)の委員に、重要性を理解してもらうには至らなかった。しかし3市町村を含む関連団体は、追加登録を目指して活動を続けていくことにしている。今後、調査が進展することにより、歴史的価値や関連性に対する評価が高まり、追加登録される日が来ることも十分期待される。

柳之御所遺跡

無量光院跡の東、北上川西岸の段丘に広がる約10万平方メートルの遺跡。発掘調査の結果、「吾妻鏡」に記載がある藤原氏3代秀衡《ひでひら》の政庁「平泉館《ひらいずみのたち》」があったという説が有力になり、1997年に国の史跡に指定された。国内各地や中国産の陶磁器、銅印などの金属製品、木簡や土器など942点の出土品が一括して重要文化財に指定されている。史跡公園として公開されている。

長者ケ原廃寺跡

衣川《ころもがわ》の北岸地域は、奥州藤原氏の勃興よりも前、衣川より北の「奥六郡《おくろくぐん》」を支配していた安倍《あべ》一族の本拠地であった。

長者ケ原廃寺跡は古くから遺跡として知られていたが、戦後の調査で、礎石や建物の配置が明らかになり、藤原氏以前の寺院跡ということが判明した。国の史跡。

白鳥舘遺跡

白鳥舘は、前九年の合戦で源頼義《みなもとのよりよし》・義家《よしいえ》と戦った安倍一族の居どころと伝わる。古代の重要な交通路だった北上川の蛇行部に突き出た丘陵にあり、交通の要衝だった。その後、安倍一族は滅ぼされ、最終的に東北の覇権を握っ

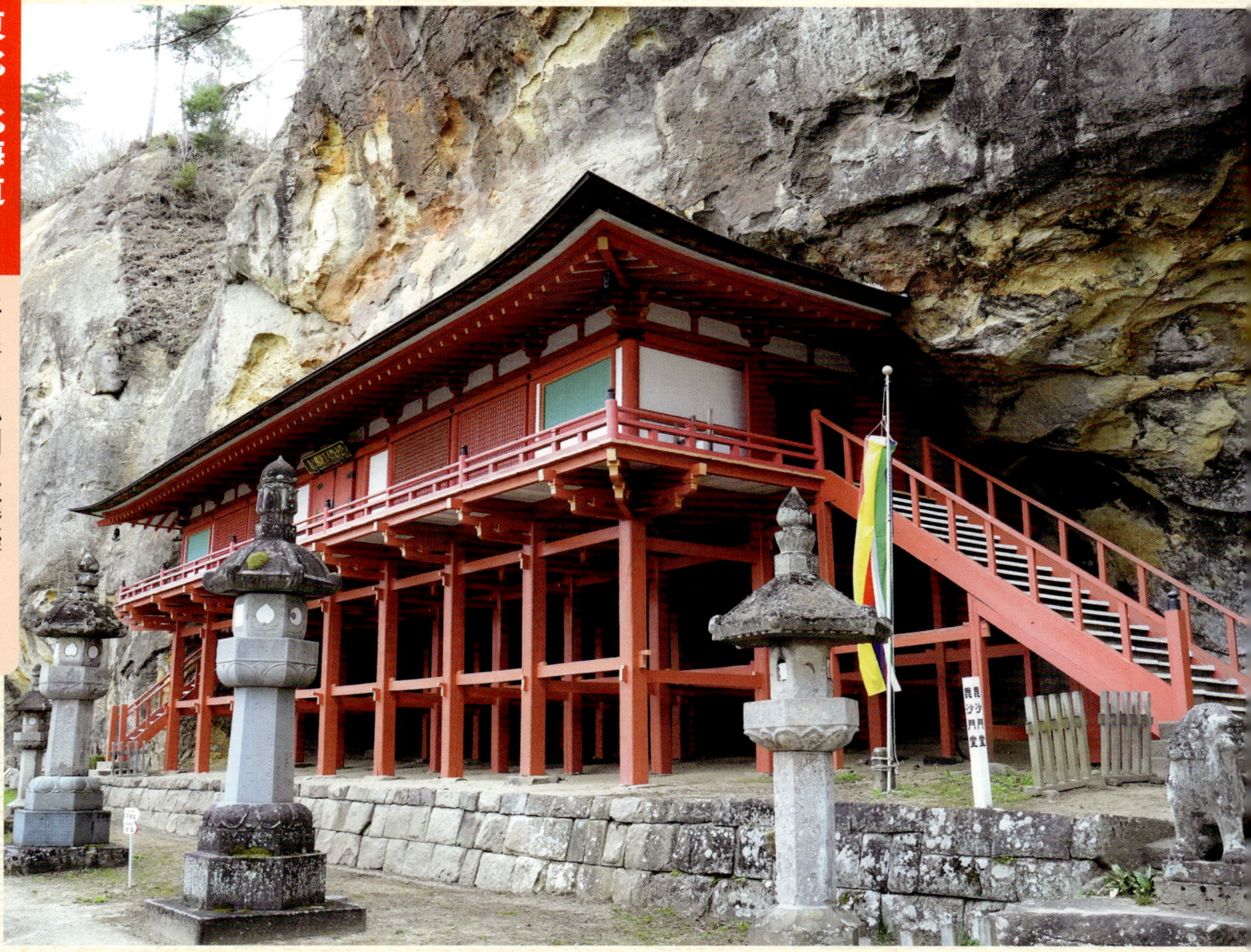

田村麻呂ゆかりの達谷窟毘沙門堂。懸造の堂々たるお堂。上部の岩に掘られた大仏も必見だ
写真　朝日フォトアーカイブ

た藤原清衡《きよひら》は、衣川を渡り、南側の平泉を東北支配の拠点とした。掘立柱建物群などが残る。国の史跡。

骨寺村荘園遺跡

一関市厳美《げんび》町本寺《ほんでら》地区は、12世紀から15世紀にかけて中尊寺経蔵の別当《べっとう》が経営した荘園だった。奥山や里山、水田耕作地、居住地など中世の景観が保たれていることが文書や中世の絵図により証明されたため、重要文化的景観に指定されている。国の史跡。

達谷窟

達谷窟は、中世東北最長の幹線道路「奥大道《おくのだいどう》」沿いにあり、南から平泉に向かう人はここを通ったといわれている。801（延暦20）年、坂上田村麻呂公は蝦夷征討の途中にこの地に巣食う悪路王らを討伐。その戦勝記念と鎮護国家のため、108体の毘沙門天を祀り「窟毘沙門堂」を建立した。翌年に別営として達谷西光寺が開山された。

現在、懸造の毘沙門堂には約30体の毘沙門天像が祀られている。境内には他に、丈六《じょうろく》の不動明王坐像《ふどうみょうおうざぞう》（像高約2.7メートル）を祀る姫待《ひめまち》不動堂、蝦蟇《がま》ヶ池弁天堂《がいけべんてんどう》、岩面大仏《がんめんだいぶつ》などの見どころがある。国の史跡。

なお、構成資産リストには「達谷窟」と表記されるが、正式名称は「達谷窟毘沙門堂 別當 達谷西光寺」である。

北海道・北東北の縄文遺跡群

世界遺産登録年 2021年
構成資産 大平山元遺跡、垣ノ島遺跡、北黄金貝塚、田小屋野貝塚、二ツ森貝塚、三内丸山遺跡、大船遺跡、御所野遺跡、小牧野遺跡、入江貝塚、伊勢堂岱遺跡、大湯環状列石、キウス周堤墓群、大森勝山遺跡、高砂貝塚、亀ヶ岡石器時代遺跡、是川石器時代遺跡

解　説 北海道、青森県、秋田県、岩手県にある17遺跡で構成された「北海道・北東北の縄文遺跡群」は、採集・漁労・狩猟生活を1万年以上にわたって続けた人々による文化遺産である。当時の人々は、約1万5000年ほど前からこれらの地に定住し、土器などを使いながら暮らした。農耕生活が始まる前の人類の生活が残されている。

初夏の三内丸山遺跡
写真　PIXTA

めざせ！全踏破

LET'S WALK

縄文遺跡群を訪ねる

「北海道・北東北の縄文遺跡群」は、1万年以上にわたり、採集・漁労・狩猟により定住した縄文時代の人々の生活と精神文化を伝えている。北海道、青森県、岩手県、秋田県に点在しているので、地域ごとに訪れよう。

垣ノ島遺跡 Ⅰb

定住開始期後半の集落遺跡で、竪穴建物などが残る居住域と、土坑墓からなる墓域に分離されていた。紀元前2000年ごろに構築された、長さ190㍍にもおよぶコの字形の盛土が残る。 住北海道函館市臼尻町416-4 電0138-25-2030（縄文文化交流センター） 時9:00〜17:00（11〜3月〜16:00） 料無料 交JR函館駅から車で60分／函館空港から車で40分

写真　JOMON ARCHIVES（函館市教育委員会撮影）

①大平山元遺跡《おおだいやまもと》 Ⅰa

北東アジア最古級となる1万5000年以上前の無文土器片が出土。定住の開始と縄文時代の始まりの様子を伝える重要な遺跡。 住青森県東津軽郡外ヶ浜町蟹田大平山元 電0174-22-2577 時自由（ガイダンス施設9:00〜16:00） 料無料 休なし 交東北自動車道青森ICから車で45分／JR津軽線蟹田駅から車で10分

写真　JOMON ARCHIVES（外ヶ浜町教育委員会撮影）

③北黄金貝塚《きたこがね》 Ⅱa

約15万平方㍍におよぶ広大な遺跡。5つの貝塚、住居跡、土坑墓などから多数の人骨や土器、石器、骨角器が出土した。儀式の場でもあった水場の遺構は北海道唯一のもの。 住北海道伊達市北黄金町75 電0142-24-2122（北黄金貝塚情報センター）※4〜11月 時9:00〜17:00 料無料 休12〜3月 交JR室蘭本線黄金駅から徒歩25分／道央自動車道室蘭IC・伊達ICから車で10分

写真　JOMON ARCHIVES

三内丸山遺跡《さんないまるやま》 Ⅱb

約1700年にわたり定住生活が営まれた、日本最大級の縄文集落跡。住居、墓、貯蔵穴、掘立柱建物《ほったてばしらたてもの》、道路などが計画的に配置されている。縄文文化を総合的に解明するうえで極めて重要な遺跡。 住青森県青森市三内丸山 電017-766-8282（三内丸山遺跡センター） 時9:00〜17:00（GW、6〜9月〜18:00） 料410円 休第4月曜（祝・休日の場合は翌日） 交JR東北新幹線新青森駅から車で10分

JOMON ARCHIVES
県教育委員会撮影）

④田小屋野貝塚《たごやの》 Ⅱa

古十三湖に面した貝塚を伴う集落跡。ヤマトシジミを主体に、クジラ・イルカの骨角器、ベンケイガイ製貝輪の未製品も出土し、内湾地域における生業の様子を伝える。 住青森県つがる市木造館岡田小屋野 電0173-49-1194（つがる市教育委員会文化財課） 時自由（案内板からの遠望） 料無料 休12〜3月 交津軽自動車道五所川原ICから車で30分／JR五能線五所川原駅から弘南バスで35分、田小屋野下車、徒歩3分

写真　つがる市教育委員会

大船遺跡《おおふね》 Ⅱb

太平洋に面した海岸段丘上に100棟以上の竪穴建物跡が発掘された大規模な集落遺跡。深さ2㍍を超える竪穴建物や、土器、石器、クジラ、クリなどの遺物が多数出土。 住北海道函館市大船町575-1 電0138-25-2030（縄文文化交流センター） 時9:00〜17:00（11〜3月〜16:00） 料無料 交JR函館駅から車で1時間10分

JOMON ARCHIVES
市教育委員会撮影）

⑤二ツ森貝塚《ふたつもり》 Ⅱa

東北地方最大規模の貝塚を伴う集落跡。海水性（縄文時代前期）、汽水性（同中期）の貝塚があり、地球規模の温暖化による海進・海退現象や周辺の自然環境を示す貴重な遺跡。 住青森県上北郡七戸町貝塚家ノ前地内 電0176-58-5530（七戸町教育委員会世界遺産対策室） 時自由（二ツ森貝塚館10:00〜16:00） 料無料 休11月下旬〜4月上旬 交JR東北新幹線七戸十和田駅から車で20分／青い森鉄道上北町駅から車で10分

写真　JOMON ARCHIVES（七戸町教育委員会撮影）

御所野遺跡《ごしょの》 Ⅱb

800棟以上の住居があったと考えられている大規模集落跡。土屋根の竪穴建物が確認されている。 住岩手県二戸郡一戸町岩舘御所野2 電0195-32-2652（御所野縄文博物館） 時9:00〜17:00 料無料 休月曜、祝日の翌日（土日除く） 交JR東北新幹線二戸駅から車で15分／IGRいわて銀河鉄道一戸駅から車で5分／八戸自動車道一戸ICから車で5分

JOMON ARCHIVES
町教育委員会撮影）

縄文時代の区分			構成資産
1 定住の開始	Ⅰa	紀元前1万3000〜紀元前7000年	①
	Ⅰb	紀元前7000年〜紀元前5000年	②
2 定住の発展	Ⅱa	紀元前5000年〜紀元前3000年	③〜⑤
	Ⅱb	紀元前3000年〜紀元前2000年	⑥〜⑧
3 定住の成熟	Ⅲa	紀元前2000年〜紀元前1500年	⑨〜⑫
	Ⅲb	紀元前1500年〜紀元前400年	⑬〜⑰

※上記は遺跡の情報です。ガイダンス施設は異なる可能性がございますので、事前にご確認ください

⑪伊勢堂岱《いせどうたい》遺跡 Ⅲa

直径30㍍以上の環状列石を4基擁《よう》する祭祀遺跡。北海道や北東北の他の環状列石と同様の配石もあり、交流の跡がうかがえる。 ㊟秋田県北秋田市脇神伊勢堂岱 ㊋0186-67-6771（北秋田市観光文化スポーツ部文化スポーツ課） ㊕9:00～16:30 ㊚無料 ㊡11～4月中旬 ㊝大館能代空港から車で5分／秋田自動車道伊勢堂岱ICから車で5分

写真 JOMON ARCHIVES(北秋田市教育委員会撮影)

⑨入江《いりえ》貝塚 Ⅲa ⑮高砂《たかさご》貝塚 Ⅲb

写真は入江貝塚 JOMON ARCHIVES(洞爺湖町教育委員会撮影)

入江貝塚と高砂貝塚は徒歩10分の距離。竪穴建物や墓も含む集落跡。貝塚からはシカの角などでつくられた骨角器や埋葬されたと思われる人骨も見つかっている。 ㊟北海道虻田《あぶた》郡洞爺湖町高砂町44 ㊋0142-74-3010（洞爺湖町教育委員会社会教育課） ㊕9:00～17:00 ㊚無料 ㊝JR室蘭本線洞爺駅から徒歩15分／道央自動車道虻田洞爺湖ICから車で10分

⑫大湯《おおゆ》環状列石 Ⅲa

直径40～50㍍におよぶ2基の環状列石を中心とした大規模遺跡。祭祀に使われたと思われる道具が多く出土し、縄文人の葬送や祭祀などの精神文化を表す貴重な遺跡。 ㊟秋田県鹿角《かづの》市十和田大湯万座 ㊋0186-37-3822（大湯ストーンサークル館） ㊕9:00～17:30（11月～16:00） ㊚無料 ㊡11月下旬～4月上旬 ㊝JR花輪線鹿角花輪駅から車で25分／東北自動車道十和田ICから車で15分

写真 JOMON ARCHIVES

⑩小牧野《こまきの》遺跡 Ⅲa

大規模な土地造成と特徴的な配石によって構築された、環状列石を中心とする遺跡。環状列石は直径55㍍にもおよぶ巨大なもので、当時の土木技術や、葬送・祭祀に関わる精神生活を知るうえで重要。 ㊟青森県青森市野沢小牧野㊋017-718-1392（青森市教育委員会事務局文化遺産課） ㊕9:00～17:00（10～11月～16:00） ㊚無料 ㊡11月16日～4月 ㊝JR東北新幹線新青森駅から車で35分

写真 JOMON ARCHIVES

⑭大森勝山遺跡 Ⅲb

1200個の石で作られた長径48.5㍍の環状列石が残る。土器や石器、祭祀用の石剣などが出土。 ㊟青森県弘前市大森字勝山 ㊋0172-82-1642(弘前市教育委員会文化財課) ㊕9:00～17:00(ガイダンス施設～21:00) ㊚無料 ㊡12～4月中旬 ㊝JR弘前駅から弘南バス(鰺ヶ沢・天長園行き)で50分、裾野中学校前下車、徒歩5分／東北自動車道弘前大鰐ICから車で60分

写真 JOMON ARCHIVES（弘前市教育委員会撮影）

⑯亀ヶ岡《かめがおか》石器時代遺跡 Ⅲb

台地上に多数の墓が構築され、周囲の捨て場からは重要文化財の大型遮光《しゃこう》器《き》土偶をはじめ、石器などが出土し、精緻で複雑な精神性を示す。 ㊟青森県つがる市木《き》造《づくり》館《たて》岡《おか》 ㊋0173-49-1194(つがる市教育委員会文化財課) ㊕自由 ㊚無料 ㊡12～3月 ㊝JR五能線五所川原駅から弘南バスで44分、亀ヶ岡下車、徒歩5分

写真 JOMON ARCHIVES

⑰是川《これかわ》石器時代遺跡 Ⅲb

居住域や墓域、祭祀場の他、水辺の作業場が見つかった。工芸的な漆塗り櫛や腕輪、耳飾り、土器や土偶が多数出土した。 ㊟青森県八戸市是川 ㊋0178-38-9511（八戸市埋蔵文化財センター是川縄文館） ㊕自由（整備工事のため遺跡の一部は見学不可） ㊚無料 ㊝JR東北新幹線八戸駅から車で15分／八戸自動車道八戸ICから車で10分

写真 JOMON ARCHIVES

⑬キウス周堤墓群 Ⅲb

周堤墓とは、円形に竪穴を掘り、掘った土を周囲に環状に積み上げ、竪穴に複数の墓を配置した集団墓。9基あり、7基は外径50～80㍍の特大のもの。 ㊟北海道千歳市中央 ㊋0123-24-4210（千歳市埋蔵文化財センター） ㊕9:00～17:00（11月～16:00） ㊚無料 ㊡11月下旬～4月下旬 ㊝JR千歳線千歳駅から車で15分／道東自動車道千歳東ICから車で1分

写真 JOMON ARCHIVES（北海道教育委員会撮影）

小牧野遺跡のストーンサークル。縄文時代後期前半につくられた、直径55㍍にもおよぶ日本最大級の環状列石。現在判明しているだけで、使われている石は約2900個、石の総重量は推定で3万1054㌔におよぶ
写真　JOMON ARCHIVES（青森市教育委員会撮影）

自然遺産

Natural heritage

- 奄美大島、徳之島、沖縄島北部及び西表島
- 屋久島
- 小笠原諸島
- 白神山地
- 知床

屋久島 写真 PIXTA

自然遺産

奄美大島、徳之島、沖縄島北部及び西表島

奄美群島・沖縄島北部・西表島

奄美大島のマングローブ林。島の中南部にマングローブの生い茂る原生林が広がっている

写真　PIXTA（P216～223のとくに表記のないもの全て）

世界遺産登録年 2021年

解　説 日本列島の南端部に位置する4つの島々の総面積は4万2698ヘクタールと日本の国土全体の0.5%にすぎない。しかし、これらの島々には、国際的絶滅危惧種95種を含む、貴重な陸生動植物が生息・生育している。こうした生物多様性が評価されて世界自然遺産への登録につながった。

めざせ！
全踏破

LET'S WALK

亜熱帯多雨林の豊かな自然と独自の生物多様性を求めて

マングローブの原生林や隆起サンゴ礁がつくり出す特有の絶景。豊かな自然の美しさを愛でながら、ヤンバルクイナやアマミノクロウサギなどの貴重な生物が生息する島々をのんびり、ゆったりとめぐる。

大浜海浜公園。定番の青い海と白い砂浜が目の前に広がる

奄美大島

マングローブ・カヌーツアーで亜熱帯ジャングルを体験

奄美大島は、年間を通して温暖な土地だが、平均年間降水量が2800ミリになるため、雨の少ない時期を目指すのであれば、12月ごろに行くのがベスト。夏休みに訪れたいという人には7月が最適といえる。

奄美群島のなかでも最も大きい島・奄美大島のおすすめ観光スポットを挙げるならば、まずは〝アマミブルー〟と呼ばれるほど透明度が高い海がいい。その代表が青い海と白い砂浜が地元民にも人気の大浜海浜公園。敷地内にはガジュマルなどが植えられていて、トロピカルな雰囲気がいっぱい。また、水平線に沈んでいく美しい夕日も見どころだ。

奄美ならではの楽しみといえば、カヌーを漕ぎながらマングローブ観賞ができる黒潮の森・マングローブパークも人気。カヌー初心者でも、プロのインストラクターが指導してくれるので、安心して楽しむことができる。マリンスポーツを楽しみたい人には、奄美の南の玄関口・古仁屋と加計呂麻島を結んで毎日運航している「フェリーかけろま」で加計呂麻島へ渡るのがおすすめ。シュノーケリングやダイビング、シーカヤック、釣り、ホエールウオッチングなどが楽しめる。島内には嘉入の滝という観光スポットも。

加計呂麻島でのダイビング。高い透明度を誇る海で色とりどりのサンゴや魚たちと出合える

淡水と海水が混じり合う汽水域に自生するマングローブ。ツアーに参加すれば、そこに生息する多くの生き物たちを間近で観察できる

黒潮の森・マングローブパーク。マングローブ林など様々な動植物とふれあえる自然回帰型公園施設

インフォメーション

交 飛行機利用は羽田・成田・関西・伊丹・福岡・鹿児島・徳之島・那覇空港から就航。

奄美大島
名瀬港
奄美空港
大浜海浜公園
龍郷町
ハートロック
トレッキングツアー（金作原）
奄美市
黒潮の森 マングローブパーク
瀬戸内町
加計呂麻島
加計呂麻島でのダイビング

恋愛のパワースポット、ハートロックは赤尾木集落の東側に面する海岸にあり、干潮のときだけハート形の潮だまりが姿を現す

徳之島

サンゴ礁の石垣と樹齢300年超のガジュマルに迎えられて

“長寿の島”と呼ばれる徳之島は、人だけではなく、手つかずの自然、歴史ある闘牛にも秘めた魅力が感じられる。1976年に長寿世界一と認定された、伊仙町生まれの泉重千代さんの長寿の秘訣は、温暖な気候と海藻類・フルーツ・黒糖など、栄養バランスのとれた地元の食材にあるともいわれていた。加えて、スポーツが盛んなことも挙げられる。

約500年の歴史がある闘牛大会は、年間20回以上も行われていて、観光客には見逃せないイベントだ。観光スポットも、奇岩に満ちた島を代表する犬《いん》の門蓋《じょうふた》や樹齢300年のガジュマルなどたっぷり。青い空の下、青い海で遊びたいなら、梅雨明けの6月下旬から10月上旬がベストシーズンだ。

インフォメーション

交 飛行機利用は鹿児島か奄美大島経由で。フェリー利用は那覇か奄美大島経由で。

断崖や奇岩が点在する東シナ海に面した海岸線にあり、これは大きな洞門が2つ並ぶ「めがね岩」

闘牛大会。時に1㌧を超える大型牛同士が激しくぶつかり合う、日本のなかで最も熱い闘牛大会といわれている

ガジュマルの木。繁殖力の強さから「幸運の木」とも呼ばれる

インフォメーション

交 石垣島経由、石垣港離島ターミナルから高速船で西表島上原港か大原港へ。

ピナイサーラの滝。島の言葉で「ピナイ」はひげ、「サーラ」は下がったものの意味。長い白ひげが下がっているかのように見えることから名付けられた

西表島

ピナイサーラの滝の上から西表島の絶景を満喫

沖縄県内で沖縄本島に次ぐ2番目の大きさの島、西表島の魅力は、秘境ともいわれる手つかずの大自然。浦内川、仲間川など、川が数多く、島の外側が急斜面のため、カンピレーの滝、マリユドゥの滝、ピナイサーラの滝といった見どころ満点の滝が多いことも西表島の魅力といえる。

また、島の約90%がジャングルに覆われていることから独自の多様な生態系をもつことでも注目され、天然記念物のイリオモテヤマネコやカンムリワシなどの固有種も多い。島を訪れたら、ジャングルトレッキングやカヤック・カヌーツアー、クルーズなどに参加して大自然を満喫するのもいいかもしれない。

星砂の浜。砂浜に星の形をした砂があることから名付けられた、西表島で一番人気のビーチ

西表島から水牛車にのんびりゆったり揺られて行く先は由布島。この島ではハイビスカスやブーゲンビリアなど南国の花々や20種ものヤシの木を楽しめる

辺戸岬（へどみさき）は沖縄本島最北端にあり、隆起したサンゴ礁の断崖絶壁から眺望を楽しめる。天候が良いと鹿児島県の与論島を望むこともできる

沖縄島北部

沖縄本島のなかで特に自然豊かな北部の絶景スポット

南

北110キロ、東西10キロと細長い島・沖縄本島は、南北に長いため土壌も地形も文化も地域ごとに異なる。中南部は200メートル以下の小さな起伏の土地が広がり、沖縄島北部には沖縄本島最高峰の与那覇岳(503メートル)をはじめ標高200〜400メートル以上の山々が連なる。気候も、北部は亜熱帯性の多雨林などの豊かな森が広がり、モンスーンや黒潮の影響を受けて温暖かつ湿潤な気候が維持されている。

この豊かな森林が広がる北部のことは、古くからヤンバル(山原)という愛称で親しまれてきた。国頭村、大宜味村、東村の3村を指し、昔から森と人が共生してきた地で、そうした人との関わりのなかで豊かな森が守られてきたともいえる。ヤンバル地域にはまた、ヤンバルクイナやノグチゲラといった稀少な生物も多数生息している。

世界自然遺産に登録されたこの地には、リバートレッキングやカヌー、星空観察など貴重な自然を間近で楽しめる数々の体験ツアーが旅行者のために用意されている。

世界中で沖縄本島北部のやんばる地域のみに生息する固有種、ヤンバルクイナ。日本で唯一の飛べない鳥である

インフォメーション

交 那覇空港から高速バスで名護まで約1時間45分、名護バスターミナルから複数の路線が運行。

慶佐次（げさし）川河口には沖縄本島最大のヒルギ林（マングローブ）が広がる。オヒルギ、メヒルギ、ヤエヤマヒルギの３種のヒルギが自生している

２億５千万年前の石灰岩が隆起してできた、カルスト地形が見られるアスムイハイクス。ガジュマルなどの亜熱帯植物も観察できる

沖縄本島一、約26㍍の落差を誇る比地大滝（ひじおおたき）。滝までトレッキングすれば、ヒカゲヘゴやイルカンダなど亜熱帯特有の植物や、稀にノグチゲラなどの野鳥を観察できる（現在閉鎖中、再開時期未定）

屋久島

洋上アルプスの宮之浦岳
写真　PIXTA（P224～231）

世界遺産登録年 1993年

解　説 標高1936メートルの宮《みや》之《の》浦岳《うらだけ》を主峰とする山岳が連座する屋久島。日本列島の南に位置するこの島だけで、亜熱帯の植物から、照葉樹林、杉樹林、亜高山帯の低木林まで、南北に長い日本の自然植生の多くを見ることができる。また年間降水量8000ミリという屋久島の山間部では天然杉の成長が遅く、年輪が緻密かつ樹脂が多くため込まれるため、樹齢1000年以上の天然杉(ヤクスギ)が多く生育。世界に稀な森林景観は、その美しさも登録基準のひとつ。

めざせ!
全踏破

LET'S WALK

屋久杉の巨木に会いに行こう

苦労して歩いた先に、幾千年、厳然とたたずむ縄文杉の神々しい姿がある。緑濃い森の空気を吸い込み、名木を愛でる一歩一歩の道のりは、生涯忘れられないものとなるだろう。

縄文杉コース

一生に一度は会いたい最長老の杉の巨木

屋久島の象徴、縄文杉に会いに行くには、長いトロッコ道を進み、険しい山道を歩かなければならない。登山靴や雨具、防寒具など、登山の準備が必要だ。清らかな水場がいくつもあるので、ペットボトルか水筒を1つ持参するといい。起点となる荒川登山口からの登山バスは、最終が午後5時くらいなので、必ず戻って来られるよう、くれぐれも余裕をもって出発しよう。

歩き出してしばらくは、伐採した木材を運び出したトロッコ軌道の上を歩いていくことになる。片道約11㌔のうち8㌔をこのトロッコ道が占め、よく整備されていて歩きやすい。

1時間ほど歩くと、小杉谷の小学校跡地がある。小杉谷集落は、大正から昭和にかけて杉伐採の拠点として栄え、最盛期は約500人もの人口があった。跡地には当時の写真入りの看板が設置されている。

大株歩道入口まで来ると、トロッコ道が終わり、本格的な山歩きとなる。ここからはかなりきつい登りとなる。先ほどまでうんざりしていたトロッコ道が懐かしくなるほど。

巨大な屋久杉の切り株、ウィルソン株に到着。イギリスの植物学者の名にちなんで名付けられた。樹齢3000年ほどだったとみられ、豊臣秀吉が命じて切らせたという言い伝えもある。切り株のなかに入ると、広々、10畳ほどの広さ。見上げると、ぽっかり開いた穴から空が眺められる。

さらに険しい山道を登っていくと、縄文杉の発見まで、屋久島最大といわれていた「大王杉」がある。まさに大王の風格だ。推定樹齢3000年。さらに進むと、2本の杉の枝と枝が長い年月をかけてまるで手をつないでいるように癒着していることから、「夫婦《めおと》杉《すぎ》」と名付けられている杉もある。

最後の難関の山道を登りきると、夢にまで見た縄文杉がたたずんでいる。

巨大な屋久杉、ウィルソン株のなかから見上げると、ハートマークが

老賢人のようにどっしりとたたずむ縄文杉

インフォメーション

【時間】9～12時間 【標高差】700メートル 【標高】1300メートル 【距離】往復22キロ 【トイレ】荒川登山口、三代杉手前、大株歩道入口、高塚小屋 【小屋(無人)】2カ所 【難易度】★★★★(健脚向け)

※★の数が多いほど難度が高い

全長約8キロのトロッコ道が続く

めざせ！全踏破

LET'S WALK

世界遺産の山で巨岩に出合う

九州最高峰の宮之浦岳をはじめ、高い山がいくつもそびえる屋久島。山頂までたどり着くと、巨岩が織りなす絶景が待っているだろう。

蛇紋杉。登山道の入り口付近に倒れた姿をさらしている

太忠岳《たちゅうだけ》

屋久杉の森を満喫 天柱石の迫力に圧倒される

ヤクスギランドの150分コースのルートを通って登り始める。屋久杉の巨木の数々と登山のおもしろさを同時に味わえるヤクスギランドの奥の登山道入り口からは往復4～5時間の道のりだ。

登山道入り口のすぐ横に、巨大な屋久杉が倒れているのが目につく。1997年の台風で倒れた蛇紋杉《じゃもんすぎ》。推定樹齢は700年だったといわれ、残った根も大きくどっしりした姿だ。

天文《てんもん》の森は好天時は木もれ日が美しい。500年ほど前に一帯の屋久杉が伐採されたが、その後植林され、今の姿になった。若々しい杉林だ。

くねくねと巨木の根が這《は》う地面を登っていく。滑りやすいので足元に注意。やがて大きな花崗岩《かこうがん》がせり出し、あずまやのようになっているところに着く。ここで休憩と雨やどり。屋久島は雨が多いので、雨対策はしっかりと。

さあ、このあたりからが太忠岳登山も佳境だ。息が上がる険しい道のりが

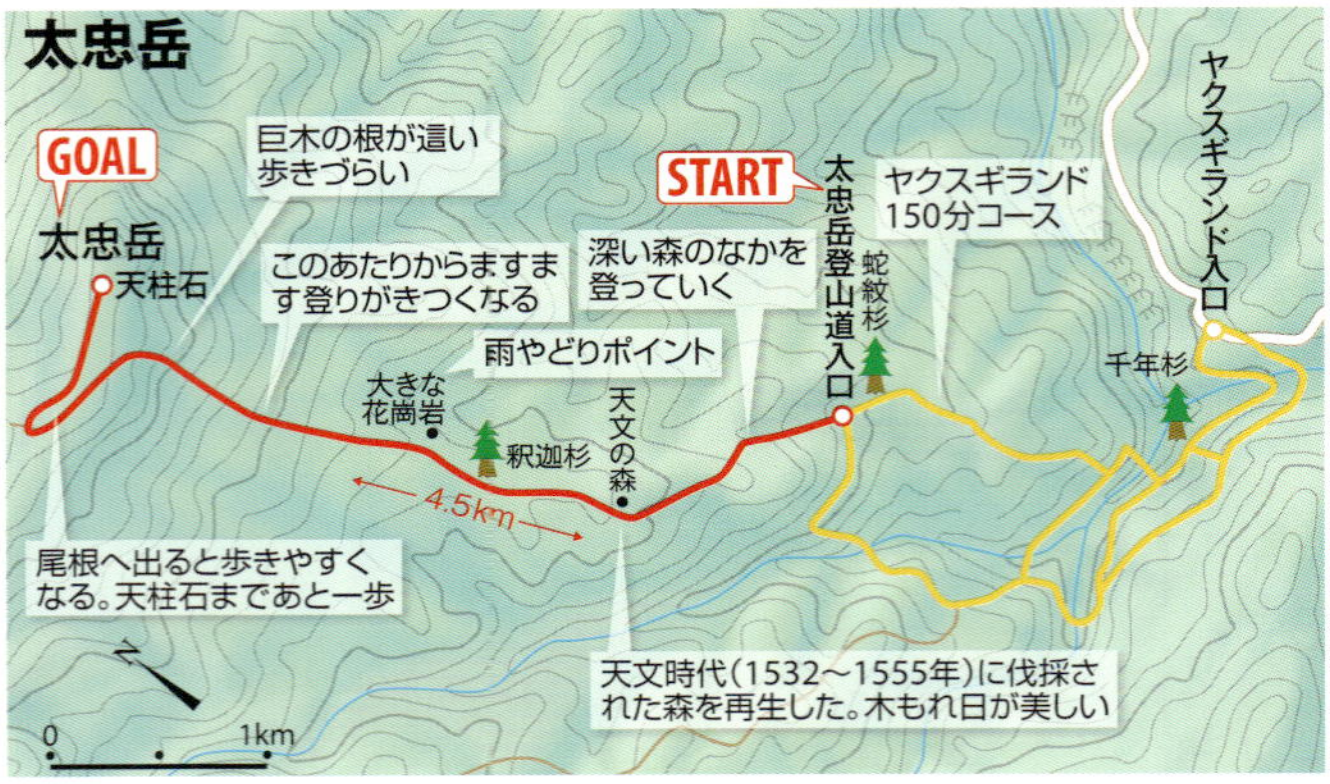

太忠岳
GOAL
太忠岳
天柱石
巨木の根が這い歩きづらい
このあたりからますます登りがきつくなる
大きな花崗岩
釈迦杉
雨やどりポイント
深い森のなかを登っていく
天文の森
START
太忠岳登山道入口
蛇紋杉
ヤクスギランド150分コース
ヤクスギランド入口
千年杉
4.5km
尾根へ出ると歩きやすくなる。天柱石まであと一歩
天文時代（1532～1555年）に伐採された森を再生した。木もれ日が美しい
N
0
1km

太忠岳山頂にそそり立つ天柱石。高さ40メートルもある花崗岩

インフォメーション

【時間】約8～9時間 【標高差】500メートル 【標高】1497メートル 【距離】往復8.5キロ 【トイレ】登山道沿いにはなし 【小屋(無人)】2カ所 【難易度】★★★

※★の数が多いほど難度が高い

続く。腿を大きく上げないと登れない急な岩場や、ロープ伝いで登っていく場所もある。かなりの急勾配なので初心者は休み休み登ろう。

登山道入り口から約2時間。いよいよ天柱石へ。天柱石のすぐ真下まで、ロープを頼りに登ることができる。巨大な一枚岩を見上げると、圧倒されるだろう。晴れた日には、遠く薩摩半島を望むことができる。

めざせ！
全踏破

LET'S WALK

豊かな水の世界を堪能しよう

降り注ぐ大量の雨は苔むした幻想的な森をつくり、美しい川や滝を形成する。

白谷雲水峡《しらたにうんすいきょう》

幻想にいざなわれる、苔むす原生林
映画「もののけ姫」の舞台

宮 宮之浦から車で30分。白谷雲水峡の入り口付近には、ドードーと大きな滝の音が響き渡っている。森のなかに足を踏み入れ、川や滝の流れを楽しみながら、うっそうとした木々の間を歩く。屋久島の水の豊かさを実感する道のりだ。

入り口から少し歩くと、丸みを帯びた巨大な一枚岩が見えてくる。両手を使って登ってひと休み。むきだしになった花崗岩。屋久島の原形だ。

激しく流れ落ちる飛流落としの滝を眺めながら歩く。歩きやすい木道もそろそろ終わり、原生林歩道になる。ゴツゴツした岩やくねくねと這《は》う木の根をまたぎながら登っていく。次第に息が上がってくるが、先の景色を楽しみに、ひたすら進もう。

一歩進むたびに、森が深くなっていく。つるつるとした木肌のヒメシャラやモミ、千年以上の長寿の屋久杉が道中を楽しませてくれる。切り株更新の二代大杉、奉行杉、くぐり杉など特徴的な杉も多いのでぜひじっくり観察してみよう。

途中、いくつか沢を越えていくポイントがあるが、岩が滑りやすく、時期によりかなり水量があるので慎重に。

白谷小屋で休憩を取り、さらに20分ほど歩くと、いよいよ「もののけ姫」のモデルとなった苔むす森へ。苔は深くなり、あたりの大きな岩々、木々を覆い尽くす。巨岩が霊気を立ち上らせているような、幻想的な光景だ。

ここで引き返す人も多いが、体力があれば、ぜひもうひとがんばり。山道を50分ほど登っていくと、太鼓岩へ到着する。晴れていれば、奥岳といわれる屋久島の標高の高い山々を眺望できる。足元に気を付けて、目の前の大パノラマを満喫しよう。

さつき吊橋を渡ると、緑は濃く、深くなっていく

美しい渓流とシダや苔で覆われた緑の森が幻想的

奉行杉。全体が苔におおわれている

インフォメーション

【時間】約5時間 【標高差】230メートル 【標高】苔むす森900メートル 【距離】4.2キロ 【トイレ】白谷小屋 【小屋(無人)】白谷小屋 【難易度】★★★

※★の数が多いほど難度が高い

小笠原諸島

原生的な森林形態を残す母島の石門地域。湿性高木林が形成され、マルハチや樹高20メートルに達する巨木も見られる
写真　後藤昌美／アフロ

世界遺産登録年 2011年

解　説 同じ東京都の東京湾から南へ約1000㌔の位置にある小笠原諸島。聟島列島、父島列島、母島列島など3つの列島に加え、火山(硫黄)列島や南鳥島、沖ノ鳥島などからなり、一度も陸地とつながったことのない海洋島である。世界自然遺産の登録基準として「地形・地質」「生態系」「自然美」「生物多様性」のいずれかを満たす必要があるが、小笠原諸島の場合は「生態系」の価値が認められ登録に至った。

父島と母島をめぐる

小笠原諸島で唯一人が住む島、父島と母島。固有の植物や生物が多数見られ、ホエールウォッチングを楽しむこともでき、様々な魅力をもつ。

小笠原諸島のうち人が住んでいるのは父島《ちちじま》と母島《ははじま》のみで、父島の二見《ふたみ》港が小笠原諸島への玄関口となる。東京・竹芝桟橋から「おがさわら丸」に乗り、24時間で二見港に到着。父島は2000人ほどが暮らす小笠原諸島最大の島で、随所に南国ムードが感じられる。二見湾に面した大村・奥村集落が島の中心地で、そこから海岸沿いを南へ向かう道路は、扇浦《おうぎうら》・小曲《こまがり》集落を通って小港海岸までを結ぶ。小港海岸から東へ向かい、島の中央を南北に走る夜明道路を北上すると、中央山、初寝浦《はつねうら》、長崎展望台などをめぐり、二見港まで一周することができる。

父島には、ホエールウォッチングやドルフィンウォッチング、シュノーケリング、南島《みなみじま》上陸散策、列島めぐりなど、海のアクティビティを開催する観光船が多数ある。また、世界遺産区域の山や森をめぐるトレッキングメニューも充実している。

長崎展望台　兄島と兄島瀬戸を一望できる

夜明山戦跡ツアー　太平洋戦争時代に要塞化されていた父島には、森の中に海軍や陸軍の食糧庫壕や陣地壕跡が点在し、これらをめぐる戦跡ツアーがある。高角砲や高射砲の残骸、砲台跡、ビンや食器など兵士たちの日用品などを見て回る。所要約2時間半、林野庁の入山許可を受けた東京都自然ガイドの同行が必要

中央山展望台　父島の真ん中にある標高318㍍の山頂展望台。360度の眺望が開けている

東平《ひがしだいら》アカガシラカラスバトサンクチュアリー　絶滅危惧種のアカガシラカラスバトの保護区で、散策コースがある。林野庁の入林許可を受けたガイドの同行が必要

小港海岸　周囲に人工の建物が何も見えない静かなビーチ

無人島発見之碑　小笠原神社の境内にある

写真　朝日新聞出版 写真部（馬場岳人、P234～237のとくに表記のないもの全て）

大神山《おおがみやま》公園展望台　大神山神社の上にある展望台。大村集落を見渡すことができる

宮之浜　集落から近く、島の人も訪れる静かなビーチ。シュノーケリングスポットでもある

兄島海域公園　兄島瀬戸に広がるサンゴ礁の海中公園。絶好のシュノーケリングスポッ

ウェザーステーション展望台　父島の夕日の名所。春はホエールウォッチングのポイントでもある

聖ジョージ教会　1909年、二見集落に創立。太平洋戦争で焼失したが、戦後再建された

大村海岸　大村集落の前に広がるビーチで、前浜とも呼ばれる。島の人も観光客も憩える場所

「おがさわら丸」の見送り風景　出港前の港に大勢の島人が集まり、太鼓の音とともに「行ってらっしゃい」と手を振るのが小笠原流の見送り方。島の船も湾の外れまで、おがさわら丸に並走してくれる　写真　環境省 小笠原自然保護官事務所

ホエールウォッチング
かつて捕鯨基地として栄えた小笠原は、現在では世界有数のホエールウォッチングのスポット。初夏から秋にかけては外洋でマッコウクジラを、冬から春にかけては沿岸域でザトウクジラを見ることができる

ドルフィンスイム＆ウォッチング　小笠原の海を楽しむ人気のアクティビティの一つがドルフィンスイム。泳がなくても、船上からウォッチングを楽しむこともできる。二見港付近はハシナガイルカのウォッチングスポットでもあり、群れで船の近くを泳ぎ回り、きりもみジャンプを見せてくれる

南島　小笠原を代表する美景スポット。上陸には東京都自然ガイドの同行が必要

千尋岩《ちひろいわ》　赤い岩肌のかたちからハートロックとも呼ばれる。ここを目的地とする1日トレッキングツアーもあり、南島からも遠望できる

問 小笠原村観光協会　04998-2-2587

北港　母島の最北端にある。かつて北村という集落があった。シュノーケリングスポットでもある

母島へ行くには、父島で「ははじま丸」に乗る。南へ2時間ほど行けば、沖港に到着する。母島の集落は、沖港に面した元地《もとち》と静沢《しずかさわ》の二つのみ。人口は450人ほどで若い人や子どもの割合が多い。島時間が感じられるのどかな島は、父島とはまた異なる魅力をもつ。

集落から南へ向かう幹線道路の南進《なんしん》線の終点は都道の最南端にあたり、南《みなみ》崎《さき》遊歩道への入り口がある。北へ向かう北進《ほくしん》線は、戦前まで集落のあった北《きた》村《むら》を通って北港までのびている。

父島に比べ、より深い森と山に覆われ、乳房山《ちぶさやま》登山や小富士・南崎散策など定番のトレッキングコースが充実している。また、白砂のビーチが美しい平島《ひらしま》を訪れたり、シュノーケリングやホエールウォッチングを楽しむ海のネイチャーツアーもある。

乳房山　母島の最高峰（標高 462.6㍍）。整備された登山道があり、固有種の動植物などを観察しながら、母島らしい森歩きを堪能できる

旧ヘリポート　周囲に高い建物がなく、360 度満天の星を見渡せる〝自然の観測ドーム〟である

小剣先山から見た沖港と集落の風景　遠方に見えるのは向島。集落奥に登り口があり、頂上に近づくにつれて岩場になる

南崎遊歩道入口　南進線の終点は、都道最南端にあたる

写真　環境省 小笠原自然保護官事務所

南崎・小富士　母島の最南端にある絶景スポットで、整備されたトレッキングコースがある。写真上は小富士頂上から見下ろした南崎、右は南崎海岸から見た小富士

堺《さかい》ヶ岳《たけ》・石門《せきもん》　シダ類の繁茂する湿潤な森で、登るにつれてマルハチ（①と②）やヘゴなど大型のシダ類が増え、恐竜が登場しそうな景色が広がる。固有種のカタツムリ（③）やムニンシュスラン（④）なども見られる。石門は母島の自主ルールで10～2月は入林禁止。堺ヶ岳は石門手前にあるが、湿性高木の森の魅力を十分に味わえる。東京都認定自然ガイド、林野庁の入林許可を受けたガイドの同行が必要

北村小学校跡　ガジュマルに覆われたなかに石積みの門柱跡が見られる

元地集落　巨大なガジュマルの下が、集落の憩いの場

月ヶ岡神社　船客待合所の裏山にあり、母島のパワースポットともいわれる

サンセットシアターから見た夕日　静沢の森遊歩道の入り口付近にある、母島の夕日スポットの一つ

沖港に入港中の「ははじま丸」は父島と母島を結ぶ唯一の交通機関

御幸之浜《みゆきのはま》　貨幣石といわれる有孔虫の化石が断崖一面に見られる（写真中央）。遊歩道入口には巨大なタコノキがある（写真左）

写真　環境省 小笠原自然保護官事務所

問 小笠原母島観光協会　04998-3-2300

見てわかる!

小笠原諸島、絶滅種のいる風景

小笠原諸島に現在ある森の風景と、かつて19世紀の鳥類学者キトリッツが描いた風景を参考にしながら、今は絶滅してしまったと考えられる生き物たちをともに描き、架空ではあるが小笠原諸島らしい自然風景を再現してみた。

監修◉加藤英寿、苅部治紀、川上和人、千葉 聡
イラスト◉上村一樹

トヨシマアザミ

1936年の標本データによると、花は薄い紫色である。また、現生種のオガサワラアザミに比べると、小ぶりで、茎が細い。葉はやわらかく、トゲも鋭くない。

オガサワラカラスバト

アカガシラカラスバトは生き残り、この鳥は絶滅した。警戒心の少なさが災いしたのだろう。ハト2種、オガサワラマシコ、オガサワラカワラヒワはみな種子食の鳥だ。狭い島で4種類もの種子食の鳥が生存できた豊かな森の姿が目に浮かぶ。

ミイロトラカミキリ

1976年6月に母島乳房山頂で採集された1匹の標本しか知られていない美麗種。グリーンアノールの蔓延《まんえん》で昼行性の昆虫が壊滅状態になっている現在、絶滅した可能性がきわめて高くなっている。

オガサワラホソモリヒラタゴミムシ

1970年代に母島で採集された標本しか知られていない。グリーンアノールの捕食圧により絶滅した可能性がある。固有ゴミムシ3種は、最近属島で確認される例があり、どこかに生き残っているかもしれない。

ニュウドウオオカタマイマイ

直径70～100ミリ。南島に分布していたが、1万年前に、氷期が終わり温暖化したことにより絶滅。殻の色はおそらく全体が真っ黒。

この絵には、人が小笠原に入植してから姿を消したと思われる種(ニュウドウオオカタマイマイを除く)が、想像上の自然のなかに描かれている。現在はこれらの種の代わりに人が持ち込んだ様々な外来種が、もともとそこに存在していたかのように入り込んでいる。

生物は、様々な個体や種が長い時間をかけて相互に関係を築きながら、生態系という複雑なシステムを形成している。ある種が絶滅するということは、生態系のなかで築かれていた他の種との関係が途絶えることを意味する。また外来種が加わることで、在来種同士の相互関係が崩れてしまうこともある。小笠原諸島のような島嶼《とうしょ》は面積が狭く、生息地や個体数がもともと限られるため、生物は常に絶滅の危険にさらされている。とくに海洋島は大陸に比べて種数が非常に少なく、生態系のシステムが単純であるため、少数の種の絶滅や外来種の移入が生態系のしくみに甚大な影響をおよぼす危険性が非常に高い。

自然は時間とともに変化し続け、元に戻ることは決してない。絶滅した種を蘇《よみがえ》らせることも現時点では不可能である。私たちが現在見ている自然の姿は、長い歴史の一断面にすぎないが、だからこそ、その瞬間をしっかりと見つめ、どのように変化しているのかを記録することが大切である。そして個々の種がどのように生きているのか、他の生物とどのような関係を築いているかを知ることは、生態系全体を保全することにつながるであろう。

ハシブトガラス
意外かもしれないが、都会で増えて困っているのと同種のカラスが、森林の減少とともに小笠原から絶滅してしまった。20世紀初頭のことだ。この鳥が人為的な環境の変化に適応するより、生息地減少のスピードのほうが速かったのだ。

オガサワラマシコ
オガサワラガビチョウと同じく、主に地上で採食していたらしい。ネコなどの外来捕食者の格好の標的である。1890年ごろまでは母島に生き残っていたようだが、20世紀を迎えることはできなかった。

オガサワラガビチョウ
初めて科学的に記録された1828年を最後に、その後記録のない鳥として有名だった。しかし、最近になり1885年の上野動物園での飼育記録が見つかった。この個体が翌年イヌに喰われたのが、最後の記録である。

ムニンキヌラン
母島の石門山に自生する高さ30㌢ほどのムニンランと呼ばれた種に同じと思われる。1936年の標本データによると、現生種のムニンシュスランに似ているが、花序、葉がやや大きい。

オガサワラゴマダラカミキリ
1915年6月に「小笠原」で採集された1匹の標本が残されているだけの種。生態に関する情報も、どこの島で採集されたものかもわかっていない。確認が容易な大型種であることから、すでに絶滅した可能性が高いと考えられている。

ヒロベソカタマイマイ
直径40～45㍉。300年前より以降、おそらく入植初期に開拓の影響で絶滅。父島と南島に分布していた。殻の色はおそらく淡黄色または淡褐色の地に黒色の帯。帯の数は様々。全体が真っ黒になるものもある。

コダマエンザ
直径2㍉。父島にかつて生息していたが、明治時代に絶滅。ほとんど球形で、殻の中央が小さく深く窪んでいる。

ナカクボエンザ
直径3㍉。明治時代に絶滅。母島にかつて生息していたが、扁《へん》平《ぺい》で中央が少し窪む。アンモナイトのような殻のかたち。

白神山地

ブナ林散策道。ブナの落ち葉が長年にわたって積み重なり腐葉土となった足元はふかふかだ

写真　PIXTA

世界遺産登録年 1993年

解　説 青森県南西部と秋田県北西部の県境にまたがる約13万㌶におよぶ広大な山岳地帯が「白神山地」であり、その中心部の約1万7000㌶が世界自然遺産に登録された。人間の影響を受けていない世界最大級の原生的なブナ林が分布し、様々な種類の動植物が自生している。このきわめて貴重な森林生態系が保たれていることが評価につながった。

めざせ! 全踏破

LET'S WALK

エコツアーで楽しむ白神山地

自然ガイドと一緒に歩くと、地域の暮らしや歴史、山や森歩きでの楽しみ方や自然とのつきあい方を教えてもらえる。比較的気楽にじっくりと楽しめるコースを紹介する。

鰺《あじ》ヶ《が》沢《さわ》町

青森県の海に面した観光スポットで、くろくまの滝への拠点となる。宿泊施設も多い。JR新青森駅から奥羽本線と五能線で鰺ケ沢駅まで1時間15分。青森空港からJR五所川原駅までリムジンバスで60分、そこから鰺ケ沢駅まで五能線で30分

白神の森 遊歩道(鰺ケ沢町)

鰺ヶ沢町から車で約30分、核心地域と同様のブナ林を体感できる整備されたトレッキングコース。江戸時代、津軽藩によって禁伐林として守られた。明治時代以降は官地民木(土地は国有、立木は民有という所有形態)の地として約120年間続き、豊かな自然の姿を伝える森として白神山地の特徴的な風景を見ることができる。約80分の遊歩道は、事前予約制で、ガイド付きトレッキングのみ入山可能。料金は1500円、利用期間は4月下旬～10月下旬(土日限定)の10:00～と13:00～　写真　PIXTA

くろくまの滝(鰺ヶ沢町)

鰺ヶ沢町の中心からくろくまの滝駐車場まで車で約50分。入り口から徒歩15分で滝が出現する。赤石川中流付近の支流、滝ノ沢にあり、ブナやミズナラに囲まれた落差85㍍の滝は圧巻。第2、第3の滝へ続く歩道もある。日本の滝100選の一つ。現在は道路閉鎖(再開未定)

写真　PIXTA

白神いざないツリー(西目屋村)

シンボルとして親しまれてきたブナの巨木「マザーツリー」が2024年に枯死。近隣の「ぶな巨木ふれあいの径」にある巨木を新たなシンボルツリーとして選定した。推定樹齢約300年のブナの木で、樹高約27㍍、幹回りは約4㍍にもおよぶ

写真　白神山地ビジターセンター

西《にし》目《め》屋《や》村

青森県側の白神山地遺産地域に隣接し、暗門の滝や白神いざないツリーへの拠点となる。数は少ないが、温泉を併設した宿泊施設(コンドミニアム、キャンプ場も含む)もある。JR新青森駅から奥羽本線で弘前駅まで約35分。青森空港からJR弘前駅までリムジンバスで60分。弘前市内から白神山地ビジターセンターまで車で30分

マタギ道とカツラの巨木(西目屋村)

白神マタギ舎独自のプライベートツアーでは、道なき道を歩いてマタギ文化を体感できる

暗門の滝とブナ林(西目屋村)

遺産の緩衝地域にあり、3つの滝が見られる景勝地(写真は第2の滝)。暗門の滝コースは、整備された歩道(第2の滝まで)があり、所要約3時間。滝へのコースから分岐して所要約1時間のブナ林散策道もある。木道程度の整備なので、土を踏みしめ森を歩く気分を味わえる。ブナの他、カツラやトチノキなど様々な樹木に出会える。利用期間は6月下旬または7月上旬～11月初旬

二ツ森《ふたつもり》（八峰町）

秋田県藤里町と青森県鰺ヶ沢町の県境に位置する山で、緩衝地域内にある。日本海沿いの麓から車で45分、そこから徒歩5分の「青《せい》秋《しゅう》林道」の終点に登山口がある。標高1086㍍の頂上からは、ブナ原生林の核心地域や、岩木山（写真奥）、日本海など、360度の大パノラマを満喫できる。往復2時間～2時間30分。現在は通行止めで、再開未定

写真　PIXTA

十二湖（深浦町）

大崩《おおくずれ》から見ると12の湖沼が見えることから十二湖と呼ばれる。実際は大小33の湖沼からなるという。湖をめぐりながら、整備されたブナ林の散策コースを自由に楽しめる。青池（写真）と日本キャニオンをめぐるなら所要約3時間。エリア内数カ所に駐車場がある。利用期間は4～11月

深浦町《ふかうら》

日本海に面する青森県の観光スポットで、十二湖への拠点となる。温泉や宿泊施設もある。JR新青森駅から奥羽本線と五能線で深浦駅まで2時間25分。JR秋田駅から奥羽本線と五能線で深浦駅まで1時間45分

八峰町《はっぽう》

秋田県側の白神山地遺産地域に隣接し、二ツ森登山口への拠点となる。温泉や宿泊施設もある。JR秋田駅から奥羽本線と五能線で八森駅まで約35分。大館能代空港から車で60分

岳岱《だけだい》自然観察教育林（藤里町）

青秋林道の建設中止で残された、12㌶の原生的ブナ林。世界遺産地域に隣接し、2002年に自然観察教育林に指定された。若いブナ林から、苔むした岩塊を抱え込んだ巨木など、ブナ林を観察することができる。散策コースは約1.8㌔、所要約90分。木道が敷かれており、一部バリアフリーになっている。白神山地世界遺産センター（藤里館）から車で40分。利用期間は5月下旬～11月中旬

写真　藤里町商工観光課

田苗代《たなしろ》湿原（藤里町）

岳岱自然観察教育林から車で5分の藤里駒ヶ岳（藤駒岳）登山口から、樹齢150年ほどの成熟期に入ったブナ林を見ながら徒歩15分、視界が開けた先に湿原が広がる。中央に木道がのび、その両側に春はミズバショウ、夏はニッコウキスゲが花を咲かせる。湿原を通り抜けると本格的な登山道につながる。利用期間は5月中旬～10月下旬

太良峡《だいらきょう》（藤里町）

藤里駒ヶ岳から流れる藤琴《ふじこと》川の渓谷で、一通《いっとお》の滝や位牌《いはい》岩など、大小様々な滝や奇岩からなる。川沿いに約1㌔の遊歩道があり、樹齢200年以上の天然秋田杉や豊かなブナ林を眺めながらの散策コースがある。利用期間は5月中旬～10月下旬

写真　PIXTA

藤里町《ふじさと》

秋田県側の白神山地遺産地域に隣接し、岳岱自然観察教育林、田苗代湿原、太良峡への拠点となる。JR秋田駅から奥羽本線で二ツ井駅まで60分、定期バスで白神山地世界遺産センター（藤里館）まで30分。大館能代空港から車で30分

写真　門間新弥（P242～247のとくに表記のないもの全て）
問　鰺ヶ沢町総務課　0173-72-2111　深浦町観光課岩崎支所　0173-77-2111
藤里町商工会観光振興課　0185-79-2518　八峰町産業振興課　0185-76-2111

ガイドの小池さんの案内で散策スタート。
川を渡って対岸の山を登る

マタギ道をゆく

マタギ流で
道なき道をゆく

マタギ小屋。サワグルミの木と樹皮を使って建てる。季節ごとに採れる山菜やキノコを料理して、ここに宿泊する体験ツアーも開催している

川を渡る。膝上まで水に浸かるので、長靴がなければ裸足になって渡る。水は冷たい

ガイドの小池幸雄さんの案内で、マタギが使う山道を歩き、カツラの巨木を目指す。道とは言っても道はない。ガイドなしに歩くのは無理だ。まずマタギ小屋を見学。狩りや山菜採りの拠点となるマタギ小屋は、必ず水源となる沢の近くに、そこで調達できるサワグルミの木と樹皮を使って建てる。また、燃料の焚き付けにはウダイカンバの樹皮を使う。

散策は、林道を歩いたのち、川原まで下って、川を渡る。川幅は数㍍、水深は膝上まであり、水は冷たい。川底のゴロゴロした石が裸足の足裏に痛む。ぬるぬるして滑りそうだが、裸足で川を渡る、それが新鮮な体験だ。

川を渡った後は、ひたすら登る。緩やかな斜面まで出ると、風景を楽しむ余裕もできる。紅葉の季節は、黄から茶に変わりつつあるブナの葉、イタヤカエデの黄やヤマモミジ、ツリバナの実の赤、キブシの薄緑、ムラサキシキブの実の紫が相まって、秋色を描く。ひらひら舞い落ちる葉が陽光にまぶしい。途中、トチノキやミズナラの巨樹と出合ったり、注意して見るとトチの実生《みしょう》も息づいている。

動物たちの痕跡も随所にある。幹回り5㍍ほどのブナの大木にはクマの爪痕が、幼木にはウサギの食痕が残る。

カツラの巨木。豪快な樹形は、生命力の強さを感じさせる。辺りに甘い香りを漂わせている

サルの群れに遭遇。数十匹近くの群れが迫ってくると緊張が走る。若いオスが近くに寄ってきてこちらの様子をうかがっていた

足元の落ち葉のなかにはトチの実生が芽生えている

幼木のスパッと切れた切り口はウサギの食痕

そしてサルの群れの気配がする。「彼らは食べ物を探しながら落ち葉を掻《か》き分けて進むので、サルの通り道には落ち葉溜《だ》まりができます」と小池さん。

いよいよ終点。カツラの巨木は、シダが群生する天然のステージの中央にどっしりと居た。

取材協力　白神マタギ舎（P244〜247）　☎0172-85-2628

苔むした岩塊をつかむようにむき出しの根を下ろすブナが多いのも岳岱の風景を特徴づけている　写真　藤里町商工観光課

岳岱自然観察教育林

苔むした巨樹と巨木がつくるもののけの森

現在のシンボルは「岳岱大ブナ」と「こまいぬシナノキ」。これらの母樹を若いブナ林が取り巻く。サワグルミ、ホオノキ、イタヤカエデの大木も多い。ブナやホオの実を目当てにサルや鳥類がやってくる。深い雪で若芽を食べるニホンジカやイノシシがいないため、若木が育ちやすいという。奥に進むにつれ、だんだんと苔むした巨岩と巨樹の風景に変わってくる。

自然ガイドの斎藤栄作美《さいとうえさみ》さんが、地面から切り取った腐葉土を見せてくれた。水をたっぷり含んだふかふかの腐葉土に触れると、この森が「緑のダム」であることを実感する。コース終点では湧き水も飲め、夏には小池でモリアオガエルやクロサンショウウオも見られる。

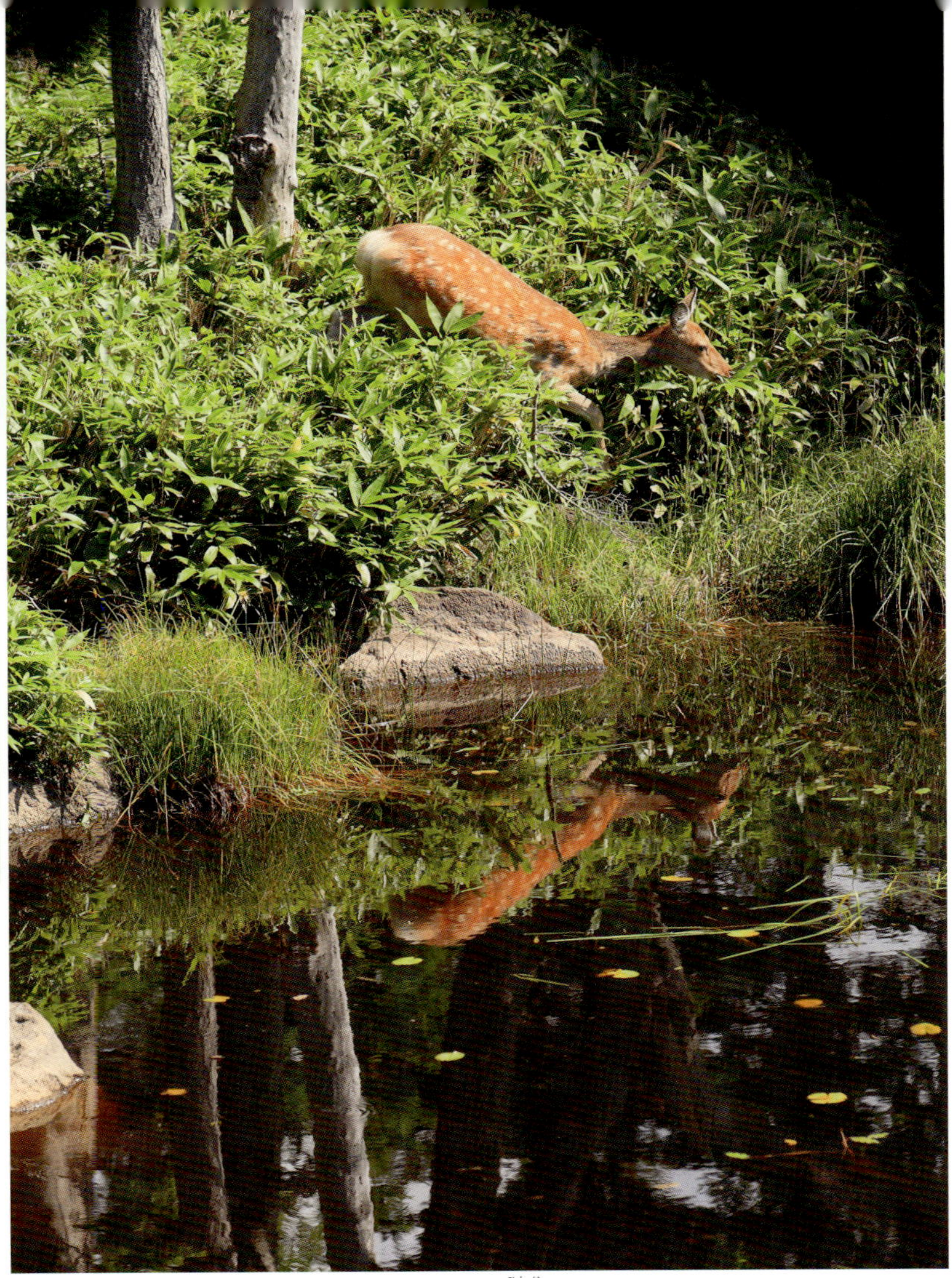

二湖のほとりでメスのエゾシカに遭遇する。この辺りは人気《ひとけ》も少なく静かに散策を楽しむことができる

知床五湖をめぐる

気軽に楽しむ散策コース

知床五湖は、一周すると約3キロ、植生保護期は1時間30分ほどの散策コース。五湖から一湖までをめぐり、一湖の湖畔展望台からは美しい知床連山を望むことができる。いずれの時期も、ヒグマに出合ったときの心得など、事前レクチャーを受けてからの散策スタートだ。

午前中は知床五湖、午後から原生林を歩くというエコツアーに参加した。自然ガイドの鈴木謙一さんが、「ぬかるみの点々はエゾシカの足跡です」「あのカラスのような鳴き声はミヤマカケス」「あの白いキノコはドクツルタケ。山で迷っておなかがすいても絶対に食べてはダメ」「5月から7月はヒグマの活動期。知床五湖にもサトイモ科のミズバショウの群落を目当てにやってきます」など、随所で自然解説をしてくれて散策が楽しくなる。

ヒグマ活動期（5月10日～7月31日）、植生保護期（開園～5月9日、8月1日～閉園）で、利用ルートなどが異なるが、必ずヒグマに関するレクチャーを受講する

四湖からは知床硫黄山が望める。知床硫黄山の噴火でできた知床五湖に魚はいなかったが、現在は開拓民が放流したフナが五湖以外に生息する

問 知床オプショナルツアーズ SOT!　0152-24-3467

見てわかる!

知床の自然とヒグマの四季

知床が世界遺産として認められた重要な価値の一つは、豊かな海と森が連続した生態系になっていることだ。ヒグマが海辺まで活動できることで、彼らは魚や海獣などの海の食物資源を利用し、生態系の大切な担い手になっている。

文・監修◉山中正実（公益財団法人知床財団特別研究員）／イラスト◉玉城 聡

開拓以前の北海道では、海辺から高山まであらゆる環境でヒグマが生活していたが、今は海岸や平野部はほとんど人間に占有されてしまっている。知床は、ヒグマが海岸で自由に行動できる国内唯一の地だ。知床の厳しい自然条件が、海岸から高山帯までの原生自然を一体で残したのだ。かつては当たり前であった、多様な環境を柔軟に使うヒグマ本来の生き方を、知床ではまだ見ることができる。

春、冬眠から目覚めたヒグマの生活の場は、雪解けと芽吹きが早い海岸や川の下流域だ。みずみずしい草を彼らはむさぼり食う。厳しい冬に死んだり弱ったりしたエゾシカもご馳走になる。しばしば打ち上げられるトドやアザラシなどの死骸も絶好の栄養源だ。

北国の短い夏。大量かつ急速に生長する草がヒグマの主食だ。一日中、海岸草原で草をはむ姿はまるで草食獣だ。大切なおかずは初夏に次々に生まれる子ジカ。誕生直後の子ジカを求めて草原を歩き回る姿がしばしば見られる。

盆を過ぎれば、知床を代表するサケの一種、カラフトマスが川を遡《さかのぼ》りはじめる。10月にはシロザケも遡上し、川や波打ち際に魚が満ちあふれる。ドングリやハイマツ、ヤマブドウやサルナシ、木々も実りの秋を迎える。豊かな海、川、森が多様かつ豊富な餌をヒグマにもたらし、彼らは急激に太っていく。夏には痩せていたヒグマは、わずか2カ月ほどで下腹が地面につきそうなほどに肥満する。

11月末から12月、彼らは再び長い眠りに入る。やがて冬眠穴は深い雪に埋まり、雪は自然の断熱材となる。厳冬の2月初旬、メスグマの穴では新しい命が生まれる。母グマはうつらうつらしながら授乳を続けて春を待つ。

ヒグマをめぐるこんな一年が、知床では悠久の昔から変わることなく続いてきた。

冬のヒグマ
12月上旬、冬眠穴にもぐる。メスは1月下旬～2月初旬に穴のなかで出産する
エゾユキウサギ
エゾクロテン
エゾリス
春のヒグマ
冬眠明け、子連れのメスは5月中下旬頃から活動を始める。海岸付近に打ち上げられた海獣の死骸も食べる
カラフトマス
スルメイカ
クリオネ
オオセグロカモメ
ミンククジラ

クマゲラ
エゾモモンガ
オオワシ
秋のヒグマ
冬眠に備えて、山ではドングリ、ヤマブドウなどの実を、川では遡上するカラフトマスやシロザケを食べまくる
キタキツネ
夏のヒグマ
フキやミズバショウの群落で採食する
エゾシマフクロウ
エゾシカ
オジロワシ
ウミウ
ハシボソミズナギドリ
シロザケ
ゴマフアザラシ
イルカの仲間
シャチ

INDEX

【STAFF】

デザイン　FORM 鈴木 勝

校閲　関根志野／初頭五餅校閲事務所 伊藤剛平／聚珍社

地図・図版製作　有限会社ジェイマップ／谷口正孝

編集協力　山根聡太

編集　宮本治雄
永井優希／塩澤 巧（朝日新聞出版 生活・文化編集部）

【カバーの写真】
富士山／知床／白川郷／東寺（教王護国寺）／姫路城／紀伊山地の霊場と参詣道／厳島神社

【参考図書】
『くわしく学ぶ世界遺産300　世界遺産検定2級公式テキスト』（マイナビ出版）
『日本の世界遺産　写真とイラスト、図解でよくわかる！改訂増補』（朝日新聞出版）
『地球の歩き方 島旅02　奄美大島　喜界島　加計呂麻島（奄美群島１）』（Gakken）
『地球の歩き方 島旅03　与論島　沖永良部島　徳之島（奄美群島２）』（Gakken）

【おことわり】
本書『日本の世界遺産をめぐる旅』は、朝日新聞出版が2012年に刊行したパートワーク『朝日ビジュアルシリーズ 週刊 日本の世界遺産』（全25号）の情報をアップデートし、再編集したものです。掲載しているデータは2024年12月現在のもので、その後、変更になっている場合があります。

めざせ全踏破《ぜんとうは》！

日本《にほん》の世界遺産《せかいいさん》をめぐる旅《たび》

2025年３月30日　第１刷発行
編　著　朝日新聞出版
発行者　片桐圭子
発行所　朝日新聞出版
〒104-8011 東京都中央区築地5-3-2
（お問い合わせ）infojitsuyo@asahi.com
印刷所　大日本印刷株式会社

Published in Japan by Asahi Shimbun Publications Inc.
ISBN 978-4-02-333421-2